中国中部地区农民福利

水平测度与政策取向

陈学军◎著

知识产权出版社
全国百佳图书出版单位

图书在版编目（CIP）数据

中国中部地区农民福利：水平测度与政策取向/陈学军著．—北京：知识产权出版社，2015.9

ISBN 978-7-5130-3243-8

Ⅰ.①中… Ⅱ.①陈… Ⅲ.①农民—福利制度—研究—中国 Ⅳ.①F323.89

中国版本图书馆CIP数据核字（2014）第291578号

内容提要

本书基于福利、福利检验标准和福利衡量等基础理论，以福利制度对农民福利的影响为立论依据，对中国中部地区农民福利的现状进行分析。在此基础上，测度和比较中部各省的农民社会福利和个人福利水平，分析其中存在的问题，为中部地区农民福利的善治提出政策建议。

责任编辑：罗斯琦　　**责任校对**：孙婷婷

封面设计：邵建文　　**责任出版**：刘译文

中国中部地区农民福利：水平测度与政策取向

陈学军　著

出版发行：知识产权出版社有限责任公司　　**网　　址**：http：//www.ipph.cn

社　　址：北京市海淀区马甸南村1号（邮编：100088）　　**天猫旗舰店**：http：//zscqcbs.tmall.com

责编电话：010-82000860转8240　　**责 编 邮 箱**：luosiqi@cnipr.com

发行电话：010-82000860转8101/8102　　**发 行 传 真**：010-82000893/82005070/82000270

印　　刷：北京中献拓方科技发展有限公司　　**经　　销**：各大网上书店、新华书店及相关专业书店

开　　本：787mm×1092mm　1/16　　**印　　张**：17.5

版　　次：2015年9月第1版　　**印　　次**：2015年9月第1次印刷

字　　数：301千字　　**定　　价**：49.00元

ISBN 978-7-5130-3243-8

序 言

本书研究中国中部地区农民福利问题，是在我的博士论文基础上撰写而成的。全书一共分为七章，基于福利、福利检验标准和福利衡量等基础理论，以福利制度对农民福利的影响为立论依据，对中部地区农民福利的现状进行分析，在此基础上，测度和比较中部各省的农民社会福利和个人福利水平，分析其中存在的问题，为中部地区农民福利的善治提出政策建议。

作为农业大国，“三农问题”已经成为制约中国向现代化强国迈进的主要障碍。农民福利改进问题，关系到社会稳定，是新农村建设的重要基础，也是建立和谐社会的重要组成部分。现阶段突出的问题是城乡差距不断扩大，地区发展极不平衡，贫富差别日趋悬殊，这些都严重制约着中国经济持续发展和社会稳定，基于这样的国情，我国先后实施了鼓励东部地区率先发展、西部大开发、振兴东北地区等老工业基地、中部崛起等战略。中部地区是我国重要的农业生产基地，中部崛起对于我国经济的平衡、持续发展具有重要意义，中部地区问题的研究可以为中部崛起战略的实施提供参考；中部地区是我国的农业精华区，在城镇、工业已经得到较大提升的前提下，农民福利的改进是这一地区发展的重要标志。国内学术界对农民福利的研究基本上是从全国的视野进行的，从区域角度研究的并不多见。随着“中部崛起”战略的实施，很多学者对中部农村问题进行了研究，但对该地区农民福利进行整体性研究的很少。因此，把农民的社会福利与个人福利综合考虑，对中部各省农民福利进行全面测度和研究，具有较强的理论意义和实践价值。

本书使用文献研究法回顾相关的基础理论，定量分析了社会保险和社会救助、医疗、教育、住房、就业保障、基础设施建设六个方面中部各省农民福利的发展及现状。通过调查问卷，采用模糊数学的分析方法对中部地区福利发展进行实证研究。本书还采用了宏观研究与微观研究相结合、比较分析、规范分析等科学研究方法。

本书涉及的基础理论主要有福利、福利检验标准和福利衡量。理论依据是福利制度对农民福利水平的影响。

本书所研究的农民福利，是指农民在一定时期内所能享受到的所有的福利项目，不仅包括了来自国家和社会的社会福利，还包括了来自家庭和个人的个人福利。其中，农村社会福利的具体内容从其项目来看，包括社会保险与社会救助、医疗、教育、住房、就业和基础设施建设六项；个人福利是与社会福利相对应的，是指每一公民根据自己的实际情况而能享受到的福利项目，本书主要从农民的家庭人均纯收入、人均住房面积、家庭农业机械数量、农民文化水平四个方面进行考察。

本书收集了近三年中央及中部省份出台的一系列惠农政策，一是作为本书的补充材料，二是供读者参考。

这本专著的顺利出版，得到了我的博导陈银娥教授的再次指点，我的学生段性喜、肖彦琛同学也参与了本书资料的收集整理工作，知识产权出版社的编辑罗斯琦同志亦为本书的出版给予了不少帮助，在此一并感谢！

陈学军

2014 年 9 月于长沙

中文摘要

本书研究中国中部地区农民福利问题。全书一共分为七章，基于福利、福利检验标准和福利衡量等基础理论，以福利制度对农民福利的影响为立论依据，对中部地区农民福利的现状进行分析；在此基础上，测度和比较中部各省的农民社会福利和个人福利水平，分析其中存在的问题，为中部地区农民福利的善治提出政策建议。

作为农业大国，“三农问题”已经成为中国向现代化强国迈进的主要障碍。农民福利改进问题关系到社会稳定，是新农村建设的重要基础，也是建立和谐社会的重要组成部分。现阶段的突出问题是城乡差距不断扩大，地区发展极不平衡，贫富差别日趋悬殊，这都严重制约着中国经济持续发展和社会稳定。基于这样的国情，我国先后实施了鼓励东部地区率先发展、西部大开发、振兴东北地区等老工业基地、中部崛起等战略。中部地区是我国重要的农业生产基地，中部崛起对我国经济的平衡、持续发展具有重要意义，中部地区问题的研究可以为中部崛起战略的实施提供参考；中部地区是我国的农业精华区，在城镇、工业已经得到较大提升的前提下，农民福利的改进是这一地区发展的重要标志。国内学术界对农民福利的研究基本上是从全国的视野进行的，从区域角度研究的不多见；随着“中部崛起”战略的实施，很多学者对中部农村问题进行了研究，但对该地区农民福利进行整体性研究的很少。因此，把农民的社会福利与个人福利综合考虑，对中部各省农民福利进行全面测度和研究，具有较强的理论意义和实践价值。

本书使用文献研究法回顾相关的基础理论；定量分析了社会保险和社会救助、医疗、教育、住房、就业保障、基础设施建设六个方面中部各省农民福利的发展及现状；通过调查问卷，采用模糊数学的分析方法对中部地区福利发展进行了实证研究；还采用了宏观研究与微观研究相结合、比较分析、规范分析等科学研究方法。

本书的基础理论主要有福利、福利检验标准和福利衡量；理论依据是福利制度对农民福利水平的影响。

本书所研究的农民福利，是指农民在一定时期内所能享受到的所有福利项目，不仅包括来自国家和社会的社会福利，还包括来自家庭和个人的个人福利。其中，农村社会福利的具体内容从项目来看，包括社会保险与社会救助、医疗、教育、住房、就业和基础设施建设六项；个人福利是与社会福利相对应的，是指每一个公民根据自己的实际情况而能享受到的福利项目，本书主要从农民的家庭人均纯收入、人均住房面积、家庭农业机械数量、农民文化水平四个方面进行考察。

中国农民福利在发展中面临许多问题。其中，整体性问题主要有：①农村福利资金投入不足，福利事业发展缓慢。②农村福利覆盖率不高，受益人数偏少。③农村社会福利的建设主体不健全。④农村福利事业管理不到位。除了上述问题外，具体从福利项目考察，中部各省农村养老保险福利方面的问题有：①覆盖面小，水平偏低，覆盖对象存在缺陷。②资金筹集不畅。③宣传力度小。④基金价值难以实现保值增值。⑤缺乏法律保障，可操作性不强。⑥管理体制存在漏洞。农村医疗保险福利方面的问题有：①“大病统筹”模式本身存在先天问题。②起付线、补偿比例及异地报销手续等设计欠缺合理性。③管理、监督不科学。④医疗机构的医疗条件难以满足农民的实际需求。⑤对医疗机构的医疗行为规范不够。农村社会救助福利方面的问题有：①社会救助法律体系不健全。②社会救助的经费来源渠道单一。③救助标准及救助对象的管理不合理。④管理理念存在偏差，工作人员素质低。⑤管理机构混乱，信息化建设落后。⑥缺乏有效监督。农村教育福利方面的问题有：①农村义务教育投入缺口巨大。②对农村义务教育对象中的特殊群体重视程度偏低。③农村职业教育资金缺乏，专业设置不合理，师资力量不足，素质偏低，职业学校教育与职业培训相分离。④农村成人教育发展过程中国家教育资源投入不足，教育资源投入地区差异大，教育资源管理不善。农村住房福利方面的问题有：①农村居民住房条件不均衡。②耕地资源浪费。③缺乏统一的规划。④住房的质量较差。农村就业福利方面的问题有：①农民工劳动时间长，工作条件差，工资发放不及时，劳动权益得不到保护，就业能力不高。②失地农民素质低，就业难度大，政府缺乏职业培训和就业指导，劳动力市场机制不完善，安置方法相对单一。农村基础设施建设福利方面的问题有：①资金投入不足，整体水平落后。②缺乏统筹规划，建设的随意性大。③重建设，轻管理；结构不合理。

本书以家庭为研究对象，对中部农村居民福利水平进行了实证研究。根据阿马蒂亚·森的功能和能力福利理论，本书将经济状况、居住条件、社会保险、环境状况、基础设施、发展空间、心理状况等作为农村居民福利水平测度的指标。本书使用的数据是通过问卷调查形式获得的。问卷调查内容共分为基本信息、经济状况、住房条件、社会保险、自然环境、社会环境、发展空间和身心健康八个方面。本书对中部六省农村居民进行了典型样本问卷调研，样本涉及中部六省的18个县市、42个乡镇、163个村庄。在此基础上，利用模糊数学方法计算中部地区各省农民各方面福利水平的数值，由计算结果可以看出，农民在自然环境、社会环境和身心健康方面的福利状况都处于较好的水平，在居住条件、社会保险和发展空间方面则处在较差的福利状态，而经济状况方面的福利状态也处在中等偏下的水平。总体来说，最终的总模糊指数为0.345，小于0.5，说明中部地区农村居民的总体福利水平偏低。另外，组成农民福利的七个功能的模糊评价大小依次是：自然环境、社会环境、身心健康、经济状况、居住条件、发展空间和社会保险。

通过以上各部分的定性和定量分析，提高中部地区农民福利水平的政策取向包含三个方面的内容：一是要科学确立发展目标；二是要确保农民福利事业发展原则的合理性；三是具体在农村福利事业的法律体系、政策环境、福利制度建设、资金和监督与管理五个方面进行加强和完善。

通过研究，本书获得的基本结论主要有：

（1）农民福利由农民社会福利和农民个人福利组成；

（2）中部地区农民福利水平总体偏低；

（3）中部各省农民福利水平具有差异性；

（4）在增进中部地区农民福利的过程中，要确立科学的目标，遵循合理的原则，在法律体系、政策环境、资金问题、福利制度的建设和监督与管理五个方面进行完善的基础上，根据中部各省的自身实际情形制定提高农民福利总体水平的针对性政策。

关键词：中部地区；农民；福利；福利制度；福利水平

Abstract

This paper studies China central region farmers' welfare. Based on the existing research findings of basic theory like welfare theory, Welfare inspection standard, welfare measure and the welfare level – influence to farmers of the welfare system, and through the analysis of the current farmers' welfare situation in central China. The paper, which consists of seven chapters, makes measurement and comparison of farmers' social and personal welfare level in provinces of central China as well as analyzes its problems with policies and suggestions for its good management and improvement raised.

As a large agricultural country, issues of agriculture, farmer and rural area have become a main obstacle that has restricted China's marching towards a modern power. Improving farmers' welfare, related to social stability, is an important foundation of the construction of new countryside, and set up an important part of the harmonious society. The crucial problems at present are the expanding gap between urban and rural area, the regional imbalance in economic development, and growing gap between the rich and poor, which are seriously restricting China's sustained economic development and social stability. In view of such national conditions, China has successively implemented various strategies, including encouraging faster development of the eastern area, developing western area, revitalizing old industrial bases in the northeast and other regions and promoting the rise of the central area. The research of problems in central China, which is of great significance for the balance and sustainable growth of our country's economy as an important agricultural production base, provides reference for the implementation of "promoting the rise of the central area" strategy. As an agricultural concentration zone nationwide with a relatively substantial promotion of its town and industry, it becomes an important sign of its growth to improve farmers' welfare. Such kind of researches made by the domestic academic circle is mainly in the perspective of the whole country rather than of areas. Therefore, it's of great theoretical and practical significance by making overall measurement and research about farmers' welfare in central provinces, taking into accounting both their personal and social welfare.

This paper applies the documentary research method to review the relevant basic theory; it makes quantitative analysis of the development and current situation of peasants' welfare from six aspects, including social insurance and assistance, medical treatment, education, housing, employment security as well as infrastructure construction; through the questionnaire survey, it conducts an empirical research of welfare development in the central area by adopting an analytical approach of fuzzy mathematics; it employs some scientific research methods such as an integration of both macroscopic and microscopic study, comparative analysis, normative analysis, etc.

The research covers the following relevant basic theories: welfare, welfare inspection standard and welfare measure. Theoretical basis is the welfare level – influence to farmers of the welfare system.

The welfare of the peasants studied in this paper, refers to all the benefits of the project that farmers can enjoy in a certain period, not only including the social welfare from the state and society but also including the personal benefits from family and individual. Among them, the specific items of rural social welfare, including social insurance and social assistance, medical, education, housing, employment and infrastructure construction. Corresponding with social welfare, personal welfare refers to welfare projects that every citizen can be benefited based on his actual conditions. It is observed in this paper mainly from four aspects, the per – capita net income of rural households, the per – capital living space, the number of household agricultural machinery and the educational level of farmers included.

During the development of Chinese farmers' welfare, it is faced with many problems within which the problem as a whole is mainly: ①Rural welfare fund investment is not enough , and the welfare projects development is slow. ②Rural welfare coverage is narrow, and the contradiction between supply and demand is sharp. ③The construction of the social welfare subject is not sound. ④Rural welfare management does not reach the designated position. In addition to the above issues, there are some problems of rural endowment insurance in the central provinces that are observed from welfare projects: ①Small coverage, low level, covering object defects. ②Fund raising impeded. ③Propaganda is not enough. ④Fund is difficult to maintain and increase their value. ⑤The lack of legal protection, the maneuverability is not strong. ⑥Management system has holes. The problems of rural medical insurance and welfare are: ① Defects in the mode of "Comprehensive arrangement for serious disease" ② Unreasonable setting of minimum paying line and compensation proportion as well as a complex procedure of applying for reimbursement in different places. ③Unscientific management and supervision ④ Limited medical conditions of medical institutions that can't meet farmers' actual needs. ⑤ A lack of standards for medical behavior of medical institutions. Of rural social assistance welfare aspects of the problem is: ①Lack of social relief legal system. ②Single source of funding for social assistance. ③ Relief and rescue object management standard is not reasonable. ④Management concept is misaligned, low quality of staff. ⑤Management institution confusion, information construction lag behind. ⑥Lack of effective supervision. The rural education welfare aspects of the problem is: ①Rural compulsory education seriously insufficient investment. ②The attention to the special group of rural compulsory education object is not enough. ③The rural vocational education fund recently lack, professional setting not reasonable, teachers lack, quality is low, vocational school education and vocational training separation. ④Rural adult education in the process of the development of national education resources and insufficient investment in education resources into area differences, education resources to bad management. Rural housing welfare aspects of the problem is: ①Rural residents housing conditions not balanced. ②Cultivated land resources waste. ③Lack of unified planning. ④Housing technology content is low, led to lower quality housing, housing short life. Rural employment welfare aspects of the problem is: ①Their labor time long, bad working conditions, salary is not seasonable, labor rights and lose the protection, employment ability is not high. ②Farmers' quality is low, obtain employment difficult, and the lack of a vocational training and employment guidance, The labor market mechanism imperfect, find a place for relatively single method. The rural infrastructure construction welfare aspects of the problem is: ①Insufficient capital investment, the overall level of rural infrastructure behind. ②Lack of overall planning, construction of arbitrary. ③Heavy construction, light management; unreasonable structure.

Household is taken as the research object in this paper to conduct an empirical study on rural residents' welfare level in central areas. On the basis of Sen's Function and Capacity Welfare Theory, it presents the composition of rural residents' welfare which contains indicators in economy, living conditions, social insurance, environmental aspect, infrastructure, development space as well as physical and psychological health in this paper. The data applied in this paper is obtained through questionnaire survey which consists of eight aspects, covering basic information, economic position, housing conditions, social insurance, natural environment, social environment, development space as well as physical and psychological health. A questionnaire survey on typical sample, involving farmers in 18 cities and counties, 42 towns and 163 villages which belong to six provinces in central China, is made. Based on the research, the values of those farmers' welfare level in all aspects is calculated by means of fuzzy mathematics, from which we can see that farmers' welfare has seen its natural and social environment as well as physical and psychological health in good conditions, while its living conditions, social insurance and development space in worse conditions, in addition, its economic position below medium level. Broadly speaking, with a final general fuzzy exponent of 0. 345 which is less than 0. 5, it indicates an relatively lower level of rural farmers' overall welfare in that area. Moreover, the fuzzy evaluations of seven functions comprising farmers' welfare in sequence are: natural environment, social environment, physical and psychological health, economic position, living conditions, development space and social insurance.

Through the above qualitative and quantitative analysis, it can be concluded that the policy of improving farmers' welfare level in central areas contains the following three parts: firstly, make sure of the development direction of farmers' welfare projects and of the rationality of its principle; secondly, establish the development goal in a scientific way; thirdly, make improvement and perfection in the legal system, the policy environment, the construction of the welfare system, the fund as well as the supervision and management of the welfare project in rural areas.

According to the research, the basic conclusions obtained in this paper are as follows:

(1) The farmers' welfare is made up by their social and personal welfare.

(2) The general level of farmers' welfare in central China is comparatively lower.

(3) The welfare level for farmers in central provinces is of dissimilarity.

(4) On the basis of the five aspects-legal system, policy environment, fund, the construction of welfare system as well as the supervision and management, the policies of improving the general level of farmers' welfare should be formulated in line with the actual situation in those provinces.

Keywords: the central region; farmers; welfare; welfare system; welfare level

目 录

第一章　导　论

第一节　选题背景与意义

一、选题的背景

中国改革开放30多年来，随着农村城镇化进程的稳步推进，农村人口逐年减少，农村人口占总人口的比重由1978年的82.08%下降到2011年的48.73%，但是农村人口有65656万人❶，中国仍然是一个农业大国。因此，对于农村经济的增长、农业的现代化进程、农民生活水平的改善与提高等问题，无论是政府还是学术界都给予了高度重视。

改革开放至今，中国农村发生了巨大的变化，农民收入水平、生活水平有了很大提高。但是，现阶段我国农村的发展形势依然严峻，城乡差别还在拉大。农业劳动者科学文化素质较低，农村生产生活基础设施普遍比较差，农村文化卫生事业和精神文明建设滞后，农民的自治权益没有得到有力保障，城乡居民收入差距还在扩大，农村生活条件远不如城市。在这样的经济和社会背景下，政府深刻地认识到整体的和谐需要从局部做到和谐，只有局部都和谐了，才有整个社会的长久和谐，尤其是表现在经济发展成果的共享上，进而政府把解决好“三农”问题提到前所未有的高度❷，统筹发展、和谐发展、科学发展

---

❶ 国家统计局2012年1月17日在国务院新闻办公室新闻发布会上发布的数据显示，2011年中国大陆城镇人口为69079万人，比上年末增加2100万人；乡村人口为65656万人，比上年末减少1456万人；城镇人口占总人口比重达到51.27%，比上年末提高1.32个百分点。

❷ 2007年10月15日胡锦涛在党的十七大报告中指出：“解决好农业、农村、农民问题，事关全面建设小康社会大局，必须始终作为全党工作的重中之重。”

的理念开始成为中国经济社会发展的主导性基调。

中部地区是指地处我国内陆腹地的相邻六省，分别是山西、河南、安徽、湖北、湖南和江西。中部六省面积占全国的 10.7%，粮食产量占全国的 30% 以上。六省总人口为 3.57 亿，占全国人口 26.6%，❶；其中，农村人口 2.06 亿，占全国农村人口 28.8%。❷ 中部地区的经济发展是全国经济社会发展中的重要组成部分，基于中部地区的重要地位，政府提出了实施“中部崛起”战略。我国从建设社会主义现代化的全局出发，在实施鼓励率先发展东部地区、振兴东北老工业基地、开发西部等战略措施后推出的中部崛起这一战略性措施，是缓解我国地区发展不平衡、促进东西部地区协调发展战略的具体体现。中部地区良好的经济社会发展，可以为中国经济总体运行提供更强的粮食和能源保障，进一步扩大国内需求，更好地促进城乡统一协调发展，从而极大地提高总体发展水平，为社会主义全面建设小康社会做出重要贡献。

“三农”问题一直是改革开放以来国内学术界研究的热点问题。对“三农”问题的研究大致可以分为四个阶段：起步阶段研究的主要是农村家庭承包制问题、农业劳动力的转移问题、农村工业化的发展与道路问题等；第二阶段研究的主要在农业产业化经营问题、土地流转与规模经营问题、农业结构战略性调整问题等；在第三阶段，农产品质量安全问题、土地制度与失地农民问题、农民工问题等是研究热点；现阶段的研究以农民收入、农民贫困、农民生活保障、农村医疗改革、农民权益等问题为主。近些年来，很多学者对农村的相关问题采用福利经济学方法进行了研究，也对农民的生产性福利、保障性福利、生活性福利、科技性福利等进行了一些研究。

在上述社会背景和学术背景下，本书基于福利、福利检验标准和福利衡量等基础理论，将福利制度对农民福利水平的影响作为理论依据，通过对中部地区农民福利的现状与福利水平的实证研究，测度和比较中部各省的农民社会福利和个人福利水平，分析其中存在的问题，并且提出相应对策，为中部地区农民福利改进的政策取向提供有价值的参考依据。

---

❶ 数据来自国家统计局 2011 年 4 月 29 日发布的《2010 年第六次全国人口普查主要数据公报（第 2 号）》。

❷ 数据由《2011 中国统计年鉴》计算得到。

二、研究意义

现阶段研究中部地区农民福利问题，具有较强的理论和实践意义。

（一）农民福利问题的研究在现阶段具有很强的实际意义

我国是农业大国，“三农问题”已经成为我国向现代化强国迈进的主要障碍。现阶段“三农问题”中的农民问题主要不是生存问题，而是发展问题，是农民如何在全国经济持续稳定发展的大环境中分享深化改革开放带来的成果的问题，是农民在现代社会中如何改进福利水平、提高生活质量的问题。农民福利改进问题关系到社会稳定，是新农村建设的重要基础，也是建设和谐社会的重要组成部分。因此，研究农民福利问题，无论对社会、对政府还是对农民本身，都具有非常重要的现实意义。

（二）研究中部地区农民福利问题符合国家发展战略

中部地区是我国重要的农业生产基地，中部崛起对于我国经济的平衡、持续发展具有重要意义。研究中部地区问题可以为中部崛起战略的实施提供参考；中部地区是我国的农业精华区，在城镇、工业已经得到较大提升的前提下，农民福利的改进是这一地区发展的重要标志，农民福利问题成为研究这一地区的重要课题。

（三）有针对性地分析和解决农村居民福利改进中的主要问题

30 多来，中国改革开放的主战场是城市和工业，农民生产性福利严重缺失、保障性福利十分滞后、生活性福利非常短缺、科技性福利异常匮乏，农民福利水平比较低下。因此，通过对农民福利水平的实证研究，能够从中分析得知哪些方面是中部各省农民福利水平发展中的薄弱环节和亟须解决的，从而在政策方面提出有针对性的建议。

（四）拓展农民福利的研究思路

国内学者对农民福利的研究角度存在局限性，基本是选择微观的角度，大多是从农民福利的某个方面进行研究，如养老保险、医疗、教育或生产性福利等，从宏观层次综合研究农民福利的不多。本书将农民的社会福利与个人福利综合考虑，对中部各省农民福利水平进行全面测度，体现出研究的全面性，丰富了该领域的研究内容，拓展了研究思路。因此，本书具有一定的理论意义。

第二节 文献综述

一、国外文献综述

国外学者的相关研究按照研究角度，大致可以划分为以下三大类。

（一）从福利经济学角度进行研究

福利经济学的创始人是庇古（Arthur Pigou），它诞生的标志是庇古在1920年出版的《福利经济学》一书，它的哲学基础是边沁（Jeremy Bentham）的功利主义原则。庇古通过对边际效用论、边际生产率论和供求论的整合形成了福利经济学的理论基础。福利经济学的分析工具主要是帕累托（Vilfredo Pareto）的“最优状态”概念和马歇尔（Alfred Marshall）的“消费者剩余”概念，研究主线是效率和平等及其相互关系。总体而言，福利经济学是遵循福利最大化原则，从福利的角度评价整个经济体系运行状况的一门学科。

庇古将福利划分为社会福利和经济福利两类。“经济福利”的概念是庇古在其代表作《福利经济学》、《产业变动论》和《财政学研究》中提出的。庇古建立了效用基数论，以此为基础，提出了福利最大化的两个基本命题：命题一反映的是社会经济福利随着国民收入总量的增加而上升；命题二反映的是社会经济福利随着国民收入分配的均等化程度而变化，均等化程度越高，则社会经济福利就越大。在庇古看来，要实现社会各阶层收入的均等，必须实施政府的干预措施，比如向富人征税，再以补贴的方式返还给穷人，从而缩小贫富悬殊。以上观点表明，庇古在公平与均等的权衡中视公平为均等的前提条件，从而更为强调社会公平。庇古认为对社会的经济福利如何能够达到最大化问题的研究是福利经济学的目的，其依据是：根据边际效用理论中的边际效用递减规律，收入的边际效用随着收入的不断增加而不断递减，这样，如果社会的贫富很悬殊，富人的满足感并不会因为收入的不断增加而增强，因而整个社会福利并没有增加，如果实施这种收入分配的均等化政策，即便不能够给穷人增加更多的收入，也可以提高效率，使得整个社会福利增加。庇古只是提出自己的理论假设，并没有证明它们，因此，实施收入均等化可以导致社会福利增加从而导致效率的提高，这种理论的理由也就显得不充分。20世纪30年代西方国家的经济大萧条，使得占据主流的旧福利经济学开始深受质疑，一场关于福利经济学理论的大争论在学术界随即展开，结果是新福利经济学取代了旧福利经济学。

利奥尼尔·罗宾斯（Lionel C. Robbins，1932）在研究福利经济学的同时，展开了对庇古福利经济学相关理论的批判，他在同年出版的《论经济科学的性质和意义》这本书中表达了对庇古福利经济学的批判。他的观点是，从逻辑方面，经济学和伦理学是不可能结合的，有关伦理和价值判断的问题，经济学是不应该涉及的，基数效用的使用是经济学中具有规范性质结论的来源。

罗宾斯的观点提出后不久，根据帕累托标准，希克斯和艾伦两位经济学家逐步发展到新福利经济学。作为新福利经济学基本分析的手段，无差异曲线分析方法成为新福利经济学分析的重要方法，新福利经济学的理论基础是序数效用论，在研究新福利经济学中，帕累托最优成为研究的理论出发点。

按照罗宾斯的观点，旧福利经济学关于经济学的定义是，人们需要的物品是要能够满足人们物质和精神的需要，而经济学就是更多地研究和关注这些物品。因此，全部的物品和问题是没有被这种物质包括的，人们需要和稀缺性之间存在的关系是经济学应当重视研究的。罗宾斯对经济学的定义是，它是一门研究具有不同用途的稀缺手段和作为目的之间关系的人们行为的科学（Robbins，1984）。因此，他认为，如果需要是由于稀缺性而产生的，在研究上，物品就具有了相同的研究价值，这与由于所处不同层次而产生的重要性不同是不同的。所以，经济福利是稀缺性的，应当具有主观性，是人们“所希望的”，是不能观察的，人际间的比较是不能进行的。

新福利经济学解决了旧福利经济学中所没能解决的问题，这种重大改进得益于序数效用取代基数效用以及无差异曲线的使用。新福利经济学代表人物有意大利的帕累托，美国的阿巴·勒纳（Abba Ptachya Lerner）、哈罗德·霍特林（Harold Hotelling）、保罗·萨缪尔森（Paul Samuelson），以及英国的尼古拉斯·卡尔多（Nicholas Kaldor）等人。他们提出了假想的“补偿原理”，建立了效用序数论，并编造了“社会福利函数”。

新福利经济学的理论基础是效用序数论，该理论由意大利经济学家帕累托最先提出，希克斯（Richard Hicks）将之发展利用。效用序数论的观点是：不能够衡量边际效用，基数数词不能够用来表示效用数值的大小，因此无法比较个人间的效用；要对效用做出比较，只能比较效用水平的高低，因而只能用序数数词表示。由此，旧福利经济学的福利命题受到了新福利经济学的反对，尤其是第二个命题，即新福利经济学是反对以收入均等化来增加社会福利的。

新福利经济学的一个重要内容是福利标准或补偿原则，它是一些新福利经济学家为了扩大帕累托最优条件的适用性而研究提出的。卡尔多（1939）首先提出了补偿标准。❶ 希克斯（1940）丰富了卡尔多标准。❷ 西托夫斯基（Tibor Scitovsky，1941）对卡尔多标准和希克斯标准做了进一步的补充，提出了检验福利的“双重指标”❸。李特尔（Litelle，1949）对上述补偿理论做了补充，主要是在检验福利的双重标准基础上将收入问题增加为福利检验的第三标准。❹

社会福利函数是福利经济学研究的另一个重要内容，旨在为经济政策提供一种量化的目标函数，它是由美国的柏格森（A. Bergson）和萨缪尔森（1938）提出的。该理论认为社会福利可以用多元函数来表示，函数的变量包括所有家庭或个人消费的所有商品数量及提供的要素（如劳动和资本等）。他们认为有许多个帕累托最优状态，而非只有一个，帕累托未能指出社会福利最大的状态究竟在哪一种，在他们看来，交换和生产达到最优，再加上福利在个人间进行合理分配，这才是唯一的最优状态，于是，福利最大的充分条件和必要条件就分别是合理分配和经济效率。随后，肯尼斯·阿罗（Kenneth Arrow，1951）却用“不可能性定理”指出萨缪尔森的福利理论存在重大缺陷，因为不可能得出包括社会经济所有方面的社会福利函数。其理由是，社会福利函数想达到从社会偏好次序中确定最优社会位置的目的，必须首先已知社会所有成员的个人偏好次序，然后通过一定程序将它们进行归纳，从而得到单一的社会

---

❶ 尼古拉斯·卡尔多（Nicholas Kaldor）：“经济学的福利主张与个人之间的效用比较”，载《经济学杂志》1939年9月号，第550页。

❷ 约翰·希克斯（John Richard Hicks）：“消费者剩余的复兴”，载《经济研究评论》1941年2月号，第108页。

❸ 提勃尔·西托夫斯基（Tibor Scitovsky）：“略论经济学中的福利命题”，载《经济研究评论》1941年11月号，第86~87页。

❹ 李特尔（L. M. D. Litelle）：“论经济学的福利命题”，载《经济研究评论》1941年11月号。

偏好次序。然而资本主义社会中有多少人就有多少福利函数，要从所有个人偏好次序推导出社会偏好次序必须满足一系列必要条件，企图在任何情况下从个人偏好次序达到社会偏好次序是不可能的。[1]

阿马蒂亚·森（Amartya Sen，1966、1974、1976、1977、1997、1999）由于克服了阿罗不可能定理的这一难题而被视为福利经济学近年来最大的进步[2]，他创建了福利与贫穷指数，揭示了饥荒的经济机制，批判性地重建了福利经济学的理论基础。自从森提出能力方法以来，学者们应用这一理论从不同的方面对福利进行了大量研究。森（1985）综合分析了1980—1982年中国、印度、斯里兰卡、巴西和墨西哥5个国家预期寿命、婴儿死亡率和儿童死亡率3个方面的情况，从而全面了解这5个国家的功能实现情况。森（1985）又考察了1981—1983年印度居民营养状况、死亡率和发病率3个方面的情况，以了解印度居民的功能状况。联合国开发计划署（UNDP）考察了1990—2004年各国居民预期寿命、受教育程度和人均GDP这3个方面的情况，以了解各国居民功能的实现情况。马蒂勒逊（Chiappero Martinetti，2000）、勒利（Sara Lelli，2001）、圭兹巴斯（Quizilbash，2002）以及亨特和史密斯（Hunter & Smith，2005）等学者分别针对意大利家庭、比利时家庭、英国家庭，通过调查数据考察了住房、健康、经济状况、文化活动、工作条件、教育、休闲、拥有伴侣和就业、社会交往、心理福利等各方面功能的实现。

澳籍华裔经济学家黄有光（Yew-Kwang Ng，1996、2001）则以“快乐”为中心，认为偏好无法反映真实的福利水平，快乐则可以比偏好更好地表示个体的福利水平。他谈道：“人们的终极目标是快乐。因此，当不涉及他国与动物的时候，政府的政策应该最大化广大人民群众的长期福利水平（即快乐）。但纵观国内外现状，绝大多数经济学者更加关注偏好或效用水平，而忽略了人们的快乐程度，这是没有达到终极目标的具体体现。绝大多数经济学者只关注偏好而忽略快乐，是因为他们认为快乐的可衡量性与人际可比较性具有不确定性。当然，对于这些主观因素的衡量虽然存在困难，但并非绝

[1] 参见阿罗（Kenneth. J. Arrow）的《社会选择与个人价值》（1951年版）。

[2] 阿马蒂亚·森于1970年出版了《集体选择与社会福利》一书，对阿罗不可能定理提出挑战。

不可能实现。”❶

另外，西方部分学者从另外的思路研究了福利的实现，主要涉及社会投资的政策。他们认为，长期以来根深蒂固的福利思想让福利接受者对社会福利产生了强大的依赖，也造成了国家的沉重负担，通过社会投资政策的手段来促进福利的实现则可以有效地改变这种状况。持这种观点的学者主要有梅志里（James Midgley）、古柏（Taylor Cooper）、皮尔森（Christopher Pearson）和吉登斯（Anthony Giddens）。他们提出，这种社会投资政策的总体思路是实现投资主体的多元化，人力资本和社会资本是重点投资，加强对失业者就业技能的培训，从而提高其收入水平和竞争能力，这既有利于促进经济发展，又可以实现社会整体福利水平的提高。然而这种政策思路在某种程度上弱化了国家的责任和功能。美国学者谢若登（Michael Sherraden）则从另一种思路提出了一项主要是针对穷人福利的改善资产建设社会政策，该政策改变了直接增加穷人收入和提高其消费水平的简单做法，主张应该在资产积累与投资方面对穷人提供引导和帮助。谢若登认为，这种政策是以资产为本，资本应该有丰富的内涵，涉及各种形态，既包含金融财富、有形财产、社会资本、自然资源，也包含无形的人力资本、政治参与及影响、文化资本。

梳理福利经济学的发展脉络，从旧福利经济学起源，到新福利经济学取代旧福利经济学，再到福利经济学的新发展，可以看出，外国学者们试图不断修正甚至否定原来占据主流却存在缺陷的理论，这种努力使得福利经济学理论得到了很好的发展，尤其是 20 世纪 70 年代以来，福利经济学理论经过前面 20 年的徘徊期后进入了一个大发展时期，这对后面的学者研究社会福利无疑具有极大的促进作用。

（二）从类型和模式的角度进行研究

威伦斯基（Wilensky）和莱博克斯（Lebeaux）（1958）对福利制度做了比较研究，把社会福利制度区分为补救型模式和制度型模式两种类型❷，开启了

---

❶ 黄有光：《效率、平等与经济政策》，社会科学文献出版社 2003 年版。

❷ Wilensky, Harold L., Lebeaux, Charles N. *Industrial Society and Social Welfare: The impact of industrialization on the supply and organization of social welfare services in the United States*. New York: Russell Sage Foundation, 1958, pp. 137 - 147, 283 - 334.

西方学者从类型和模式的角度研究社会福利的先河。他们认为，从补救型模式向制度型模式演变是社会福利的发展规律。补救型模式指的是国家向个人进行弥补的情形发生在家庭和市场无法正常发挥满足人类需要的功能时，而且这种援助是在维持生存的最低标准之下。制度型模式则主张社会福利的制度化，国家的角色就是福利的提供者，制度化的社会福利成为一种正常的、第一线的机制。

蒂特马斯（Richard Titmuss，1974）将福利国家模式的研究工作进一步推进❶，把社会福利分为补救型模式、制度化再分配型模式和工业成就型模式三种。在工业成就型模式中，社会福利机构的巨大作用主要体现在满足社会价值需要、实现地位差异以及工作表现和生产力方面；社会福利被看作经济发展的附属品，经济发展是实施社会福利的前提和基础；社会福利具有一定的功能，专家和技术官僚发挥一定的辅助作用，通过社会保险，人们现有的社会地位状况和特权受到了一定的保护。

弗尼斯（Furniss）和蒂尔顿（Tilton）在1977年合作出版的著作里，将福利国家划分为以美国为代表的“绝对国家模式”、以英国为代表的“社会保障国家模式”、以瑞典为代表的“社会福利国家模式”等三种模式。❷

丹麦学者艾斯平·安德森（Esping Andersen）在1990年出版了著作《福利资本主义的三个世界》，他在书中将福利资本主义分为“自由主义”、“保守主义”和“社会民主主义”三种模式，他在划分时运用了“非商品化”这个工具。“自由主义”福利体制的典型代表是美国、加拿大和澳大利亚等，这种制度所给付的对象主要是工人阶层中收入较低、依靠国家救助的那部分。“保守主义”福利体制从德国扩展到整个欧洲大陆，在该模式下，社会权利发生着变化，因为各个国家所能提供的非商品化程度和保险精算程度存在差异。“社会民主主义”福利模式认为社会权利的资格主要取决于公民资格或长期居住资格，这种制度寻求的水平最高，甚至能够达到满足新中产阶级品味标准的服务和给付的高度，因此，非商品化程度最强，给付最慷慨，当然，实施这种

---

❶ Titmuss，R. *Social Policy*. London：Allen and Unwin，1974.

❷ Furniss，N. and Tilton，T. *The Case for the Welfare State*. Bloomington：Indiana University Press，1977. p. 16.

类型制度的国家数量也最少。[1]

由国外学者对于社会福利类型和模式的研究可以看出，随着经济的波动、社会问题的发生和学派的不断产生，对于社会福利类型和模式的划分也在不断变化和调整。

（三）从现代社会学角度进行研究

1. 市民社会理论的社会福利研究

市民社会的最初含义是和社会经济领域密不可分的，现代意义上的市民社会是历史发展的产物，正如黑格尔（Friedrich Hegel）所说："市民社会是在现代世界中形成的。"[2] 马克思（Karl Marx）也指出："这种物质的生活关系的总和，黑格尔按照18世纪的英国人和法国人的先例，概括为'市民社会'。"[3] 黑格尔和马克思认为，市民社会的最本质含义主要指社会的经济领域，但是也包含作为公共领域的市民社会含义。

20世纪以来，西方马克思主义主要从公共领域的角度提出了自己的市民社会理论，主要代表是葛兰西（Antonio Gramsci）、阿尔都塞（Louis Althusser）和哈贝马斯（Jurgen Habermas）。葛兰西认为，"国家 = 政治社会 + 市民社会"[4]；阿尔都塞在葛兰西思想的影响下提出了意识形态国家机器理论，他认为意识形态国家机器包含政党、工会、教育、家庭、信息、文化等内容，在当代，教育已经完全取代了教会的作用，其地位和作用更加突出；哈贝马斯批判了阿尔都塞的观点，认为应把公共领域看成公共民意表达的领域，而不能简单地看成上层建筑、国家机器，公共领域"包括教会、文化团体和学会，还包括独立的传媒、运动和娱乐协会、辩论俱乐部、市民论坛和市民协会，此外还包括职业团体、政治党派、工会和其他组织等"[5]，因此，市民社会理论的社会福利观点是必须对构成社会生活基础的人和生活世界予以高度重视，必须加强公共领域的建设，以提高人的福利水平。

---

[1] 郑秉文："'福利模式'比较研究与福利改革实证分析——政治经济学的角度"，载《学术界》2005年第3期。

[2] 黑格尔：《法哲学原理》，商务印书馆1982年版，第197页。

[3] 《马克思恩格斯全集》（第13卷），人民出版社1962年版，第8页。

[4] 葛兰西：《狱中札记》，人民出版社1983年版，第316、222、221页。

[5] 哈贝马斯：《公共领域的结构转型》，学林出版社1999年版，第29页。

2. 结构功能主义的社会福利研究

在20世纪70年代，结构功能主义的社会福利理论成为现代社会学的社会福利理论中的突出代表，美国社会学家塔尔科特·帕森斯（Talcott Parsons）是结构功能主义代表中的集大成者。结构功能主义的社会福利理论可以分为三种具体观点，这是根据分析角度的侧重点来划分的。

①经济决定论。主要代表是威伦斯基（Harold Wilensky）、卡特莱特（P. Cutnight）、瑞姆林格（Caston Rimlinger）及加伦森（Walter Calenson），他们通过对不同国家社会福利模式演变的比较研究说明，一个国家的经济发展水平是影响和制约其社会福利发展众多原因中最重要的一个，经济因素还决定了不同的社会安全福利服务的选择；除此之外，人口构成、政治结构和城市化因素都对社会福利水平产生影响。

②聚合理论。1962年科尔（Kerr Dunlop）的《工业主义与工业人》一书在伦敦出版，强调技术因素在福利国家发展过程中的作用，为聚合理论提供了理论假设。

③共识理论。共识理论对社会福利进行剖析的角度是价值观念和意识形态，具体分为理性决定论和道德决定论。英国学者蒂特马斯（Richard Titmuss）和马歇尔（T. H. Marshall）作为理性决定论的代表人物，主要观点强调社会福利是一种社会大众的理性反应，这种反应之所以是“理性”的，是因为人类社会因为工业化和都市化而出现了众多社会问题，为了解决这些问题，政府必须介入，建立起社会福利服务体系。道德决定论是约翰·贝克（John Baker）在1979年提出来的，因他发表了《社会良心和社会政策》，这一理论又被称为“社会良知理论”。这一理论的主要观点是人类共同拥有“爱心”和“慈善”的精神，人们逐渐加深的社会责任感和对“需求”认知的增加是各项社会政策的源泉，解决社会问题的办法众多，社会福利是其中最道德的办法。很明显，该理论强调的是社会福利的“道德”本质。

结构功能主义的社会福利理论存在不少缺点，例如对于社会福利差异性的本质问题无法阐述清楚，在分析所有社会的社会福利时受到很大的局限，对于不同社会福利之间的差异不能进行有效的说明。

3. 冲突理论的社会福利研究

20 世纪 70 年代后期，功能主义的社会福利理论因其缺点而深受质疑，以致被冲突论的社会福利理论取而代之。达伦多夫（Ralf G. Dahrendorf）在 1959 年出版的《工业社会的阶级与阶级冲突》一书中提出冲突理论模型后，一些学者尝试将之用于社会福利研究。1972 年，两位英国学者乔治（Victor George）和韦尔定（Paul Wilding）发表《社会价值、社会阶级和社会政策》一文，正式开启了冲突视角的社会福利理论。其主要追随者有沙维尔（John Saville）、多姆霍夫（G. M. Domhoff）、高夫（Ian Gough）、孟德尔（Emest Mandel）等。

冲突论的社会福利理论有两个基本假设，即团体冲突和阶级冲突，与功能主义的社会福利理论相对立，该理论认为并非社会价值共识的结果导致了社会福利的存在，社会福利只是优势团体（即统治阶级）的一种策略或手段，用以在阶级利益对立的社会关系结构中缓和冲突与对立。其主要观点有：①社会矛盾和阶级冲突导致社会福利制度的产生；②在促进资本主义经济运行得更有效和圆满方面，社会福利服务起到了重要作用，确保了资本主义经济发展的高效率及稳定性；③社会福利服务对于社会控制意义重大，对于阶级冲突，可以利用社会福利服务进行缓和甚至消除，这样就能维持稳定的社会秩序，巩固阶级统治；④社会福利属于社会的“规范性政策”范畴，因为社会服务措施从本质上说通常是统治阶级社会从其自身的利益出发主动制定和实施的，其目的归根到底是为了维护统治阶级本身利益最大化；⑤国家在通过社会福利措施维持某些方面的社会结构稳定的过程中，会导致某些社会结构出现动摇，原因是在资本主义条件下的经济和社会产生对立问题时，政府通过干预行动而采取种种措施，意在克服它们，但同时也会引起新的矛盾与对立。

福利理论中的价值判断理论包括冲突论的社会福利理论，冲突论的社会福利理论深刻揭示了福利国家本质及其起源和演变过程，能使我们对福利国家有更全面和深刻的认识。但是，由于它只针对社会福利演变过程中的基本原则进行阐述，因而在涉及对具体和局部的社会福利政策进行研究时，冲突论的福利理论受到了极大的限制。[1]

---

[1] 毕天云：“现代社会学时期的社会福利理论”，载《经济问题探索》2004 年第 4 期。

总结外国学者从现代社会学角度研究福利问题的上述成果可以发现，社会学的主要研究对象是现代社会，而社会福利是现代社会的重要组成部分，两者之间有着密切的内在亲和关系，因此，社会福利问题逐渐成为社会学研究的重要领域，这使得社会学成为研究现代社会福利制度的“显学”之一。[1] 社会学家从独特的视角研究社会福利问题，这对于社会福利问题研究视野和思路的拓展具有重要意义，将社会福利研究的理论水平提高了一个台阶。

二、国内文献综述

（一）对社会福利的研究

国内学者对社会福利的研究时间久远，可以追溯到慈善救济事业的研究，这些学者可以说是我国研究福利的第一批。邓拓所著的《中国救荒史》是中国第一本救灾救济史著作，作者对古代到20世纪30年代的史书中的灾害与救灾内容进行了梳理，对救荒思想、制度与措施进行了分类整理。其他学者及著作主要有：《社会救济》和《中国贫穷问题》（柯象峰著）、《现代社会事业》（言心哲著）、《中国近代流民》（池子华著）、《中国残疾人史》（陆德阳和稻森信昭合著）、《西学东渐与近代中国社会福利思想的勃兴》（田毅鹏著）、《救灾救济》（李本公主编）、《社会福利》（白益华主编）、《当代中国的民政》（王川禾等编著）等。

改革开放以来，随着中国经济的持续增长，人民生活水平的提高和生活质量的改善越来越受到政府和学界的关注，20世纪80年代初，在社会救济福利事业研究的基础上，学者们开始对中国的社会福利进行研究。陈俊欧（1982）对国家垄断资本主义的“社会福利制度”进行了剖析，指出西方国家的社会福利制度是资本主义剥削方式历史发展的产物，是垄断资本积累的需要，是社会劳动力总价值一部分的转化形式。岳颂东（1991）通过分析中国社会福利体制的基本特征、弊端以及面临的新问题，对中国社会福利体制的改革进行了探讨。屈锡华、王海忠（1995）批驳了传统的人均国民生产总值作为一国发展和福利指数的片面性，建议设置“贫困加权”指数。对外国福利进行研究

[1] 另一门研究现代社会福利制度的“显学”是指经济学。

的学者众多，主要有：姚庭纲（1980）对美国社会福利制度进行了剖析；胡恒洋（1990）对联邦德国社会保险和社会福利进行了研究；张蕴岭（1991）对北欧国家的福利体制进行了研究；十国社会保障改革课题组（1994）对美国社会福利进行了宏观分析；刘凯阳（1995）对英国社会福利制度进行了研究；张玉柯（1998）对美国社会福利制度及其改革趋势进行了分析；陈银娥（2002）对福利国家福利经济制度改革趋势进行了分析。

2002年以来，学术界对社会福利的研究更加深入。向维国、唐光明（2004）研究了GDP在度量社会福利水平上存在的诸多不足，建议在构建新的指标来衡量社会福利水平时，必须同时兼顾产出的性质与价格水平的变化两个方面。李春林（2007）引入边际公共物品供给倾向的概念，将公共物品供给分为与收入无关的公共供给和与收入有关的公共物品供给，并在此基础上初步给出了社会福利函数的一般形式。王东杰（2007）通过建立动态一般均衡模型，测算出中国经济周期的社会福利成本，并在此基础上给出了政策建议。杨伟民（2008）认为，国家在承担公民福利职责方面应避免“不及”或“过度”的问题，因此认清社会福利与国家福利的关系非常重要，在直接为个人提供现金、实物和服务的领域，国家的责任部分与社会的责任部分最好从概念上明确区分开，前者称为国家福利，后者称为社会福利。韩克庆（2008）从中国的社会分层角度探讨社会福利建设，建议社会福利的覆盖要形成网状福利结构，要以经济政策与社会政策协调统一为目标，在社会分层的地位获得情况的基础上对社会福利进行制度设计。陈太明、逄博、张彦波（2008）及薛清超（2009）都对通货膨胀对社会福利的影响进行了实证分析，结论是通货膨胀越高，社会福利水平越低，因此，提高社会福利水平的一个重要手段是维持低通货膨胀。陈银娥（2008）通过研究认为，中国近年来城市中的贫困现象具有自身明显的“转型期”或“过渡期”贫困的特点，建议我国应采取更加积极的社会福利政策缓解贫困；逐步实现社会福利供给主体的多元化，使国家、家庭、企业、社区和志愿机构等都成为社会福利的供给者；同时，在教育和就业培训方面需要加强力度，社会福利制度要建立在以工作为本的基础之上；加快社会福利的法制化进程，切实维护困难群体的基本权益。王思斌（2009）从责任主体的角度分析了影响构建适度普惠型社会福利制度的主要因素，指出要建构这一制度，政府、企业、社区、社会及家庭都要成为供给主体。周正等

(2010)证明了非营利组织的“三次分配”能够提高社会福利水平，是政府“二次分配”功能的有效补充。彭华民(2010)研究了中国社会福利转型的目标定位问题，指出在需要为本的原则下，中国社会福利体系要从需要满足目标群体、需要满足目标定位的具体内容、需要为本的社会福利政策、需要满足的生产和提供部门发展、需要满足的行动协调原则、需要满足物(福利提供)内容等方面进行发展创新，转型到适度普惠型社会福利，促进和谐社会的发展。严成樑、龚六堂(2010)以我国1980—2006年的经济为样本，通过参数化和数值模拟考察了我国税收的经济增长效应以及社会福利损失的大小，研究发现，在样本经济的参数环境下，我国税收的经济增长效应较小，但税收的社会福利损失较大，适当提高税率有利于促进经济增长和提高社会福利水平。周兴、王芳(2010)研究了中国城乡居民的收入流动、收入差距与社会福利之间的关系，认为由于收入差距的持续增加，尽管城乡居民平均收入增长速度很快，但城乡社会福利水平的改进普遍低于居民收入水平的增长。孙荣、辛方坤(2011)研究了中国在1978—2006年间各类支出与社会福利之间的动态均衡关系，在社教文卫及行政管理等支出方面提出了相应的政策建议。樊继达(2011)也研究了财政与社会福利体系建设的关系。盛永祥等(2011)则针对企业行为对社会福利的影响进行了研究，认为竞争水平对社会福利的影响复杂，即随着竞争水平的提高，社会福利先上升、后下降，然后趋于稳定。刘崇献(2011)从整体性与结构性两个方面分析了人民币升值对我国社会福利水平的影响，他的观点是为使我国整体社会福利水平提升，可以对人民币适度进行升值；但是，具体考察进出口情形，人民币升值对生产者与消费者福利水平的影响是相反的，因此，在改善福利水平方面，人民币升值受到严格的条件限制。以文、郑江淮(2011)通过实证研究指出，医疗服务供给的增加可以抑制医疗服务价格水平过快上涨，从而增进社会福利。方巍(2011)认为中国社会福利正处于新发展主义的进程中，这一新阶段本身就要求政策的落脚点更多在于人们基本生活的保障水平和福利水平的提高。郑功成(2011)认为社会福利存在体系残缺、多元分割、制度紊乱、功能异化等缺陷，越来越不适应人口老龄化与社会发展所带来的城乡居民福利需求全面升级的需要。因此，国家应当全面促进社会福利事业的发展，实现中国社会福利体系从照顾弱者向普惠全民转变。

由以上可知，国内学者对社会福利的研究可以分为三个阶段：第一阶段是从民国到改革开放前，这段时期是对慈善救济事业的研究；第二阶段是从1978年到2002年，这段时期的研究主要集中在对西方福利思想的评价、福利函数的构建及对国外社会福利的研究，主要观点是要根据中国的国情构建适当的福利函数，借鉴西方国家社会福利建设的先进经验；第三阶段从2002年至今，这段时期的研究在研究角度、研究对象、研究范围、研究方法各个方面都得到了较大程度的深入，取得了丰硕的研究成果，很好地促进了转型期中国社会福利的发展。

（二）对农民福利的研究

进入21世纪后，对农民福利进行研究的国内学者逐渐增多。贺雪峰是较早提出“农民福利”这一概念的三农学者。其认为，农民福利不仅指衣食温饱问题，还应该包含娱乐、交往、人生乐趣、个人价值等方面，因此在本质上是一种对自身生活状况的满意程度。刘继同（2002）研究了中国农民的福利模式，通过集体福利和市场福利两种模式的对比分析认为，改革开放以来的模式是市场福利，农民生活与福利状况的基本特征在于多元化与地区差别导致变化波动幅度较大，缺乏稳定性，中国农民福利制度的创新将来是更高层次的新型集体福利。徐道稳（2006）考察农村社会福利的变迁是在工业化和城市化的这一背景下进行的，认为农村社会福利走过三个阶段的历程，即从互助合作福利阶段到人民公社体制下的集体福利阶段，再到现在市场经济体制下的社会化福利阶段，并且总结了不同阶段的福利模式。李锐与朱喜（2007）通过计量模型对农户金融抑制的程度与其福利损失量进行了相关性分析，得到的结论是金融抑制使得样本农户福利水平下降。韩央迪（2007）从福利主体方面进行了研究，分析了政府行动、建立于家庭基础上的土地、转型期第三部门在农民福利治理中的功能与限度，探寻了传统福利主体之外的力量组合。朱晶、洪伟（2007）从贸易开放的角度研究了农民福利问题，指出贸易开放通过价格和贸易条件的传导最终有利于农民购买力的增加和福利水平的提高。陈先勇等（2007）通过利润最大化模型研究了农村专业合作经济组织对农民福利水平的影响，指出农村合作社有助于增加农民收入、降低风险和减小收入差距。王小平等（2007）是从农民收入考察农民福利水平的，通过实证分析得出的结论是，在农民福利方面，全体福利不能是个体福利简单的累加，农民个体效用极大化并不意味着农民全体福利的极大化。谷继建（2008）认为福利经济学是解决“三农问题”最适合的理论，他指出，“三农”问题是个很典型的帕累托可以改进的社会形态，无论是从帕累托标准、多数裁定标准还是补偿检验标准分析，都能得出结论：必须在分享城市化的利益的基础上提高农民的福利水平。谷继建等（2009）提出，农民分享经济发展成果的具体路径包括成为市民、集约发展、科技武装、权利保障等。刘元春、孙立（2009）从农民福利视角对农村消费与经济增长进行了考察，指出长期以来，国家在农村只承担最低限度的福利责任，结果导致农民福利水平低下，成为制约农村消费的主要因素；只有让农民共享经济发展的成果，使农民的福利状况得到根本性改善，才能增强农民的消费信心和消费能力，扩大农村消费，保持经济平稳和较快增长。王怀勇（2009）对农村社会福利进行了界定，指出农村社会福利应当包括保障性福利与非保障性福利两大部分，这样才能适应时代发展所产生的社会诉求，也便于国际社会进行制度交流；具体来看，保障性福利包括社会保险、社会救助、社会福利事业、社会优抚等项目，非保障性福利包含医疗服务、教育福利、社会服务、就业保障等。张利军（2010）通过个案研究了新中国成立60年来中国农民福利的变迁，将农民福利的变迁分为两个阶段，并且探讨了农民收入、国家社会政策理念和财税政策等三个影响因素，进而提出了相应的对策。郭晓丽和尹奇等（2010）都对失地农民的福利水平进行了评价。汪旭晖（2010）则研究了农村消费品流通渠道对农民福利的影响，指出农村存在购买便利性和购买安全性的农民福利双缺失，万村千乡市场工程还存在一些漏洞和不完善之处，并没有很好地解决农民购物便利性与安全性问题。罗向明等（2011）比较了东部发达地区和中西部欠发达地区财政对农业保险的补贴力度，认为补贴力度的不同最终影响到全体农民的福利分配。芮洋、娄世桥（2011）研究了乡村治理与农民福利的关系，强调要适当着眼于农民主观福利感受的提升，注重乡村生活方式的倡导、建立和农民生活意义世界的建构。郭杰、李爱喜（2011）从粮价波动的角度对农民福利进行了分析，指出合理的粮价波动会促进农民福利水平的改进。除此之外，还有不少学者对农民工的福利问题进行了研究。

国内的相关研究还体现在农民福利的各个具体方面，主要涉及五保、医疗、救灾救济、农民住房、养老、教育及生产性福利等。

国内对农村基础设施带来的农民福利研究较早、较深的学者是彭代彦。彭代彦（2002）指出，农村基础设施越发达，农民从中得到的效用越大，但在我国，农民为此付出的代价也越大。彭代彦与赖谦进（2008）通过计量分析表明，总体来看，农村基础设施仍很落后，灌溉困难降低了专业农户的生活满意度。周沛（2007）对农民住房保障进行了研究，提出要改善农民的身份待遇，住房公积金要覆盖在农村居住集中化的地区。梁长来（2007）分析了农村合作医疗模型，并且进行了相应的福利经济学分析，得出的结论是农村合作医疗增大了农民的消费者剩余和医疗机构的生产者剩余，从而扩大了社会总福利。崔振翼与冯文全（2008）在人力资源开发的视野下对农村义务教育福利进行了研究，指出当前农村义务教育福利存在的问题并提出了相应的对策。李文云（2009）分析了目前农民"老有所养"的六种模式与极端个案，指出建立农民"老有所养"社会保险制度十分紧迫。王国军（2008）认为，新型合作医疗制度的发展面临保障水平低和管理成本高两大难题，需要进行制度创新，在设计我国商业化运作的农民新型合作医疗保险制度时，可以对现有的几种模式进行整合。王文静（2009）指出，新型农村医疗制度面临许多问题，如大病救助力度较小、忽视小病治疗的重要性、贫困农民无力承担小病治疗费用、农民受益少等。石绍宾等（2009）对山东省农民参加农村社会养老保险的影响因素进行了实证分析，结论是农民的家庭特征、个人特征、社区区位特征、儿子的数量、未来预期以及周围邻居行为等因素显著地影响了农民是否参加农村社会养老保险。

综上所述，国内学者对农民福利的研究可以分为两大部分：第一部分是研究影响农民福利的相关因素，如经济增长、农民收入、金融支持、政府补贴、贸易、商品流通等，概括这部分研究的观点就是，在中国当今农村，上述各方面的加强和完善都会促进农民福利的善治；第二部分是农民福利单个项目的状况，主要包括基础设施、住房、医疗、保险、教育等。这些研究虽然覆盖面较大，但还不够全面。

（三）对中部地区农民问题的研究

2005年国家启动实施"中部崛起"战略后，国内学术界对中部地区问题的研究逐渐兴起，对中部地区农民问题的研究也随之展开。

郑显伟、王昊（2005）以江西省作为样本，分析了农民的收入水平和收入结构，认为提高中部地区农民收入的根本途径在于转移农村劳动力、增加财政对国家的扶持、减轻农民负担、促进农产品价格上涨等。傅家荣等（2007）则以湖北为例，对影响农民增收的因素进行了分析，指出需要采用综合措施来完善促进农民收入持续增长的机制。林晨（2007）在对山西省寿阳县农村调查问卷数据进行分析的基础上，对中部地区农民参加农村新型合作医疗的影响因素进行了分析，得出了健康状况对参合意愿影响不显著、收入正向影响农户参合概率的结论，并在乡级医院的建设、数量、收费及补贴方面给出了建议。吴罗发（2008）以江西省为例，对中部地区农民社会养老保险参与意愿进行了计量经济分析，并总结了农民参与社会养老保险意愿的正负相关因素。张胜利（2009）通过对安徽省农民合作经济组织的调查，分析了中部地区农民合作经济组织发展的现状、发挥的积极作用以及存在的问题，并提出了相关建议。程菲（2010）以山西省农民为例研究了影响收入的因素，通过各因素对农民人均纯收入影响程度的排序，提出了增加农民收入的建议。周绍森、罗序斌（2010）通过对中部地区农村居民人均人力资本投入与纯收入之间的Granger检验指出，对于中部地区农民增收，人力资本与科技进步作用显著，并提出了相应的政策建议。孟会生、李玉萍（2010）以山西省为例分析了中部地区农民收入结构及收入增长问题，给出了山西农民人均纯收入合理构成的建议。周建良、周小刚（2010）则以江西省农民为研究对象，使用模型分析了影响中部地区农民增收的因素，在劳动力转移等三个方面提出了具体政策措施。罗序斌、胡德龙（2011）对中部地区农民收入的研究是从科技投入行为这一角度进行的，得出的结论是农民科技投入增长对其收入增加具有积极意义，建议注重加大对农民科技投入行为的激励力度，努力促使农业生产新技术的投资受到农民的青睐。陆元兵（2011）研究了中部地区农民的养老问题，提出了发展经济、加强宣传、全社会参与等多种措施。

通过梳理国内学术界对中部地区农民问题的研究可以发现，尽管中部地区问题研究日趋成为学术界的一个热点，但针对中部地区农民问题的研究从占比来看仍处于较低水平；研究对象多以农民收入为主，少数涉及医疗和保险等方面；研究范围则以中部地区某一个省居多，罕有对中部地区进行整体研究的。

第三节　研究思路、研究内容与研究方法

一、研究思路及研究内容

根据本书的选题背景及研究目的，本书在查阅已有文献的基础上，从福利、福利检验标准和福利衡量等基础理论出发，先对中部地区农民福利水平的现状进行分析，再分析中部地区在发展农民福利方面存在的问题，然后构建一定的研究指标，通过对中部地区农民福利的现状分析和福利水平的实证研究，测度和比较中部各省的农民社会福利和个人福利水平，分析中部地区农民福利低下的整体缘由和各省的具体情形，最后提出改进中部各省农民福利的相应对策。

本书一共分为七章，系统、深入地阐述了中部地区农民福利的现状、问题及对策。具体内容如下：

第一章导论部分论述了本书的选题背景、研究目的和意义，对国内外研究现状进行了综述，介绍了本书的主要内容及研究方法、创新点与不足。

第二章是农民福利研究的基础理论部分。这一章首先对相关概念进行了界定；接着对福利检验标准和福利水平的衡量进行了理论阐述；最后阐述了福利制度对农民福利的影响，以此作为本书的立论依据。

第三章从社会保险和社会救助、医疗、教育、住房、就业保障、基础设施建设六个方面分析了中部各省农民福利的发展及现状。

第四章在前文分析的基础上，研究了中部地区农民福利发展存在的问题。本章又分为两部分：第一部分是有关中国农民福利发展整体性问题的分析；第二部分是从养老保险、医疗保险、社会救助、教育、住房、就业保障、基础设施建设等七个方面分析中部各省农民福利发展存在的问题。

第五章是中部地区农民福利发展的实证研究。本章选取经济状况、居住条件、社会保险、环境状况、基础设施、发展空间、心理状况等七个指标，通过对中部六省农村居民进行典型样本问卷调研，获取了较为翔实的基础数据，在此基础上利用模糊数学方法进行分析，测度出中部地区各省农民各方面福利水

平的数值，并得出实证分析的结论。

第六章通过以上各部分的定性和定量分析，提出提高中部地区农民福利水平的政策取向，主要包括中部地区农民福利发展目标、发展原则以及法律体系、政策环境、福利制度建设、资金和监督与管理等方面。

第七章对全书进行了总结，并且提出未来的研究思路和要求。

二、研究方法

研究方法决定研究的结果。本书在写作过程中采用了多种科学的研究方法，力求确保研究结果的客观性和实践价值。

本书第二章使用了文献研究法对社会福利的理论进行回顾，作为全书的理论基础；第三章采用了定量分析的方法，利用大量的数据从社会保险和社会救助、医疗、教育、住房、就业保障、基础设施建设六个方面分析了中部各省农民福利的发展及现状；第四章针对中国农民福利整体性问题和中部各省具体情形，既进行了宏观研究，又从微观的角度进行了分析，采用了比较分析的方法；第五章采用了问卷调查法，对中部六省的 18 个县市、42 个乡镇、163 个村庄农民进行了调查问卷，在此基础上采用模型分析方法，利用模糊数学的分析方法对中部地区福利发展进行了实证研究；第六章主要采用了规范分析的方法，为改进中部地区农民福利提出了政策建议。

第四节　创新与不足

一、本书的创新之处

全书在以下四个方面有一定的创新。

（一）区分了“农民”这一具有一定争议的概念

本书认为，在中国城市化进程不断加快、农民工和失地农民规模越来越大的现阶段，有必要从福利研究的最本质要求出发，对农民进行重新界定。本书中的“农民”是指户口在农村的从事过或者正在从事农业生产的农村人，既包含从事农业生产的农民，也包含在外务工的农民工和失地农民。对于究竟什么是农民，国内外学术界一直争论不休，迄今还没有定论。我国学术界最常用的方法就是从职业的角度来界定农民的概念，“从事农业生产的劳动者”是这一概念的核心。但是，这条标准与我国的户籍管理体制“具有农村户口的居民（不管他从事何种职业）就是农民”的规定存在一定的相悖。

（二）拓展了社会福利制度的积极作用

本书将社会福利制度对福利的积极作用拓展到社会福利制度对农民福利具有促进作用，从而奠定了通过政策安排提高农民福利水平的理论基础，确保了本书研究的意义。

（三）使农民福利的内涵趋于完整

本书把农民福利划分为社会福利与个人福利两大组成部分，将它们结合考虑，对中部各省农民福利进行了全面测度，丰富了农民福利的内涵。尽管近些年来国内有许多学者对农民福利进行了研究，但针对农民福利水平状况大多是从农民社会福利的某个方面进行研究，如养老保险、医疗、教育或者生产性福利等，很少有从宏观层面进行综合性研究的。

（四）研究视角有所延伸

本书将中部地区与农民福利相结合作为研究对象，研究结果既能对现在中部农民福利的改进起到促进作用，也能为研究中部地区问题提供新的视角。国内对农民福利的研究基本上是在全国的视野下进行的，罕有从区域角度研究的；随着中国“中部崛起”战略的实施，学术界出现了一波研究中部问题的热潮，其中也不乏一些对中部农村问题的研究，但对该地区农民福利进行研究的很少。

二、本书的不足

由于理论知识、研究能力等方面的限制，本书有许多不足。本书的理论依据尽管涵盖了几个重要的方面，但应该还可以更加充分和完备一些；本书涉及的数据资料绝大多数是 2011 年的最新数据，但仍存有极少数资料是 2010 年的；农民福利的内涵虽然在本书中得到了较大的拓展，但如果眼光再放得长远些，应该还有一些空间，也就是说，中部地区农民福利现状、问题等分析还可以充实一些内容；本书将农民工、失地农民纳入了研究范围，但是针对这两类特殊的农民群体，研究的内容还不够全面，研究的深度也还不够，这些都可以作为将来继续研究的课题。

另外，在实证分析方面，由于数据是通过抽样问卷调查得到的，样本数据的选择尽管遵循一定的科学原则，但在实际操作过程中把握得不一定非常到位，因此，实证分析结果的精度可能受到一些影响。例如，本书关于农民住房福利的实证结果和国家普查统计结果就存在一些出入。

第二章　农民福利研究的理论基础

研究农民福利，基础性问题主要在于三个方面：第一，农民的福利到底是指什么？具体包含哪些方面的内容？第二，农民福利水平的提高用什么作为评价标准？如何进行测度？第三，国家（社会福利制度）与农民福利的增进存在什么样的关系？要解决这些问题，就必须进行相应的理论研究。

第一节　福利及福利衡量

概念的明确对于研究范围的框定以及研究思路的明晰都有着重要的影响。研究农民福利问题，必须首先对福利、福利水平等概念进行界定。

一、福利的界定

福利（welfare）这个名词在中国可以追溯到古代，东汉末年的哲学家仲长统及唐朝大文学家韩愈在自己的文章中都提及了“福利”二字，按照具体的语境而言，他们文中的“福利”是幸福和利益的意思。[1] 1996年出版的《现代汉语词典》（修订本）中，“福利”有两个义项，第一义项即是“生活上的利益，特指对职工生活（食、宿、医疗等）的照顾”。毛泽东在自己的著作中也曾提及福利：“在一个半殖民地的、半封建的、分裂的中国里，要想发展工业，建设国防，福利人民，求得国家的富强，多少年来多少人做过这种梦，但是一概幻灭了。”[2] 这里的“福利”就是“使生活上得到利益”的意思。

---

[1] 仲长统的《昌言·理乱》有“是使奸人擅无穷之福利，而善士挂不赦之罪辜”之句。韩愈在《与孟尚书书》中写道：“何有去圣人之道，舍先王之法，而从夷狄之教，以求福利也！”

[2] 引自1945年4月24日毛泽东在中国共产党第七次全国代表大会上所做的政治报告《论联合政府》。

从世界的角度考究“福利”的概念，则始于庇古及其代表的旧福利经济学。

英国的经济学家庇古在1920年出版了《福利经济学》一书，该书成为庇古的代表作，同时也标志着旧福利经济学体系的形成。庇古对福利经济学的产生和发展作出了巨大贡献，因此被称为“福利经济学之父”。霍布森（John Atkinson Hobson）的最大社会福利思想和边沁的功利主义就是庇古旧福利经济学的思想基础。

庇古认为福利是人们的一种心理反应，这种心理反应来源于享受或满足，并将它划分为社会福利和经济福利两类。在他看来，经济福利是指能够用货币衡量的那部分，无法用货币度量的部分则为社会福利的研究范畴。

旧福利经济学家们认为经济学就是为了提高人们的经济福利或者物质福利。不同的物品带给人们的满足是不同的，因此，物品给人们带来的满足分为不同的层次。有关健康和生命的物品是物质层次的一端，包括房屋、衣服和食品等；还有一部分物品的物质福利成分不多，指那些奢侈、舒服的物品。而非经济或者非物质的物品是物质层次的另一个极端。从这一层面来看，物质福利具有客观性，收入就可以度量物质福利。并且，总福利和物质福利存在一种正相关关系。因此，假如一国的国民收入分配制度在一定程度上对穷人有利，而国民收入的总量不变，就会增加该国的物质福利。假如一国的国民收入增加，同时没有下降穷人的绝对收入份额，则同样会增加该国的物质福利。

在旧福利经济学中，效用可以用来表示福利。效用是具有客观性的，物质就是效用的本质，因此效用能够被度量和观察。人们在物质福利方面的比较就是效用的人际间比较，效用的人际间比较也具有客观性，与经济学中使用价值的比较是相似的。

旧福利经济学对于福利、效用的阐述可以归纳为三个方面：第一，解决物质福利问题是经济学研究的问题，效用能够表示个人的福利，如果将全部个人效用进行简单相加，则应该构成整个社会的福利；第二，个人福利的概念可以用效用或者物质福利来表示。如果这样表示，则效用概念在一定程度上与生产能力是等同的，比如人们的身体健康状况，这一概念与人们的生产能力存在相关性，同时与经济效率也存在相关性。因此，该效用概念能够度量和观察，具有客观性，通过一般人的人际间比较就可以进行比较。第三，旧福利经济学认为，整体福利总和达到最大是社会应该重视和追求的，这继承了英国关于效用主义伦理学的相关理论；同时，旧福利经济学也指出，收入的边际效用具有递减的规律，而不是一直增加的，所以，对穷人有利的收入分配是会提高整个社会的福利。

20 世纪 30 年代以后，为适应垄断资本的产生和发展的需要，庇古的旧福利经济学受到了西方经济学的批判，在此基础上形成了新福利经济学。

对于用来表示福利的效用，新福利经济学有着不同的观点，认为效用具有主观性，是人们对愿望的满足程度，因此，效用是不可以进行度量和观察的。新福利经济学代表罗宾斯怀疑收入的边际效用递减规律，他的观点是，如果收入的效用是针对特定的某一个人，那么边际效用是递减的，但如果将边际效用递减规律扩展至不同的人当中，就一定会涉及非科学的研究。所以，罗宾斯在对效用伦理含义的观点是试图清除的，但保留了效用是主观的。新福利经济学针对个人福利认为，个人福利可以用序数进行比较，但是不能用基数进行衡量，这一观点在新福利经济学家中是基本一致的。

随着世界经济的发展和福利国家不断呈现出问题，一些经济学家对福利概念赋予了新的内容，提出自己的观点，其中比较突出的是阿马蒂亚·森和黄有光。

印度经济学家阿马蒂亚·森根据前人的研究，特别是在亚里士多德、马克思和斯密等人研究理论的基础上，明确提出了能力和功能理论，提出使用能力、功能以及自由等概念来考察人们的福利。他认为，人们所获得的成就就是指功能，也就是人们可以做到某件事情或者已经达到了某一种状态。如拥有富裕的生活、健康的体魄、向上的发展空间和能够接受良好的教育机会等。人们可以达到的生活条件的不同层面和侧面实际上就是每一个人所具有的功能方面的集合，这一集合就是人们在生活质量方面的关键组成部分，也是经济发展的最终目标。功能与商品既有区别，又有一定的联系。即使一个人获得了一种商品，这种商品带来的功能也不一定能够被他获得，因为功能的实现是以他能够使用该商品为前提的，他如果没有能力使用商品，就不能获得这种商品给他带来的功能。而能力是功能的派生概念，是每个人结合客观手段和自身条件，在实现“功能”时所具有的机会和潜力以及拥有在不同生活方式中作出选择的自由。在能力方法中，“功能”和“能力”构成了

“自由”的基本内容，如果自由得以扩展，也就说明经济得到了发展，人们的生活质量得到了改善。

功能与能力是有内在关联的。能力本身不是成就，但这里的能力是实现成就的能力，是一个人拥有真正的自由去选择自己想过生活的能力；能力是实现成就的前提，一个人只有先拥有了能力，才能结合客观手段和自身条件最终实现功能；而功能的状况又是实现实质自由即拥有真正能力的基础和保证。功能和能力同时也是有区别的，一个人拥有了某种能力，但也许不会实现他的能力所对应的功能。比如，一个人有能力开车去上班，但他有可能选择坐公交车而不选择自己开车。这说明他拥有这项能力，却没有实现这一功能。可见，能力反映的是人们选择的自由度的大小和选择机会的多少。从这个角度来看，能力更能反映个人福利；如果一个人缺少选择机会，甚至连选择机会都没有时，那么在能力实现方面，即使他拥有一定的功能，他的能力也是缺少的、有限的。

对于个人福利，阿马蒂亚·森认为，个人拥有财富的多少、基本物品或者资源所能够产生的效用不一定能决定其福利。因此，个人的福利是由他实现功能和他同时实现功能的能力集合来决定的。

澳籍华裔经济学家黄有光（Yew－Kwang Ng）则以“快乐”为中心，认为偏好无法反映真实的福利水平，快乐则可以比偏好更好地表示个体的福利水平。

通过梳理上述学派和经济学家关于福利的观点可以认为，福利是人们的一种满足感，这种心理反应源自人们对生活、工作以及所处环境的一种满意程度。因此，收入、财富、社会保障、居住环境、工作环境、自身价值、政治权利等物质或精神层面的指标都可以纳入衡量福利状况的范畴。

二、农民福利的构成

（一）对农民的界定

研究农民福利问题，必须首先要对“农民”这个概念进行界定。

对于究竟什么是农民，无论国际还是国内学术界都一直争论不休，迄今还没有定论。我国学术界最常用的方法就是从职业的角度来界定农民的概念，“从事农业生产的劳动者”是这一概念的核心。依据这条标准，凡是从事农业生产的人员就是农民，不从事农业生产的人员就不是农民。但是，我国的户籍管理体制是由农村户口和城市户口组成的“二元结构”。凡是具有城镇户口的居民（不管他从事何种职业）就是城市居民，具有农村户口的居民（不管他从事何种职业）就是农民。这是我国目前法律上确认农民的唯一标准。随着我国城镇化进程的加快，农民工、失地农民群体规模越来越大❶，那么这是否属于农民范畴呢？

本书的观点是，以“从事农业生产的劳动者”来定义农民欠妥。原因在于：农民工和失地农民属于没有从事农业生产的那部分农民，尽管他们从事非农业生产并且有自己的收入，或者因为失去土地且得到可观的补偿而没有从事任何工作，但是他们毕竟仍然是农村户口，他们的收入不会稳定或者持久，补偿也难以用来维持一生，所以这些群体仍然有必要划归到农民的范围之中。

本书中的“农民”是指户口在农村的从事过或者正在从事农业生产的农村人，既包含从事农业生产的农民，也包含在外务工的农民工和失地农民。

（二）农民福利

将福利的内涵拓展到农民福利，就是指农民的一种满足程度。它源自两个方面：一方面是国家、政府通过制度安排给予的，另一方面则是农民个人通过自身努力得到的。也就是说，本书所研究的农民福利，是指农民在一定时期内所能享受到的所有福利项目，不仅包括来自国家和社会的社会福利，还包括来自家庭和个人的个人福利。

1. 社会福利

“社会福利是一种关于一个公正社会的理念”❷，指的是人类社会通过组织和治理，为其成员生产和提供商品和劳务、保障其安全性达到合理程度、确保有工作和实现自我价值的机会、建立科学的个人价值评价系统、保持经济上是富于生产并且稳定。❸

因此，从美国社会工作协会（NASW）对社会福利的定义来理解，社会福利包括多个层次的含义，涉及理念、道德责任和制度实体等。可以这样认为，在社会福利方面，它是指关于社会福利的状态，也可以是指关于社会福利的制

❶ 农民的土地被依法征收后，农业户口的家庭人均耕种面积少于0.3亩的统称为失地农民。
❷ 参见美国社会工作协会（NASW）的《社会工作词典》（1999年版）。
❸ 根据美国社会工作协会（NASW）的《社会工作词典》（1999年版）中的定义总结。

度。前者是指人类社会，包括个人、家庭和社区的一种正常和幸福的状态；它涉及的内容非常广泛，主要有三个方面：一是满足社会需要，二是实现人的发展潜能，三是调控社会的问题。后者是从制度安排上界定，为实现社会福利状态，国家和社会必须建立各种相应的制度，并且保证其顺畅实施，如社会保障制度就是用以增进收入安全的。

由于社会福利制度是一个历史过程，会因时、因事、因地发生变化，因而这种意义上的社会福利含义也是变化的。一般来说，社会福利制度指为促进人类幸福、疗救社会病态的慈善活动或政府行为。它主要包含四个方面的内容，即社会福利的目标体系、对象、项目体系、资金和服务提供体系。

以上四个方面联系紧密，由此出发，可以从广义和狭义的层面来理解社会福利制度的概念。狭义的社会福利是专门针对弱势群体而提供的社会照顾和社会服务，这一群体包含生活能力较弱的儿童、老人、残疾人、慢性精神病人、非自愿失业者等。这在社会生活中是补缺性的，涉及的是传统社会工作的内容，宗教和慈善机构、邻里和社区等在其中起着重要作用，政府介入较少。广义的社会福利是指面向全体社会成员的一系列政策和社会服务，这些政策和社会服务旨在提高社会成员的物质和精神生活水平，使得全体社会成员的生活水平和生活质量达到更高的层次。这主要包括以下几个方面：(1) 民间性社会福利制度，这部分属于个体行为，主要是指个人、家庭、邻里和社区从文化和道德责任出发所进行的一些活动，这些活动有利于增进社会福利，如个人、家庭成员、周围的人之间的关爱和帮助等。(2) 组织性社会福利制度，主要包括宗教的慈善活动、非宗教的慈善活动（即非营利组织的社会福利活动）。其中，有组织的宗教慈善活动是其最重要的内容，但非宗教的慈善活动有扩大的趋势，有时我们又称之为“第三部门”。(3) 国家性社会福利制度，指的是政府或国家为其成员提供的福利制度安排，一般认为主要有社会保障、医疗服务、教育、住房、社会服务、就业等六大服务项目。

本书所研究的农民的社会福利，是指国家和社会采取的各种具有经济福利性的社会政策措施的集合，其目的是改善并不断提高农民的物质文化及精神文化水平。农村社会福利政策面向全体农民；它的组织与实施已经不是单纯的民间互助互济，而是由政府直接干预并承担责任；它的内容不仅仅停留在满足农民因生存而需要的物质生活保障这一低级层面，而是必须涉及农民的精神生活和个人全面发展更高级的需求。

因此，在现实生活中，农村社会福利的具体内容从项目来看应当包括社会保险和社会救助、医疗、教育、住房、就业和基础设施建设等六项。

2. 个人福利

本书所指的个人福利，并非一般意义上的个人所能享受到的所有福利，它是与社会福利相对应的。社会福利是为全体公民提供的，所以具有普遍性，并且无须被服务对象缴纳费用，公民只要属于立法和政策划定的范围之内，就能相应地获得应该享受的津贴服务。而本书所研究的个人福利，是指每一公民根据自己的实际情况能享受到的福利项目。

个人福利具有特殊性，每一社会成员能够享受到的个人福利项目或者个人福利水平不尽相同；它主要受到个人或家庭的收入水平、住房条件等因素的影响。因此，本书在考察我国中部农民的个人福利水平的时候，主要从农民的家庭人均纯收入、人均住房面积、家庭农业机械数量、农民文化水平等四个方面进行研究。

三、福利的衡量

在评价社会及人们的福利状况时，需要有一定的标准进行检验，也必须要有福利程度高低的衡量指标，所以，福利检验标准和福利水平都是福利研究的重要内容。

（一）福利检验标准

福利的检验标准起始于帕累托法则，后随福利经济学的演进而得到发展。

帕累托法则认为，如果一种变化使某些人的福利状况变得更好，而没有使其他人的状况变差，那么整个社会的福利改进了，这种变化是可取的。帕累托法则最初被人们普遍接受，成为一种充分合理的福利改进判断标准。而实际实施政策时，在改进了一部分人的福利水平的同时，却是以恶化另一部分人的福利状况为代价的。新福利经济学家针对社会福利检验的标准问题展开了争论，形成了“补偿原则论派”，代表人物是卡尔多、约翰·希克斯和提勃尔·西托夫斯基。

卡尔多首先认为，如果获益者在补偿利益受损者之后的情况 A 比情况 B 好，那么就整个社会而言，情况 A 优于情况 B。希克斯丰富了卡尔多标准，他指出，如果在情况A的条件下，利益受损者无法诱使受益者不将B变为A，那么就整个社会而言，情况A就优于情况B。西托夫斯基对卡尔多标准和希克斯标准做了进一步的补充，提出了检验福利的“双重指标”：如果受益者能使利益受损者接受将情况B转变为情况A，然而利益受损者却无法诱使受益者不将情况B转变为A，那么就整个社会而言，情况A就优于情况B。福利补偿理论的核心论点是，只要增加的福利超过减少的福利，那么就可以认为，在使得一部分人福利水平提高而另一部分人福利水平降低的任何情形下，社会福利都得到了增加。李特尔对上述补偿理论做了补充，主要是在检验福利的双重标准基础上，将收入问题增加为福利检验的第三标准，在他看来，福利经济学中不能回避关于收入分配的价值判断，即福利经济学中关于分配问题不可忽略分配的道德标准，因此，在满足前两个标准后，还必须以第三标准来评判收入再分配是否适当。在收入再分配不好的情况下，就必须通过货币收入转移的方法来进行补偿。

由上可知，我们在评价农民福利状况时，要充分考虑收入的分配问题，尤其是改革开放30多年来，贫富差距在不断扩大，收入分配不公是其中因素之一，要让农民真正享受经济持续增长的成果，就必须使这种状况得到根本性改变。

（二）福利水平

福利水平是衡量福利程度高低的主要指标。学术界研究的福利水平指的是社会福利水平。

社会福利水平是指一定时期内一国社会成员享受社会福利的高低。[1] 社会福利水平的“高”与“低”从量上讲可以用公式来计算衡量，具体公式是：社会福利水平 = 社会福利指出总额 ÷ GDP × 100%。但是，以上公式只能是衡量一国社会福利水平高低的主指标，除此之外，还应该考虑人均社会福利待遇水平、社会福利覆盖面与社会福利自身的制度结构等其他辅助指标，从而确保对该国社会福利的实际水平作出客观、全面的判断与评价。

（三）福利水平的测定

福利水平尤其是社会福利水平存在适度性问题，即社会福利水平既不能过

[1] 陈银娥：《社会福利》（第2版），中国人民大学出版社2009年版，第69页。

高，也不能过低，否则都会对社会福利制度自身的运行和社会经济的发展产生不良影响。然而究竟何种水平才是适度的，理论界却难以统一。不过，学者们还是在社会福利水平的测定方面做了大量的研究，主要体现在运用数理分析方法建立模型。模型主要涉及三个基本要素："社会福利支出总额"、"国内生产总值"和"工资等收入总额"。

社会福利水平数理模型的应用的基本思路是：第一步，由具体数据资料确定社会福利负担系数（Q）和劳动生产要素分配系数（H）的上下限值。第二步，分别将Q与H的上下限值相乘，得到社会福利水平的上下限值。第三步，运用社会福利水平的数理模型公式，计算实际的社会福利水平测算值，把它与社会福利水平的上下限值作比较，实际值处在上下限值之间，则为适度；实际值大于上限值，则为福利过度；实际值小于下限值，则为福利低度。需要强调的是，模型中劳动生产要素分配系数（H）在计算时运用了柯布—道格拉斯生产函数。

阿马蒂亚·森对福利水平的测定则有较大的不同。通过他的理论，对于一个人实现福利的水平是用功能来测量的，而对于一个人潜在的或者可行的福利水平是通过能力来测量的。从功能和能力两个层面来测量福利大大丰富了福利的外延和内涵，弥补了收入或消费支出空间内福利测量只关注"物"而不关注"人"的不足，具有重要的实际价值。

通过以上分析，对于农民福利水平同样可以进行测定。主要思路是确定全面反映农民福利的指标族，利用数理模型，在基本的实际数据基础上计算这些指标的数值，然后进行综合分析。

第二节　福利制度对农民福利的影响

尽管本书已经界定了农民福利包含农民社会福利与农民个人福利两个方面的内容，但是，现阶段中国农村经济总体仍处于落后水平，农民生活水平总体低下，这些问题的解决最主要取决于政府政策安排的层面而非个人因素，因此，研究农民福利问题必须侧重于对农民社会福利问题的研究，而农民社会福利的增进取决于农村社会福利制度的完善，也就是说，农民福利最主要受到社会福利制度的影响。

福利制度主要是在农村经济增长、农村就业、农村社会公平和农村社会安定等方面影响农民福利的。

一、福利制度促进农村经济增长

西方资本主义国家社会福利制度在形成时期（20 世纪 20 年代末 30 年代初的经济大危机——第二次世界大战）就体现了福利制度与经济增长的密切相关性。❶ 1929—1933 年，资本主义世界爆发了经济大危机，经济进入萧条时期。长期占据主流地位的古典主义经济学受到质疑和摒弃，凯恩斯理论应运而生，并成为主流经济学。约翰·梅纳德·凯恩斯（John Maynard Keynes，1883—1946）的代表作是在 1936 年出版的《就业、利息和货币通论》（The General Theory of Employment ，Interest and Money）一书。凯恩斯理论的主要观点是：经济危机的根源在于"三大心理规律"引起有效需求不足，从而导致就业水平总是处于非充分就业的均衡状态。因此，国家必须抛弃自由放任的传统政策，政府必须出面干预经济，运用积极的财政与货币政策，以确保足够水平的有效需求，即通过宏观经济政策的实施刺激经济的增长。西方国家通过凯恩斯理论的实践取得了较好的成效，经济逐渐复苏。也正是在这段时期，西方国家政府为了缓和严重激化的阶级矛盾，纷纷开始实施一系列福利措施。美国先后通过了《联邦紧急救济法案》和《社会保障法》，英国在 1933 年和 1934 年先后通过了《失业工人法》和《国民健康保障法》。

第二次世界大战以后，社会福利制度不断完善，一方面，公民的基本收入水平得到提高，导致居民的有效消费需求增加；另一方面，社会福利是以基金形式存留，基金的托管和投资既促进了金融业的发展，也拉动了整个社会的投资。因此，社会福利制度促进了经济的增长。

从农民的视角来看，农村社会福利制度的不断完善也会通过社会救助、社会保障等形式一方面减少农民的支出，另一方面也增加农民的基本收入，使农民的消费水平得到提高。同时，各种社会福利基金能够拉动包含农村在内的整个社会的投资，进而促进农村经济的增长。

---

❶ 本书中对西方资本主义国家社会福利制度的三个阶段的划分来源于陈银娥的《社会福利》（第 2 版），中国人民大学出版社 2009 年版，第 40 ~43 页。

二、福利制度促进农村就业

福利制度对就业的积极影响主要是通过以下传导机制进行的：一是福利制度涉及教育事业、医疗卫生、培训事业、文化事业、营业与保健等方面，因而不仅提高了劳动者的素质，也有利于培养适应社会需要的各类人才，提高了整个社会的就业能力；二是福利制度促进了经济增长，从而增加了就业机会；三是福利制度的不断完善，本身就创造出越来越多的从事福利事业管理的就业岗位。福利制度可以改善就业形势，西方国家的“工作福利”制度就是很好的例子。

这项制度最早在美国约翰逊政府1967年开始实施的“工作激励项目”中出现。它的实施给西方国家带来了了很好的效果。在过去十几年里，荷兰的紫色联盟引入的改革措施不仅降低了福利待遇的总体水平，对有特殊需求的人群提供了额外的援助，而且在很大程度上调动了那些依赖福利生活的人去寻找合适工作的积极性。美国健康与公共事务部的数据显示，美国工作福利制度实施初期，1994—1999年间福利领取者的人数明显减少了44%。1998年GAO（美国审计总署）的一项研究对可以代表全美典型情况的七个州进行了调查，结果显示，原福利受助者进入劳动力市场的比例急剧上升。

对于农村社会福利制度而言，在影响就业方面同样会起到积极的促进作用：第一，有利于提高农民的素质，为农村工作岗位输送合格人才；第二，农村社会福利制度的不断完善能够促进农村经济的增长，进而带动农村医疗卫生、文化娱乐、公共管理等事业的发展，为农民提供更多的就业机会。

三、福利制度促进农村社会公平

福利制度对社会公平的作用尤为明显。西方社会福利制度从形成阶段到发展阶段（第二次世界大战结束以后至今），都彰显了这一点。福利国家产生的理论基础——《贝弗里奇报告》本身就充分展示了福利制度的建立与社会公平的紧密联系。

威廉·贝弗里奇（William Beveridge，1879—1963）是福利国家的理论建构者之一，他于1942年发表了《社会保险及相关服务》（Social Insurance and Allied Service），后被称为《贝弗里奇报告》，其中提出了建立“社会权利”新制度，包括失业及无生活能力之公民权、退休金、教育及健康保障等理念。《贝弗里奇报告》是现代社会保障事业发展过程中具有重要价值和影响的著作，也是福利国家理论和实践产生的重要理论基础。根据《贝弗里奇报告》的建议，英国建成了世界上第一个福利国家。受到英国福利国家模式的影响，瑞典、芬兰、挪威、法国和意大利等国也相继建成了福利国家。《贝弗里奇报告》将全部国民分为雇员、从事有酬工作的人员、家庭妇女、从事其他有酬工作的人群、退出工作的老年人、低于工作年龄的子女等六个群体，分析了各群体的不同保障需求，并就其参保的待遇、缴费等有关问题进行了系统阐述。同时，报告指出，社会保障应遵循的四个基本原则之一就是普遍性原则，即社会保障应该满足全体居民不同的社会保障需求。由此可见，《贝弗里奇报告》涵盖了全部公民，体现出福利制度与社会公平的紧密联系。

福利国家由《贝弗里奇报告》作为理论基础构建的福利制度，通过补贴、税收等手段，减少高收入家庭的收入，增加穷人和低收入家庭的收入，缩小了贫富差距，在一定程度上促进了社会公平。

中国是个农业大国，农民占据半壁江山，城乡差距的日益扩大在一定程度上反映了社会不公。农村社会福利制度的完善，可以缩小城乡差距、区域差距甚至本地的贫富差距，从而促进农村社会公平。

四、福利制度促进农村社会安定

西方社会福利制度是以实现社会稳定和政治稳定为主要目的，因此，西方资本主义国家社会福利制度从产生时（19 世纪 80 年代至 20 世纪 20 年代）起就体现了维护社会安定的作用。

德国是最早制定社会保障立法的国家。19 世纪 80 年代，德国经济水平低下，工人运动不时发生。政府一方面实施了镇压，另一方面为维护社会安定而出台了多部法律，初步建立了以社会保险为主的社会福利保障体系。之后，英国、瑞典、法国、意大利等国纷纷推出各种社会保障法。第二次世界大战结束以后，西方各国在较长时期内经历了社会安定和政治相对稳定的时期，可以说得益于社会福利制度实施的积极影响。

收入不公、失业率高、贫富悬殊等都会引起社会不安定，福利制度则可以在一定程度上弱化这些因素，从而促进社会安定。

农村也是如此。中国农村社会的安定与政治稳定对于全国的稳定具有重要意义。农民福利制度的完善，可以减少甚至消除农村社会的安全隐患，保持农村社会安定和政治稳定，因此应该成为社会主义新农村建设的重要内容。

综合以上分析可知，农村社会福利制度对于提高农民福利水平具有极大的促进作用，因此，加强和完善农村社会福利制度的建设意义重大。本书正是基于这样的理论依据，从政府的政策层面提出中部地区农民福利善治的建议。

第三章 中部地区农民福利的现状分析

第一节 中部地区农民社会福利的发展及现状

按照我国的区域划分标准，中部地区是指煤炭大省山西、人才大省河南、淡水大省安徽、水电大省湖北、鱼米之乡湖南和有色金属大省江西六个相邻省份。中部六省地处中国内陆中心枢纽位置；六省面积占全国的10.7%，粮食产量占全国的30%以上，主要粮食作物有小麦、水稻等，油料占全国的40%以上。六省总人口为3.57亿，占全国人口的26.6%❶，其中，农村人口2.06亿，占全国农村人口的28.8%。❷

中部地区作为我国重要区域，其发展受到了政府的高度重视。在2004年3月，时任总理温家宝第一次明确提出了中部崛起战略，这次政府工作报告引起了中部省份的极大关注；同年12月，在召开中央经济工作会议时，政府再一次强调了中部崛起，并且提出促进中部的崛起。2005年3月，同样在政府工作报告中，时任总理温家宝不再是只提出中部崛起，而是做出了关于中部崛起的总体性规划；次年2月，国务院召开常务会议，研究促进中部地区崛起问题，"促进中部地区崛起"战略正式实施。2007年年末，武汉城市圈和长株潭城市群被国务院正式批准为全国资源节约型和环境友好型社会建设综合配套改革试验区。促进中部地区崛起规划是在2010年1月11日由国家发改委公布的，成为中部地区发展到2015年的纲领性文件。规划提出，中部地区不仅成

---

❶ 数据来自国家统计局2011年4月29日发布的《2010年第六次全国人口普查主要数据公报（第2号）》。

❷ 数据来自《2011中国统计年鉴》。

为全国重要的生产基地，而且要成为全国重要的交通运输枢纽。在生产基地方面，包括粮食、能源原材料以及现代装备制造产业；交通运输枢纽则是指重点打造“两横两纵”外加“六圈”，其中的“两横两纵”是指沿京广、沿京九、沿陇海和沿长江四大经济带，而“六圈”是指中原城市群、武汉城市圈、皖江城市带、长株潭城市群、太原城市圈、环鄱阳湖城市群六大城市群。

改革开放以来，尤其是促进中部崛起战略实施以来，随着中部六省经济的持续增长，中部地区农民福利建设和发展取得了一定的成效，也存在一些问题。下文就从社会保险和社会救助、医疗、教育、住房、就业保障、基础设施建设六个方面来分析中部农民社会福利的发展及现状。

一、社会保险和社会救助

社会保险这一社会和经济制度，专门针对丧失劳动能力、暂时失去劳动岗位或因健康原因造成损失的人口提供收入或补偿。社会保险计划由政府来举办，社会保险基金是在强制某一群体将其收入的一部分作为社会保险税（费）的基础上形成的，被保险人在满足一定条件的情况下，可以从基金获得固定的收入或损失的补偿。这种再分配性质的制度，目标是保持物质及劳动力的再生产和社会的稳定。社会保险有多种形式，主要包括养老保险、医疗保险、失业保险、工伤保险、生育保险等。而在我国农村，特别是中部地区农村，社会保险主要有养老保险和医疗保险两种，因此，本书主要从这两个部分来分析中部六省农民的社会保险福利。

（一）农村养老保险

当今，人口老龄化成为全球的普遍现象，各国在为老年人提供经济保障制度方面都面临越来越大的压力，在我国尤其突出。据研究报告结果显示，中国已经进入社会快速老龄化的阶段。到2020年，中国人口老龄化水平将达到17.17%；到2050年，这一水平将推进至30%以上。[1] 值得重视的是，中国农村的老龄化水平超出城镇老龄化水平1个多百分点，这种态势在很长时间内不会改变。数据显示，2010年我国60岁及以上人口为177648705人，占总人口的13.26%；其中，65岁及以上人口为118831709人，占总人口的8.87%；同

[1] 数据来自全国老龄办于2006年2月23日发布的《中国人口老龄化发展趋势预测研究报告》。

2000年第五次全国人口普查相比，60岁及以上人口的比重上升2.93个百分点，65岁及以上人口的比重上升1.91个百分点。❶ 这些数据表明，中国农村已经进入老龄社会，农村的老年人口是一个不容忽视的弱势群体。因此，在建设社会主义新农村的进程中，如何解决占中国人口大多数的农民的养老问题已成为关涉社会经济发展的重要问题。

我国农村社会养老保险制度自1991年正式出台至今，20多年间经历了大起大落。1991年，民政部颁布了《县级农村社会养老保险基本方案》，确定以县为基本单位开展农村社会养老保险。此后8年，农村社会养老保险工作在各地得到了较好的开展。1998年以后，农村养老体制改革工作基本停顿，劳动与社会保障部取代民政部门对农村社会养老保险进行管理。1999年之后的近10年间，全国大部分地区农村社会养老保险工作处于徘徊状态，这段时期农村社会养老保险制度的运行在很多地方事实上已经暂停。2009年6月24日，国务院第70次常务会议讨论并原则通过了《国务院关于开展新型农村社会养老保险试点的指导意见》，吹响了新农保试点的号角。同年9月1日，国务院印发指导意见，正式启动新农保试点工作。经过3年多的努力探索，新农保取得了较好的效果，截至2012年3月，全国已有2343个县（市、区）开展新型农村社会养老保险试点，3.58亿人参保，9880万人领取养老金，覆盖面扩大到60%以上，15个省区市实现了新农保制度全覆盖。❷

中部地区农业相对比较发达，农民人口总数占全国农民总数的30%左右，人口规模庞大且相对集中，农村社会养老保险工作的开展也更具典型示范意义。下文分别介绍中部六省农村养老保险的发展与现状。

1. 山西省

山西省农村社会养老保险制度开始于1992年，期间出现了波折，大体可以分为试点、推广、停顿和恢复四个阶段：首先确定左云县作为试点县；随后在全省范围内铺开，在推广地区及保障人数上迅速增长；其后，由于国家政策因素而处于停滞状态；近几年在晋城等部分地方有所恢复，但由于种种原因，

❶ 数据来自国家统计局2011年4月29日发布的《2010年第六次全国人口普查主要数据公报(第1号)》。

❷ 数据来自2012年3月6日第十一届全国人民代表大会第五次会议时任国务院总理温家宝所做的《政府工作报告》。

仍有一大部分地区未建立起农村社会养老保险体系。2008 年 11 月，山西省成为全国第一批推行新型农村社会养老保险的省份之一，山西省农村社会养老保险建设正式步入正轨；2008 年 12 月，20 个县（市、区）成为首批新型农保试点；2010 年，有 10 个国家试点县（市、区）和 7 个省级试点县（市、区）开展第二批新型农村社会养老保险试点工作；2011 年，国务院又批准 55 个县为第三批扩大新农保试点县。截至 2012 年 3 月，全省 115 个农业县中，国家级试点县 85 个，省级试点县 12 个，市级自行试点 2 个，新农保试点县已达到 99 个，占全省农业县的 86.09%，全省 97 个新农保试点县的参保人数达到 786.15 万人，其中领取待遇人数为 190.94 万人，参保人数占试点县应参保人数的 66.94%。[1]

2. 河南省

河南省的农保工作自 1991 年开始起步至今，大致分为三个阶段：1991 年至 1994 年为试点阶段，河南省率先在济源、新郑、长葛 3 市进行了农村社会养老保险试点工作，取得较大成绩，之后在全省各地陆续推开；1995 年至 1998 年为稳步发展阶段，在总结试点经验的基础上，1995 年 10 月，省政府下发了《河南省人民政府关于进一步搞好农村社会养老保险工作的通知》（豫政〔1995〕164 号），对切实做好农保工作提出了具体要求，全省农保工作轰轰烈烈地开展起来；第三阶段自 1999 年 7 月《国务院批转整顿保险业工作小组〈保险业整顿与改革方案〉的通知》（国发〔1999〕14 号）下发以来，河南省有关农村养老保险处于停顿萎缩状态，农保工作在徘徊中前进。2009 年 12 月，河南省部分地方开展了新型农村养老保险试点，新农保基金由个人缴费、集体补助、政府补贴构成。新农保取得了一定成效，2009 年，河南省首批 21 个县（市、区）新农保试点；自 2010 年 10 月 11 日开始，河南省第二批新农村养老保险试点工作在 22 个县（市、区）启动；2011 年 8 月，国务院批准 55 个县为第三批扩大新农保试点县。截至 2012 年 3 月，全省分三批，共 98 个省辖市、县（区）开展新农保试点工作。

3. 安徽省

安徽省的农村养老保险从 1992 年开始至 2004 年，虽然取得了一定的成

---

[1] 数据来自山西省养老保险服务中心网站，http://www.sxnb.cn/shownews.asp? id=516.

效，但是总体来看发展进程并不快。安徽省被征地农民养老保险工作开展得较好，2005 年出台了《安徽省被征地农民就业和社会保障工作指导意见》（皖政〔2005〕63 号），明确提出在全省逐步建立被征地农民养老保险制度的时间进度为 3 年，截至 2012 年 3 月，全省市县（区）在被征地农民方面都建立了养老保险制度。在新农保建设方面，在 2006 年中央 1 号文件的精神下，安徽省于 2007 年出台了《关于贯彻〈中共中央、国务院关于积极发展现代农业扎实推进社会主义新农村建议的若干意见〉的实施意见》（皖发〔2007〕7 号），要求以建立个人账户作为主要手段，以政府和集体的补助和补贴作为辅助手段，针对农村社会养老保险制度的改革进行试点工作。按照上述文件精神，安徽省开展了多种形式的新型农保制度探索试点工作，与此同时，此前的“老农保”停止接收新业务。2009 年 8 月，国务院启动实施新农保试点工作，在大力贯彻实施与不断试验之下，安徽省积极探索并取得了一定的成效。2009—2011 年，安徽省第一批和第二批 26 个试点县参保人数达 66 万，符合条件的 60 周岁以上农村居民养老金领取人数达 212 万；2011 年，又有 41 个县、市、区被列为全省第三批新农保试点。截至 2012 年 3 月，全省共有 67 个县、市、区开展了新农保试点工作。全省各试点地区的新农保存在的主要问题是：各地参保率参差不齐；各地在缴费档次、基础养老金标准、县一级缴费补贴的规定上差距很大，没有一定的标准；新农保政策实际保障水平仍然无法满足参保对象的养老需求。

4. 湖北省

湖北省农村社会养老保险从 1991 年年底开始起步，先在鄂州市、武昌县开展试点，随后又在 23 个经济条件较好的县市区推广，至 1997 年年底，取得了较快的发展；1998—2004 年处于整顿规范期；2001—2009 年，全省农村社会养老保险工作进展十分缓慢。2009 年 9 月，湖北省开始试点实施新型农村社会养老保险制度。2009 年，国家批准咸宁市、赤壁市等 13 个县（市、区）列入全国首批新农保试点范围；2010 年，国家批准武汉市、江夏区等 13 个县（市、区）列入第二批新农保试点范围；2011 年，国家又批复武汉市蔡甸区等 39 个县（市、区）列入第三批新农保试点范围。截至 2011 年 8 月底，全省第一批、第二批新农保试点县（市、区）应参保人数为 615 万人，已参保 580 万人，综合参保率达到 94%，为其中 135 万名 60 岁以上的老年人按时足额发放了养老金；新农保基金累计收入25.81亿元，其中，个人缴费11.63亿元，集体补助0.12亿元，政府补贴14.03亿元；基金累计支出14.77亿元，其中，基础养老金支出14.01亿元，个人账户养老金支出0.62亿元；加上老农保转入基金和利息，基金累计结余15亿元。[1]第三批试点开展后，新农保覆盖面进一步扩大，截至2012年3月，全省共有65个县（市、区）列入国家新农保试点范围，占103个县（市、区）的63%，共覆盖农业人口2983万人，占全省农业人口的74%；其中，60岁以上的农村老年人口411万，占全省60周岁以上农村老年人口的72%。

5. 湖南省

湖南省是在1991年开始逐步推动农村社会养老保险工作的。1991年，农村社会养老保险试点在长沙和株洲两市郊区率先进行，随后几年，湖南省农村社会养老保险取得了一定的发展，到1999年年底，全省已有113个县（市、区）开展了农村社会养老保险工作。由于财政支持的薄弱和低水平的保障功能的局限，不少地方的农村社会养老保险在2001年以后呈现下滑状态。2009年出台的《湖南省人民政府关于开展新型农村社会养老保险试点的实施意见》（湘政发〔2009〕38号）标志着湖南省新农保试点正式启动，2009年第一批试点县（市、区）14个，2010年新增新农保试点县（市、区）30个，两批试点地区的新农保覆盖全省37.7%的县市区，共有632万人缴费，共收缴保费10亿元，累计发放养老金20亿元，覆盖农业人口1845万人及全省32%的60周岁及以上农村老龄人口，远远高出当时全国20%左右的覆盖人口比例。[2]2011年，又有52个县（市、区）被批准为湖南省第三批新农保试点地区。截至2012年3月，湖南省共有96个县（市、区）开展了新农保试点，占全省县（市、区）总数的82.2%。

6. 江西省

江西省于1992年开始农村社会养老保险的试点工作，1993年全面推开，到1998年年底，全省94个县（市、区）开展了农保业务。1999年，国务院

[1] 2011年10月10日湖北省人民政府新闻发布会，http：//www.hubei.gov.cn/xwfbh/xwfbh2011/1121/201110/t20111010_147030.htm.

[2] 数据来自湖南省人力资源与社会保障厅2011年度报告。

14号文件提出对农保进行清理整顿，停止接受新业务，江西省农保缴费工作就此基本全面停止。2009年11月，江西省出台了《江西省新型农村社会养老保险试点实施办法》（赣府发〔2009〕26号），2009—2010年，江西于都县、南昌县、井冈山市、渝水区等24个县（市、区）先后被列为全国第一批、第二批新农保试点县（市、区）。2011年，全省又新增53个新农保试点县（市、区）。截至2012年3月，全省共有77个新农保试点县（市、区），新农保覆盖农业人口2646万人，其中，60周岁以上农业人口319万人，16~59周岁农业人口1668万人。❶

迄今为止，中部地区六省共有488个省辖市、县（区）成为国家新农保试点地区，具体情况如表3-1所示。

表3-1　中部六省国家级新农保试点县（市、区）数量统计　　单位：个

地区	第一批	第二批	第三批	合计
山西	20	10	55	85
河南	21	22	55	98
安徽	12	14	41	67
湖北	13	13	39	65
湖南	14	30	52	96
江西	11	13	53	77
合计	91	102	295	488

资料来源：由对中部六省三批次国家级新农保试点县（市、区）数量的汇总得到。

（二）农村医疗保险

中国一直以来都是一个农业大国，农村现代化是中国现代化建设的关键部分，农民的生活状态和健康状况是中国现代化进程和水平的重要标志之一。同时，解决好广大农民的医疗保障问题有利于构建和谐社会。所以，农村医疗保险在中国新农村建设中意义重大。

农村医疗保险就是国家或社会为生病或受到伤害的农民提供医疗服务或经

❶　数据来自2012年2月9日中国人民共和国中央人民政府门户网站，http：//www.gov.cn/gzdt/2012-02/09/content_2062450.htm.

济补偿的一种社会保障制度。它与农村养老保险的社会经济意义相同，具体做法相似。

1. 我国农村医疗保险制度的兴起与发展

合作医疗是我国农村卫生工作的基本制度之一，起源于1944年陕甘宁边区及随后几年在山西、河南、河北等省发展起来的保健医社和卫生合作社。新中国成立后，农村合作医疗在全国逐步推广。从1959年的全国农村卫生工作会议正式肯定了农村合作医疗制度开始直到1976年的这段时期，其发展势头非常迅猛，覆盖率由最初的10%跃居到90%。

1978年第五届全国人民代表大会把合作医疗列入了《中华人民共和国宪法》（以下简称《宪法》），1979年卫生部颁布的《农村合作医疗章程（试行草案）》进一步规范了合作医疗制度。但是，随着1981年我国农村经济体制的改革和家庭联产承包责任制在全国农村的施行，农村合作医疗失去了主要的资金基础，导致其逐步淡化。到1997年，仅有9.6%的农村居民参与。

从1999年开始，国务院对农村卫生工作逐渐重视起来，《关于进一步加强农村卫生工作的决定》于2002年10月出台，明确指出要逐步建立中央与地方财政及农民三体共同出资的新型农村合作医疗制度。次年1月，国务院办公厅转发了《关于建立新型农村合作医疗制度的意见》，就具体试点方案提出了指导性意见，同时明确了“十一五”期间新型农村合作医疗制度建设的目标。

随着试点工作的落实，新农合制度的框架和运行机制逐渐形成，参合率稳健攀升，覆盖面与受益面不断扩大。截至2011年年底，共计8.32亿农民参与了新农合，未参与新农合的农民不到3%，全年有13.15亿人次受益。各级财政对新农合的补助标准从每人每年120元提高到200元，新农合政策范围内的住院费用报销比例从60%提高到70%左右，最高支付限额由3万元的基点上浮了至少2/3的比例；普遍实现了统筹区域内农民看病就医即时结算报销资金的目标，超过70%的统筹地区实现了省市级定点医疗机构即时结报，超过70%的地区开展了不同形式的支付方式改革。[1]

---

[1] 数据来自中华人民共和国卫生部新闻办公室2012年2月27日发布的《新农合工作2011年进展和2012年重点》。

2. 中部地区新型农村合作医疗保险现状

新型农村合作医疗制度自2003年在中部地区实施以来，近几年发展速度加快。截至2010年，中部地区已有681个县（市、区）开展了新型农村合作医疗，覆盖面达到95.37%，占全国总数的25.43%；其中，河南、山西和湖南三省已全部覆盖。在参加新型农村合作医疗的人数上，中部六省已经达到了26455.8万人，占全国参加新农合总人数的31.66%，越来越多的农民群众可以通过新型农村合作医疗制度获得相应的医疗保障。表3－2所示是2010年中部六省农村居民参加新农合的情况。

表3－2　2010年中部六省新型农村合作医疗情况

地区	开展新农合县（市、区）数（个）	参加新农合人数（万人）	人均筹资（元）	本年度筹资总额（万元）	补偿受益人次（万人次）
全国	2678	83560.0	156.6	13085496.0	108666.0
中部	681	26455.8	149.22	3943254.81	31689.2
山西	115	2164.6	150.6	325988.76	2570.6
河南	157	7651.5	150.6	1152315.9	11544.6
安徽	94	4750.2	151.8	721080.36	4260.2
湖北	97	3833.0	150.3	576099.99	8659.9
湖南	122	4911.5	141.2	693503.8	2685.5
江西	96	3145.0	150.8	474266.0	1968.4

数据来源：由《2011中国卫生统计年鉴》整理计算得到。

由表3－2可以看出，2010年中部地区新型农村合作医疗总筹资额为3943254.81万元，占全国总筹资额的30.13%。其中，河南省筹资总额以1152315.9万元位居六省之最，占中部总筹资额的29.22%；山西省筹资总额最少，仅有325988.76万元，占中部总筹资额的8.26%。在个人筹资上，中部人均筹资额为149.22元，比全国人均筹资额少7.38元，说明中部地区农民在新型农村合作医疗上的负担要低于全国平均水平。六省之中，湖南省的人均筹资额最少，为141.2元，最多的是安徽省的151.8，两省相差10.6元，这也说明了中部六省农村居民在新型农村合作医疗上的负担大小不同。另外，截至

2010年，中部六省一共约有3.17亿人次从新农合中受益，这一数字占全国总数的29.16%。其中，河南省以11544.6万人次居六省之首，占中部总数的36.43%；而江西省受益人数最少，只有1968.4万人次，占中部总数的6.21%，由此可见，中部六省的受益人数相差很大。

（三）社会救助

社会救助（Social Assistance）是国家和其他社会主体对特殊群体实施最低生活水平保障的救济措施，特殊群体包括遭受自然灾害、失去劳动能力或者其他低收入的公民，通过物质或精神层面的救济，使其能够实现最低的生活需求。社会救助通过收入的二次分配实现资源的重新调配，进一步促进社会公平的实现，从而维护社会的稳定。而中国农村的社会救助制度主要针对的是"五保户"[1] 和贫困户。

1. 对农村"五保户"的供养

20世纪50年代中期以来，我国农村合作化制度逐步普及，集体经济力量成为保障的主体，有效解决了农民的生、老、病、死问题。50年代末，为了适应计划经济的需要，我国逐步搭建起传统的社会救济制度框架，此后，人民公社制度的建立几乎覆盖了所有农民。80年代后，政府加大了农村社会救济制度建设的力度，以乡镇为单位对"五保户"进行统筹，采取集体供养形式的农村敬老院迅速发展。1994年国务院颁布的《农村五保供养工作条例》以及农村费税制度改革，实现了附加税形式的"五保户"供养费用制。2006年，有关农村五保供养的新条例出台，明文规定了地方财政预算安排必须包括农村"五保户"的供养资金。随后几年，五保供养逐步实现了由集体福利事业转型为现代社会保障制度，所需资金由农民分摊转由国家财政负担。到2010年年底，全国农村得到五保供养的人数为534万户、556.3万人，基本实现"应保尽保"，全国各级财政共发放农村五保供养资金96.4亿元。[2] 图3－1描述的是我国2004—2010年农村五保供养的变化情况。

---

[1] 农村"五保户"供养，是指国家对具有农业户口的老年、残疾、满16周岁，无劳动能力、无生活来源又无法定赡养、抚养扶养义务人，或者其法定赡养、抚养、扶养义务人无赡养、抚养、扶养能力的村民，在吃、穿、住、医、葬方面给予生活照顾和物质帮助。

[2] 数据来自《中国农村扶贫开发的新进展》白皮书，中华人民共和国国务院新闻办公室2011年11月16日发布。

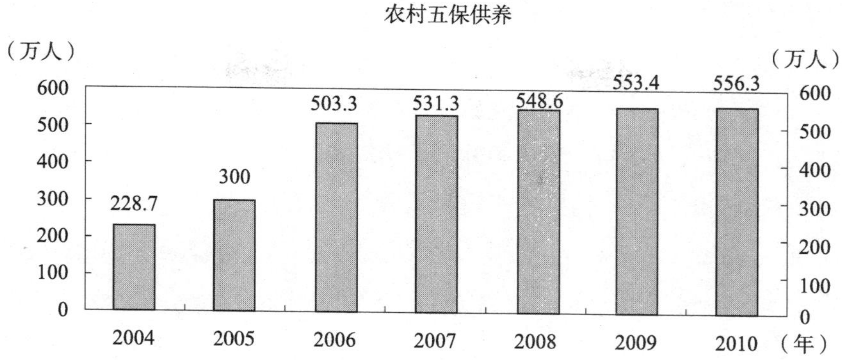

图 3－1　2004—2010 年中国农村五保供养合计图

数据来源：历年《中国农村统计年鉴》。

2. 对农村贫困户的救济

与农村五保供养一样，我国对于贫困户的救济工作同样经历了一个渐进的过程。长期以来，民政部门为了缓解农村贫困、提高农民福利待遇，从政策、思想、资金、物资、技术、信息等方面给予扶持，帮助有一定生产经营能力的贫困户通过生产经营活动摆脱贫困。“七五”时期，全国累计扶持贫困户比“六五”时期增加了 800 多万户，脱贫率提高了 13%。经过 10 年的努力，中国农村的绝对贫困人口（人均收入在 200 元以下的人口）减少了将近一半。20 世纪 80 年代中期以来，我国先后制定实施了《国家八七扶贫攻坚计划（1994—2000 年）》、《中国农村扶贫开发纲要（2001—2010 年）》、《中国农村扶贫开发纲要（2011—2020 年）》等减贫规划。国家相继取消了牧业税、生猪屠宰税和农林特产税，全面实行种粮农民直接补贴、良种补贴、农机具购置补贴和农资综合补贴，推进农村饮水、电力、道路、沼气等基础设施建设和农村危房改造。2007 年 7 月 11 日国务院出台《关于在全国建立农村最低生活保障制度的通知》（国发〔2007〕19 号），标志着中国农村最低生活保障制度正式建立。截至 2010 年年底，全国农村低保覆盖 2528.7 万户、5214 万人；2010 年全年共发放农村低保资金 445 亿元，其中中央补助资金 269 亿元；全国农村低保平均标准为 117 元/人、月，月人均补助水平为 74 元。国家根据经济社会发展水平的提高和物价指数的变化，将全国农村扶贫标准从 2000 年的 865 元逐步提高到 2010 年的 1274 元。以此标准衡量的农村贫困人口数量，从 2000

年年底的9422万人减少到2010年年底的2688万人；农村贫困人口占农村人口的比重从2000年的10.2%下降到2010年的2.8%。❶ 2011年，更进一步对全国城乡低保对象、农村五保供养对象等8600多万名困难群众发放了一次性生活补贴；将农民人均纯收入2300元（2010年不变价）作为新的国家扶贫标准，比2009年提高92%，把更多农村低收入人口纳入扶贫范围。❷

由表3-3和图3-2可以看出，中国农村最低生活保障在2002—2010年间发展迅速，取得了较大的成效。《2010年社会服务发展统计报告》显示，截至2010年年底，农村低保人口共计2528.7万户、5214.0万人，环比增加了454.0万人，上涨比例为9.5%。全年共发放农村低保资金445.0亿元，环比增长22.6%；平均标准环比提高了16.1%；人均月补助水平环比增长了8.8%。

表3-3　2002—2010年中国农村最低生活保障情况

年份	保障人数（万人）	年增长率（%）
2002	407.8	33.9
2003	367.1	-10.0
2004	488.0	32.9
2005	825.0	69.1
2006	1593.1	93.1
2007	3566.3	123.9
2008	4305.5	20.7
2009	4760.0	10.6
2010	5214.0	9.5

数据来源：2003—2011年《中国农村统计年鉴》。

❶ 数据来自《中国农村扶贫开发的新进展》白皮书，中华人民共和国国务院新闻办公室2011年11月16日发布。

❷ 数据来自2012年3月6日温家宝在十一届全国人大五次会议上所做的政府工作报告。

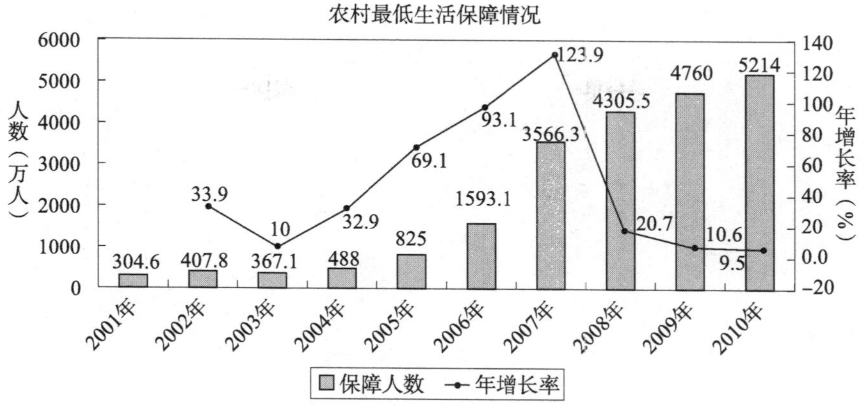

图 3－2　2001—2010 年中国农村最低生活保障情况变化图

数据来源：2002—2011 年《中国农村统计年鉴》。

3. 中部地区农村社会救济工作的现状

中部地区农村社会救济工作和国家的总体情形基本一致。2010 年，中部六省农民社会救济的总费用共计 1446864.7 万元，占全国总费用的 24.96%。其中，农村最低生活保障线救济费是 1064944.6 万元，占全国的 23.93%；农村居民最低生活保障人数共计 13397154 人，占全国农村居民最低生活保障人数的 25.69%；自然灾害生活救助费合计 342202.3 万元，占全国的 14.43%。表 3－4 所示是 2010 年中部六省农村社会救济费和自然灾害救济费情况，图 3－3 所示是 2010 年中部六省农民社会救济的各项数据在全国所占比例。

表 3－4　2010 年中部六省农村社会救济费和自然灾害救济费

省份	农村社会救济			自然灾害生活救助费（万元）
	总费用（万元）	农村最低生活保障线救济费（万元）	农村居民最低生活保障人数（人）	
全国合计	5796459.3	4450222.5	52139987	2371830.5
山西	139569.9	108929.6	1320783	25503.0
河南	362874.9	277685.4	3692066	72884.5
安徽	276535.0	195417.7	2146238	31915.6
湖北	216851.0	167428.1	2129131	52254.2
湖南	252348.2	173126.2	2611463	73848.1
江西	198685.7	142357.6	1497473	85796.9

数据来源：《2011 中国农村统计年鉴》。

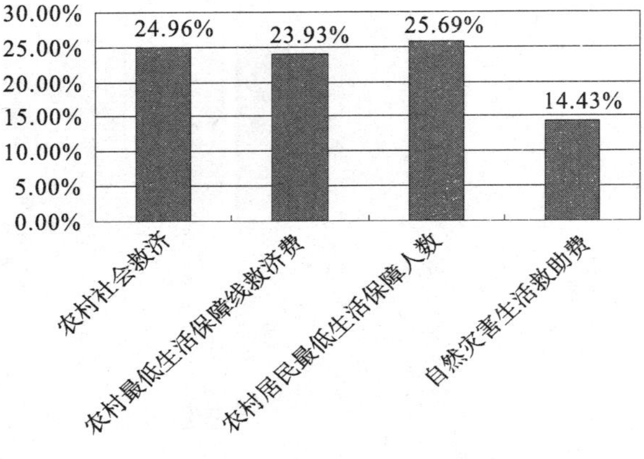

图 3-3 2010 年中部六省各项目数据总和在全国所占比例

资料来源：由《2011 中国农村统计年鉴》计算绘制。

二、医疗

医疗事业是社会经济构成的重要部门之一，具有公益性、福利性。瑞士经济学家的主观福祉研究显示，人们对自己的健康非常关心，将良好的健康状态视为幸福的五大重要组成部分之一。享受到医疗卫生服务、拥有健康是人们幸福感的重要来源和基础，同样也是社会福利的一个十分重要的组成部分。

我国农村医疗事业在 2000 年以后进入较快的发展阶段。为了使农民摆脱“因病致贫，因病返贫”的不良状况，2002 年 10 月，《中共中央、国务院关于进一步加强农村卫生工作的决定》明确指出要“逐步建立以大病统筹为主的新型农村合作医疗制度”。次年，新农合试点工作正式推广，明确了新型农村合作医疗补助经费和农村合作医疗管理机构工作经费的提供主体为中央和地方财政。截至 2011 年年底，共计 8.32 亿农民参与了新农合，未参与新农合的农民不到 3%，全年有 13.15 亿人次受益。全国新农合筹资水平得到了大幅提高，达到了全年人均 150 元，国家采取多种综合措施方便就医和报销。2011 年 2 月 17 日，由中国政府网发布的《医药卫生体制五项重点改革 2011 年度主要工作安排》明确指出，2011 年政府对新农合补助标准比上年年人均增加 80 元，新农合政策范围内住院费用支付比例力争达到 70% 左右。新农合制度的有效实施提高了广大农民的社会福利水平，农民看病难的问题得以有效解决，城乡差距不断缩小。

农村儿童重大疾病、血吸虫病、艾滋病防治、新生儿破伤风等重大疾病预防控制工作也在逐年加强。2010 年 6 月，《关于开展提高农村儿童重大疾病医疗保障水平试点工作的意见》出台，从农村儿童先心病和急性白血病起步，开展了提高农村居民重大疾病医疗保障水平试点工作。截至 2011 年年底，提高儿童先心病、急性白血病医疗保障水平工作已在全国全面推开；辽宁、江苏、山东、福建、河北、内蒙古、吉林、黑龙江、安徽、湖北、湖南、重庆、甘肃等 13 个省份新增并在全省范围内推开了终末期肾病、妇女乳腺癌、宫颈癌、重性精神疾病、耐药肺结核等病种的试点工作，浙江、广东、广西、海南、四川、山西等 6 个省份在部分县、市开展了新增病种的试点工作。

经过多年的发展，全国农村医疗事业取得了巨大的进步。截至 2012 年 1 月，全国共设 37374 个乡镇卫生院，床位 103 万张，卫生人员 1151349 万人，每千农业人口乡镇卫生院床位和人员比例分别达到 1.12 张和 1.30 人；全国共设 659596 个村卫生室，村卫生室中，执业（助理）医师 17.3 万人、注册护士 2.7 万人、乡村医生和卫生员共计 1091863 人（其中乡村医生占比为 95%），每千农业人口村卫生室人员为 1.46 人。❶

2001—2010 年来，中部地区的农村医疗事业发展同样迅速，六省的乡（镇）卫生院数、床位数和乡镇卫生人员数量在全国范围内占有较高的比例。2010 年年末，中部六省共有乡（镇）卫生院 9745 个，占全国总数的 25.76%；共有床位 304645 张，占全国总数的 30.64%；共有乡镇卫生人员 360140 名，占全国总乡镇卫生人员的 31.28%。每一省份的具体数据如表 3 – 5 所示。

表 3 – 5　2010 年中部六省乡（镇）卫生院、床位数和卫生人员数情况表

省份	卫生院（个）	床位（张）	卫生人员数（人）
山西	1201	28891	26678
河南	2079	83359	99844
安徽	1437	48933	49893
湖北	1149	46382	67039

❶ 数据来自《中华人民共和国 2011 年国民经济和社会发展统计公报》，中华人民共和国国家统计局 2012 年 2 月 22 日发布。

续表

省份	卫生院（个）	床位（张）	卫生人员数（人）
湖南	2309	65168	74101
江西	1570	31912	42585
六省合计	9745	304645	360140
全国合计	37836	994329	1151349
六省占全国比例	25.76%	30.64%	31.28%

数据来源：《2011 中国农村统计年鉴》。

另外，2010 年，中部六省有 205227 个村卫生室，占全国的 31.65%；六省设置了卫生室的行政村平均为 98.9%，比全国的 92.3% 高出了 6.6 个百分点；六省共有 363035 名乡村医生和卫生员，占全国总数的 33.25%；在每千农业人口乡村医生和卫生员数中，全国的数值是 1.46，而中部六省的这一平均数值是 1.52，比全国高出 0.06。2010 年中部六省农村村卫生室和人员情况如表 3－6 所示。

表 3－6　2010 年中部六省农村村卫生室和人员情况表

省份	村卫生室（个）	设置卫生室的村占行政村数（%）	乡村医生和卫生员（人）	每千农业人口乡村医生和卫生员数（人）
山西	29253	100.0	45145	2.21
河南	64140	100.0	128780	1.78
安徽	15636	100.0	55733	1.33
湖北	24112	93.6	41512	1.27
湖南	45182	100.0	48324	1.07
江西	26904	100.0	43541	1.45
六省合计	205227	98.9	363035	1.52
全国合计	648424	92.3	1091863	1.46

数据来源：《2011 中国农村统计年鉴》。

三、教育

文化教育福利项目在我国农村的覆盖面比较广，尤其是推行了“九年义务教育”、“燎原计划”和“希望工程”等教育福利计划后，覆盖比例更是大幅攀升。当前，我国农村教育体制主要是以县为主，县、乡两级管理，县、乡、村三级办学。长期以来农村教育事业的发展提高了农村人口的素质，为当地经济的发展起到了很好的促进作用。

在农村普通中小学教育方面，2010 年，全国共有 1428 所农村普通高中，10.5 万名专任高中教师，拥有 2.9 万个班级和 162.9 万名农村高中学生；共有 28670 所农村普通初中，127.2 万名专任初中教师，拥有 34.8 万个班级和 1784.5 万名农村初中学生；共有 21.1 万所农村小学，340.7 万名小学教职工人员，其中有 319.1 万名专任小学教师，拥有 166.8 万个班级和 5350.2 万名农村小学学生。[1] 我国其他主要年份的农村普通中小学的学生与教师数如表 3-7 所示。

表 3-7　中国主要年份农村普通中小学学生与教师数统计

指标		1995	2000	2007	2008	2009	2010
高中	学校数（所）	3112	2629	1912	1762	1618	1428
	班数（万个）	2.3	2.9	3.6	3.4	3.1	2.9
	学生数（万人）	113.2	157.8	209.3	192.1	174.2	162.9
	专任教师（万人）	9.4	10.4	12.2	11.9	11.1	10.5
初中	学校数（所）	45626	39313	32865	31458	30178	28670
	班数（万个）	50.9	60.1	41.1	38.6	36.9	34.8
	学生数（万人）	2659.8	3428.5	2243.3	2064.2	1934.5	1784.5
	专任教师（万人）	149.9	168.2	139.5	134.4	132.2	127.2
小学	学校数（万所）	55.9	44.0	27.2	25.3	23.4	21.1
	班数（万个）	309.4	274.6	197.9	187.2	177.7	166.8
	学生数（万人）	9306.2	8503.7	6250.7	5824.9	5655.5	5350.2
	教职工数（万人）	419.9	398.3	364.1	356.9	352.2	340.7
	专任教师（万人）	382.7	367.8	340.0	333.7	329.7	319.1

数据来自《2011 中国农村统计年鉴》。

在农民成人教育方面，2010 年全国有 2 所农民高等学校，拥有 1614 名学生和 128 名专任教师，有 865 名毕业学生；全国有 10.7 万所农民技术培训学校，在校学生 3424.2 万人，专任教师 9.2 万人，有 3813.1 万名毕业学生。自

---

[1] 数据来自《2011 中国农村统计年鉴》。

2009年起，国家取消了农民中学和农民小学，农民中等专业学校则早在2007年前就被取消了。另外，2010年全国共有农村文化机构344216个；其中，乡镇文化站34121个，群众业余演出团队304505个，群众艺术馆、文化馆办文艺团体5590个。[1] 这表明，我国农村居民当前的文化福利已经有了很大的发展，农村居民的精神文化福利水平有了很大的提高。我国主要年份农村文化机构统计情况如表3－8所示。

表3－8　中国主要年份农村文化机构统计　　单位：个

年份	乡镇文化站	群众业余演出团（队）	群众艺术馆、文化馆办文艺团体
1995	41633	35429	7191
2000	39348	36151	2940
2006	32706	58409	4365
2007	32976	67998	6094
2008	33367	75021	6114
2009	33378	259608	5260
2010	34121	304505	5590

数据来自：历年《中国农村统计年鉴》。

注：2009年以后，群众业余演出团（队）包括乡镇综合文化站所指导团体。

在农村教育设施建设上，中部六省的发展速度相对于全国而言有快有慢。表3－9所示是中部六省农村教育设施情况，由表中数据可以看出，在有职业技术学校的乡镇、5公里范围内有中学的村、有幼儿园或托儿所的村和有广播或电视站的乡镇的比例上，中部六省的平均数值要高于全国水平。然而在3公里范围内有小学的村、有体育健身场所的村、有图书室或文化站的村和有农民业余文化组织的村的比例上，六省平均水平要低于全国平均水平；特别是在有体育健身场所的村的比例上，除了山西省与全国平均水平持平外，其他五省都低于全国水平，而且安徽、湖北、湖南三省低很多。由这些数据也可以看出，中部六省在文化教育设施的建设上快慢不一，整体上河南在中部六省中是最好的。

[1] 数据来自《2011中国农村统计年鉴》。

表 3－9　中部六省农村教育设施情况表（%）

地区	有职业技术学校的乡镇	3 公里范围内有小学的村	5 公里范围内有中学的村	有幼儿园、托儿所的村	有广播、电视站的乡镇	有体育健身场所的村	有图书室、文化站的村	有农民业余文化组织的村
全国	10.8	87.6	69.4	30.2	71.3	10.7	13.4	15.1
山西	9.6	86.6	66.1	36.1	38.8	10.8	13.2	14.0
河南	18.5	97.7	85.5	35.5	67.9	9.2	13.6	20.1
安徽	14.8	97.2	87.7	29.1	88.8	3.9	6.1	6.3
湖北	11.4	61.5	61.9	17.2	93.0	4.9	7.6	8.1
湖南	10.1	83.0	70.0	25.4	82.8	3.4	5.1	9.7
江西	7.7	93.0	70.7	49.1	81.2	8.1	13.1	14.3
六省平均	12.0	86.5	73.7	32.1	75.4	6.7	9.8	12.1

数据来源：《第二次全国农业普查主要数据公报》。

四、住房

在我国农村，农民拥有自己的住房是福利水平提高的一个重要标志。随着农村经济的发展和农民生活水平的提高，农民对住房的要求也越来越高，住房建设持续不断。我国农村的建房热潮出现过两次。第一次是发生在 20 世纪 80 年代，那段时期，经济欠发达的中西部地区农民以瓦房取代祖辈留下的土房和草房，东部与沿海等经济发达省份的农民则以楼房代替普瓦房。第二次出现在 90 年代中后期，在江浙一带，农民纷纷建造较高档的楼房甚至别墅，取代过去的普通楼房。建房的经费来源，一部分自行解决，另一部分靠向亲朋好友借款筹集。农民两次建房热潮的出现凸显了中国农村的巨变，也是农民生活水平不断改善的佐证。然而很多偏远山区农民的住房条件仍十分简陋。与此同时，在建房过程中一些负面现象也随之产生，主要体现在整体规划差、建房成本高、土地资源浪费严重等方面。

表 3－10 所示是 2009 年和 2010 年中部六省农村居民年内新建（购）住房情况。由该表可以看出，在年内新建（购）住房价值上，2009 年中部六省无论是在平均数值还是每个省的数值上，都低于全国平均数值；2010 年，除安徽省的 681.4 大于全国的 673.4 外，其他五省数值及六省平均值均小于全国水

平。在新建（购）住房面积上，六省平均值大于全国平均值。其中，在砖木结构的新建（购）住房面积上，六省平均值低于全国平均值；而在钢筋混凝土结构新建（购）住房面积上，六省平均值则高于全国平均值。

表 3－10　中部六省农村居民年内新建（购）住房情况表

省份	年内新建（购）住房价值（元/平方米）		新建（购）住房面积（平方米/人）					
					砖木结构		钢筋混凝土结构	
	2009	2010	2009	2010	2009	2010	2009	2010
山西	514.6	633.4	0.76	0.41	0.24	0.12	0.52	0.23
河南	474.9	499.6	2.21	1.02	0.64	0.33	1.56	0.69
安徽	603.6	681.4	1.57	1.12	0.22	0.09	1.35	1.02
湖北	465.1	505.1	1.10	1.27	0.29	0.27	0.80	0.99
湖南	510.7	508.4	1.15	0.59	0.35	0.14	0.80	0.43
江西	473.3	535.6	2.05	1.16	0.09	0.00	1.96	1.15
六省平均值	507.03	560.58	1.47	0.93	0.31	0.16	1.17	0.75
全国平均值	620.40	673.40	1.21	0.80	0.32	0.21	0.85	0.56
六省与全国差值	－113.37	－112.82	0.26	0.13	－0.01	－0.05	0.32	0.19

数据来源：《2011 中国农村统计年鉴》。

在年农村居民居住情况方面，中部六省的平均年末住房价值 2009 年和 2010 年分别是 277.43 元/平方米和 301.53 元/平方米，每平方米 2010 年比 2009 年上涨了 24.1 元。但是，这两年全国平均值分别是 359.3 元/平方米和 391.7 元/平方米，每平方米比中部六省分别高出了 81.87 元和 90.17 元。而在年末住房面积上，2009 年和 2010 年的中部六省平均值均高于全国平均值。具体数据如表 3－11 所示。

表 3－11　中部六省农民居住情况表

省份	年末住房价值（元/平方米）		年末住房面积（平方米/人）					
					砖木结构		钢筋混凝土结构	
	2009	2010	2009	2010	2009	2010	2009	2010
山西	302.9	309.6	28.0	28.2	18.1	17.5	7.0	7.3
河南	293.7	322.6	33.5	32.0	16.2	16.3	16.4	17.3

续表

省份	年末住房价值（元/平方米）		年末住房面积（平方米/人）					
					砖木结构		钢筋混凝土结构	
	2009	2010	2009	2010	2009	2010	2009	2010
安徽	340.0	385.9	31.0	34.5	12.4	12.8	18.0	18.8
湖北	259.6	292.1	40.1	41.0	14.6	14.5	22.9	24.1
湖南	215.0	226.2	41.7	42.0	22.5	22.8	16.8	17.0
江西	253.4	272.8	39.5	40.0	10.7	10.5	26.9	27.5
六省平均数	277.43	301.53	35.63	36.28	15.75	15.73	18.00	18.67
全国平均数	359.30	391.70	33.60	34.10	15.10	15.20	14.50	15.10
六省与全国差值	-81.87	-90.17	2.03	2.18	0.65	0.53	3.50	3.57

数据来源：《2011 中国农村统计年鉴》。

五、就业

中部地区总人口约占全国人口的1/3，人口密度在我国的东部、中部、西部、东北四大经济区域排在第二位。而中部六省农村人口占区域人口超过60%，占全国农村人口的1/3。因此，农民是中部地区的最大群体，在城市化进程不断加速的过程中，失地农民的就业问题是农民福利改进中一个十分重要的方面。

土地历来是农民的生活保障，也是农民的就业保障。目前，我国有耕地面积121715.9千公顷。从地区分布情况来看，西部地区分布的耕地较多，占36.9%；东部、中部、东北地区分别占21.7%、23.8%和17.6%（见表3-12）。由表3-12可以看出，中部地区的耕地面积与其农民人口的比例在全国是偏低的，因此，中部地区失地农民的就业问题也就比较突出。

表3-12　东中西部耕地分布情况表

地区	耕地面积（千公顷）	占全国比重（%）
全国合计	121715.9	100.0
东部地区	26395.2	21.7
中部地区	28991.6	23.8

续表

地区	耕地面积（千公顷）	占全国比重（%）
西部地区	44937.9	36.9
东北地区	21451.2	17.6

资料来源：《2011 中国统计年鉴》。

2010 年，我国共有 67113 万乡村人口，占总人口的 50.1%；乡村就业人员有 41418 万人，其中，第一产业的就业人员有 27931 万人，占乡村就业人员的 67.4%，乡镇就业的人员有 15893 万人。中部六省的乡村就业情况如表 3－13 所示。[1]

表 3－13　2010 年中部地区乡村就业情况表

地区	年末乡村就业人员（万人）	第一产业（万人）	第一产业人员所占比重（%）	乡镇企业（万人）	乡镇企业人员所占比重（%）
山西	1100	638	58.0	400	36.4
河南	4915	2712	55.2	1210	24.6
安徽	3076	1538	50.0	708	23.0
湖北	2154	921	42.8	689	32.0
湖南	3129	1872	59.8	1110	35.5
江西	1761	867	49.2	530	30.1
六省合计	16135	8548	53.0	4647	28.8
全国合计	41418	27931	67.4	15893	38.4

数据来源：《2011 中国农村统计年鉴》。

由表 3－13 可以看出，2010 年末中部六省共有 16135 万乡村就业人员，占全国乡村就业人员的 39%。其中，第一产业就业人员有 8548 万人，占中部六省乡村就业人员的 53%，占全国第一产业人员的 30.6%；在乡镇就业的人员有 4647 万人，占中部六省乡村就业人员的 28.8%，占全国乡镇就业人员的 29.2%。

六、农村基础设施

农村的基础设施，从在农村的实施效果来看，主要是指能够为农民的生

[1] 数据来自《2011 中国统计年鉴》。

活提供公共服务，同时促进农村经济、社会和文化的发展。农村基础设施可分为不同的类型，按照其提供的服务性质主要可以分为三种类型：第一，生产性基础设施，在农业生产中可以提供必要的物质条件，这一类型主要包括农用土地、水土和田间建设以及农田等水利方面的建设；第二，服务性基础设施，主要包含农村方面的金融、保险以及相应的农村信息服务；第三，流动性的基础设施，包括农村交通运输设施、通讯方面的设施、农业生产资料的设施以及农产品的设施。农村基础设施建设不仅对农民的增收和农村经济繁荣具有重要的作用，对现代农业的发展和农民福利水平的提高同样具有非常重要的作用。

第二次全国农业普查数据显示，全国范围内有火车站的乡镇地域占9.6%，有二级以上公路通过的乡镇地域占46.1%，村内通公路的乡镇占95.5%，有邮电所的乡镇占81.1%，有储蓄所的乡镇占88.4%，有综合市场的乡镇占68.4%，有农产品专业市场的乡镇占23%，有公园的乡镇占11.7%。全国范围内实施集中供水的乡镇占72.3%，有垃圾处理站的乡镇占36.7%，村内实施垃圾集中处理的乡镇占15.8%，生活污水经过集中处理的乡镇占19.4%。全国范围内村内通电的乡镇占98.7%，村内通电话的乡镇占97.6%，村内能接收电视节目的乡镇占97.6%。村内饮用水经过集中净化处理的乡镇占24.5%，村内有沼气池的乡镇占33.5% ，村内完成厕所改造的乡镇占20.6%。除此之外，村地域内拥有50平方米以上的综合商店或超市的乡镇占34.5%。[1]

经过多年的发展，中部六省农村基础设施在交通、通信等方面的建设速度也各不相同，具体情况如表3－14和表3－15所示。

由表3－14可以看出，在有火车站、有二级公路通过、有邮电所、有储蓄所、有综合市场、有农产品专业市场的乡镇的比例上，中部六省平均数大于全国平均数，表明在这几方面的乡镇基础设施建设上中部六省高于全国平均水平。而在有公园、实施集中供水、生活污水经集中处理、有垃圾处理站的乡镇的比例上，中部六省要低于全国水平，表明在这几个方面的乡镇基础设施建设上中部的建设速度略慢了一些。

---

[1] 数据来自《第二次全国农业普查主要数据公报》。

表 3－14　中部地区乡镇基础建设情况表（%）

地区	有火车站的乡镇	有二级以上公路通过的乡镇	有邮电所的乡镇	有储蓄所的乡镇	有公园的乡镇	有综合市场的乡镇	农产品专业市场的乡镇	实施集中供水的乡镇	生活污水经集中处理的乡镇	有垃圾处理站的乡镇
全国	9.6	46.1	81.1	88.4	11.7	68.4	23.0	72.3	19.4	36.7
山西	15.1	48.2	89.2	98.1	9.1	58.8	33.7	67.2	11.8	24.6
河南	10.7	71.1	95.9	98.1	14.2	86.6	83.2	48.9	14.3	33.6
安徽	9.1	53.5	89.6	96.6	11.4	73.1	36.2	58.0	12.8	31.3
湖北	8.4	61.3	96.3	97.0	9.6	70.5	45.2	87.5	20.4	34.3
湖南	9.4	36.5	80.5	89.1	7.0	73.7	17.4	67.3	20.8	44.3
江西	8.6	45.3	88.7	94.4	7.9	71.6	23.4	64.1	21.8	38.2
六省平均	10.2	52.7	90.0	95.6	9.9	72.4	39.9	65.5	17.0	34.4

数据来源：《第二次全国农业普查主要数据公报》。

由表 3－15 可以看出，在通公路、通电、通电话、能接收电视节目、有沼气池、有 50 m^2 以上的综合商店或超市的村的比例上，中部六省平均值高于全国平均数；特别是安徽省在通电话的村比例上达到了 100%，河南在有沼气的村比例上达到了 60.6%，这一比例远远高于全国平均数和其他五省的比例，是安徽 14.2% 的 4 倍多。而在饮用水经集中净化处理、实施垃圾集中处理、完成改厕的村的比例上，中部六省低于全国水平，特别是在饮用水经集中净化处理的村比例上，全国平均水平是中部六省平均水平的 2.45 倍，在实施垃圾集中处理的村比例上，全国水平也是中部的将近 2 倍。

表 3－15　中部六省乡镇基础建设情况表（%）

地区	通公路的村	通电的村	通电话的村	能接收电视节目的村	饮用水经集中净化处理的村	实施垃圾集中处理的村	有沼气池的村	完成改厕的村	有 50 m^2 以上的综合商店或超市的村
全国	95.5	98.7	97.6	97.6	24.5	15.8	33.5	20.6	34.4
山西	96.1	99.4	95.3	97.0	15.3	18.0	20.3	9.9	26.5
河南	95.6	99.9	99.4	98.9	7.6	9.4	60.6	15.6	47.8
安徽	96.0	100.0	99.9	99.3	11.9	5.7	14.2	15.1	38.7

续表

地区	通公路的村	通电的村	通电话的村	能接收电视节目的村	饮用水经集中净化处理的村	实施垃圾集中处理的村	有沼气池的村	完成改厕的村	有 50 m^2 以上的综合商店或超市的村
湖北	96.0	99.7	98.8	98.4	12.1	4.5	30.7	16.3	33.6
湖南	96.1	99.8	98.7	96.9	5.5	3.1	46.1	13.5	26.4
江西	97.7	99.9	99.4	98.3	7.3	8.0	46.0	31.4	34.1
六省平均	96.3	99.8	98.6	98.1	10.0	8.1	36.3	17.0	34.5

数据来源：《第二次全国农业普查主要数据公报》。

第二节　中部地区农民个人福利的发展及现状

本书所指的个农民个人福利，是农民福利的有机组成部分，并非一般意义上的个人所能享受到的所有福利，而是指每一公民根据自己的实际情况而能享受到的福利项目。个人福利具有特殊性，每一社会成员能够享受到的个人福利项目或者个人福利水平不尽相同，主要受到个人或家庭的收入水平、住房条件等因素的影响。下文主要从农民的家庭人均收入、人均住房面积、家庭农业机械数量、农民文化水平等四个方面来研究我国中部六省农民的个人福利水平。

一、家庭人均纯收入

按照美国经济学家约翰·梅纳德·凯恩斯（1883—1946）的消费理论，总消费是总收入的函数，而且是正相关的函数，即随着人们收入的增长，人们的消费也随之增加。消费高低对人们的“幸福”程度有很大的影响，也就是对人们的社会福利水平有很大的影响。因此，了解中部农民的人均收入情况，可以直接反映农村居民的生活水平，进而了解他们的社会福利状况。

改革开放以来，我国农民家庭人均纯收入处于不断上升的趋势。农民人均纯收入从 1978 年的 133.6 元提升到 2008 年的 4761 元，若不考虑价格因素，

30 年间农村居民的人均收入翻了 35.6 倍。2010 年，我国农村居民的人均总收入是 8119.5 元，是 2009 年的 114.1%、1990 年的 819.8%。我国农村居民的人均纯收入是 5919 元，其中工资性收入是 2431.1 元，占全年纯收入的 41.1%；家庭经营纯收入是 2832.8 元，占全年纯收入的 47.9%；财产性收入是 202.2 元，占全年纯收入的 3.4%；转移性收入是 452.9 元，占全年纯收入的 7.7%。2011 年，全年农村居民人均纯收入是 6977 元，比上年增长 17.9%，扣除价格因素，实际增长 11.4%；农村居民人均纯收入中位数为 6194 元[1]，增长 19.1%。[2] 2006—2011 年的 6 年间，农村居民人均纯收入稳步增加，具体如图 3－4 所示。

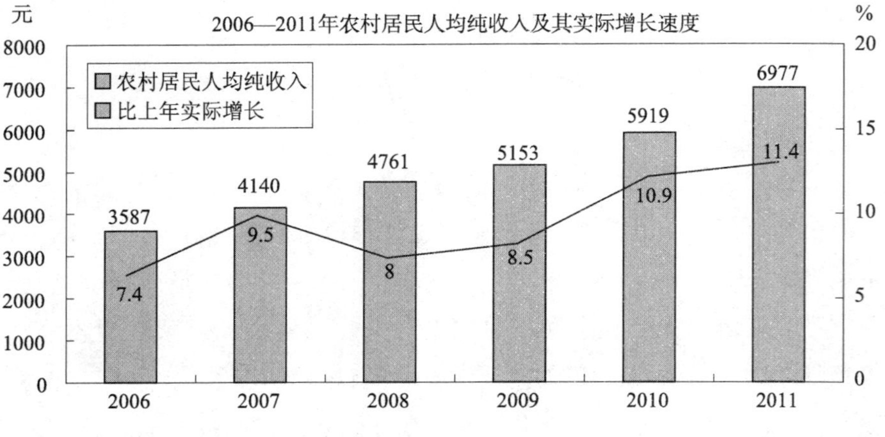

图 3－4　2006—2011 年中国农村居民人均纯收入变化情况

数据来源：由《2011 中国农村统计年鉴》及 2011 年度数据综合计算得到。

中部六省的农民家庭人均纯收入总体走势和全国的情形类似，各省之间存在一些差距。

1. 山西省

自农村改革开放以来，山西省农村经济健康发展，农民收入水平逐步提高。到 2004 年，全省农民人均纯收入由 1978 年的 101.61 元增加到 2589.6

---

[1] 人均收入中位数是指将所有调查户按人均收入水平从低到高顺序排列，处于最中间位置的调查户的人均收入。

[2] 数据来自《中华人民共和国 2011 年国民经济和社会发展统计公报》，中华人民共和国国家统计局 2012 年 2 月 22 日发布。

元，增长 25.5 倍。2005—2007 年的 3 年中，全省农民人均纯收入分别是 2890.66 元、3180.9 元、3665.66 元，年均增长 12.6%；财产性收入年均增长 47.2%，高出纯收入增长 34.6 个百分点，其中 2007 年农民人均财产性收入达 135.8 元，环比增加 61.29 元，增长幅度高达 82.3%，对农民人均纯收入增长贡献率达 12.6%。2010 年，山西省农村居民人均纯收入达到 4736.3 元，其中工资性收入为 2108.6 元，占 44.5%；家庭经营纯收入为 2028.5 元，占 42.8%；财产性收入为 214.2 元，占 4.5%；转移性收入为 385 元，占 8.1%。图 3－5 所示是 1988—2010 年山西省农民人均纯收入的变化。

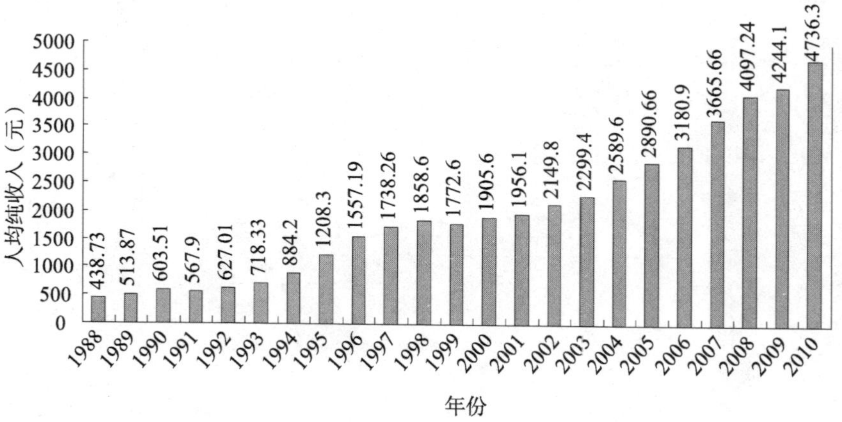

图 3－5　1988—2010 年山西省农民人均纯收入变化

数据来源：历年《山西省农业统计年鉴》。

2. 河南省

河南农民的收入在 1997—2000 年间增速缓慢，2001 年至今步入了稳步上升的通道，2003 年的“非典”和自然灾害之后进入快速增长时期。据国家统计局河南调查总队抽样调查，2008 年河南农民人均纯收入达到 4454 元，比上年增加 603 元，增长 15.6%，扣除价格因素，实际增长 7.2%，成为改革开放 30 年来增加额最多的一年。从抽样调查情况分析河南省农民收入增长结构，在 2008 年河南农民人均纯收入增加的 603 元中，主要增长点来自三个方面：一是家庭经营纯收入；二是工资性收入；三是转移性收入。2009 年，河南农民人均纯收入 4806.9 元，居全国第 17 位、中部六省第 4 位。从收入构成来看：（1）家庭经营纯收入为 2891 元，约占 6 成。其中，农业纯收入占

49.5%，非农产业收入占10.6%。(2) 工资性收入为1622元，占1/3多。其中，在本地从业获得收入占13.3%，外出从业收入占16.8%。(3) 转移性收入为239元，占纯收入的5%。(4) 财产性收入为56元，占纯收入的1.2%。2005—2009年，河南农民人均纯收入共增加2254元，年均增长13.5%（不扣除物价因素）。2010年，河南农村居民人均纯收入达到5523.7元，比2009年增加了716.7元，增幅达到14.9%。其中，家庭经营纯收入为3240.4元，比上年增加了349.4元，增幅为12.1%；工资性收入为1943.9元，同比增加321.9元，增幅高达19.8%；转移性收入为280.1元，同比增加41.1元，增幅为17.2%；财产性收入为59.3元，比上年增加3.3元，增幅为5.9%。2011年，河南农民人均纯收入又有了新的提高，全年实际增长12.7%，比2010年提高1.7个百分点。图3-6所示是河南省1995—2010年间的主要年份农村居民人均纯收入及在全国的位次统计情况。

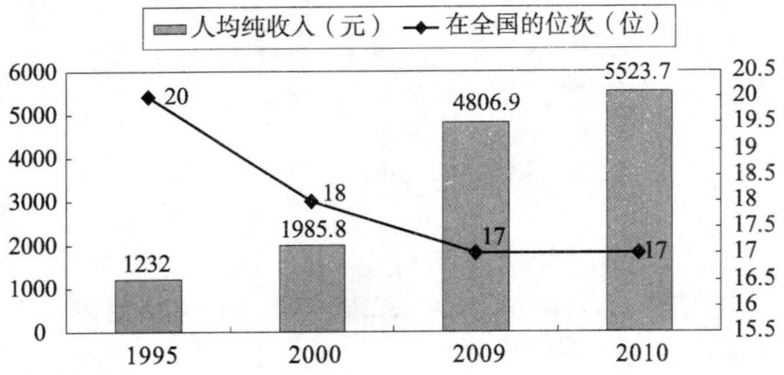

图3-6　河南省主要年份农村居民人均纯收入位次统计（1995—2010年）

数据来源：历年《河南省农业统计年鉴》。

3. 安徽省

近年来，安徽农村居民收入水平总体呈现大幅度的提高，农村居民人均纯收入1999年为1900.29元，2000年为1934.6元，2001年为2020元，2004年达到2499.3元，2005年则提高到2641元，平均增长率达到8.88%。安徽农村居民收入水平虽然有了显著的提高，但与全国其他地区的平均水平仍存在较大差距。从其在全国范围内的排名来看，1994年安徽的收入水平在全国仅于第19位，从1994年到2002年的这10年间基本徘徊在第18~20位。但是，在2003年安徽省农村居民纯收入仅增长了0.4%，居全国位次由第19位下降至第22位，主要原因是“非典”疫情和洪涝灾害限制了农村居民收入的增长。

2010年，安徽农村居民人均纯收入为5285.2元，其中工资性收入为2203.9元，家庭经营纯收入为2626.4元，财产性收入为142元，转移性收入为312.9元，分别占人均纯收入的41.7%、49.7 % 、2.7 %和5.9%。2011年，安徽省农民人均纯收入达到6232元，比2010年有所增长，涨幅为17.9%。图3－7所示是安徽省主要年份农村居民人均纯收入变化趋势。近几年间安徽农民人均纯收入尽管在逐年提高，但与山西、河南、湖北、湖南和江西五省的数值相比，整体仍处较低水平。

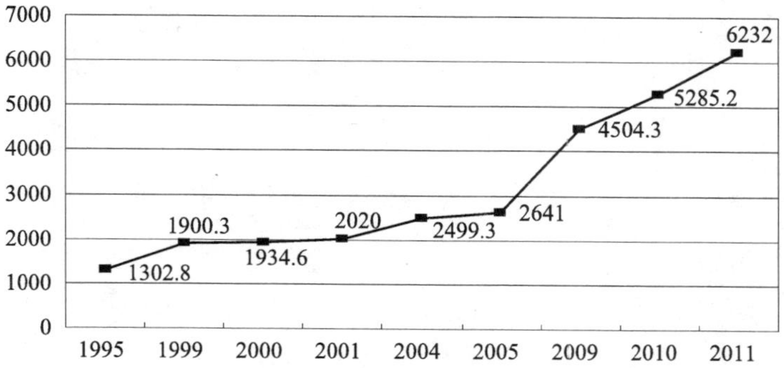

图3－7　安徽省主要年份农民人均纯收入趋势（1995—2000年）

数据来源：历年《安徽省农业统计年鉴》。

4. 湖北省

近年来，湖北省加大了农村剩余劳动力转移的力度，提升农村劳动力就业水平，认真贯彻落实农业税减免政策，粮食、良种和农机补贴，以及粮食最低保护价等政策，并且随着农村经济社会改革的深化，农业生产稳步发展，劳务经济被提升到举足轻重的地位。2004年，湖北省农村居民收入实现突破性增长，2005年继续保持这一良好的增长势头。据国家统计局湖北调查总队3300个调查统计，2005年，全省农村居民人均纯收入达到3099.2元，同比增加209.19元，增长7.2%。2006年，湖北农民人均纯收入为3419元，比上年增加319.8元，增长12.2%，增幅达到10.3%。2010年，湖北省农村居民人均纯收入为5832.3元，比2009年增加797元，增幅达到15.8%。湖北农民人均纯收入2001—2010年增长情况如图3－8所示。

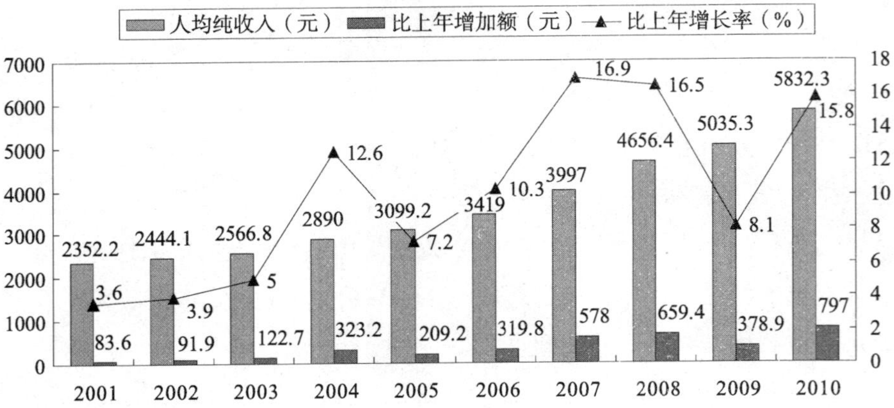

图3－8　2001—2010年湖北省农民人均纯收入增长情况

资料来源：由历年《湖北省国民经济和社会发展统计公报》数据及计算而得。

由图3－8可见，湖北省农民人均纯收入每年虽有增加，但增幅不大，增加额最大的是2010年的797元，增加额最小的是2001年的83.6元；增长率最高的是2007年的16.9%，增长率最低的是2001年的3.6%。

5. 湖南省

湖南省农民收入在改革开放以后增长迅速，主要是得益于农村经济的不断增长。统计资料表明，全省农民人均纯收入2010年为5622元，按当年价格计算，是1978年的37.62倍。改革开放以来，湖南省农民收入增长大致经历了五个阶段。1980—1986年为第一阶段，增速很快，年均增长率为12.46%，累计增长了1.56倍；1987—1991年是第二阶段，农民实际收入水平总体处于徘徊状态；1992—1997年是第三阶段，农民收入高速增长，年均以两位数的速度递增；1998—2000年是第四阶段，增长缓慢，2000年湖南农民人均纯收入与1997年几乎持平；2001年至今为第五阶段，增速在回升，增速比第四阶段明显加快（见图3－9）。

6. 江西省

江西省近些年出台了一系列促进农民增收的政策、法规，全省农民人均纯收入增速较快，与全国相比差距在不断缩小，2000年江西农民人均纯收入比全国平均水平低118.12元，而2007年江西农民人均纯收入比全国平均水平只低42元。表3－16所示是2000—2010年江西省农村居民人均纯收入的具体构成。

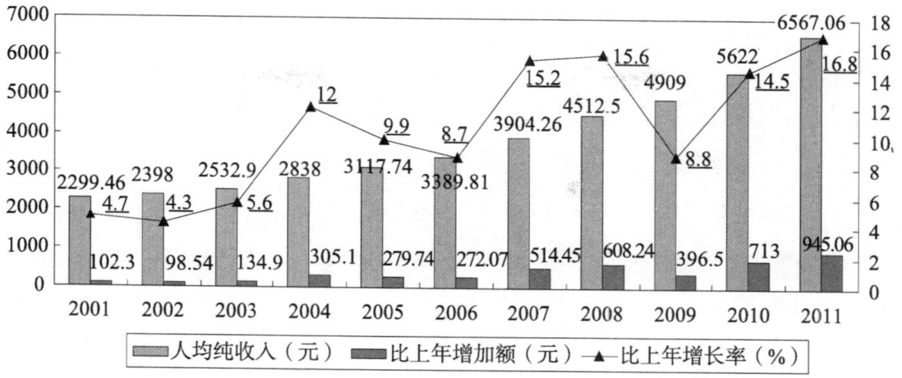

图 3-9　2001—2011 年湖南省农民人均纯收入增长情况

资料来源：由历年《湖南省国民经济和社会发展统计公报》数据及计算得到。

表 3-16　2000—2010 年江西省农村居民人均纯收入构成表

年度	农民人均纯收入/元	工资性收入		家庭经营性纯收入		转移性纯收入		财产性纯收入	
		金额（元）	比重（%）	金额（元）	比重（%）	金额（元）	比重（%）	金额（元）	比重（%）
2000	2135.30	744.47	34.9	1319.94	61.8	52.09	2.40	18.80	0.90
2001	2231.59	805.09	36.08	1353.20	60.64	51.97	2.33	21.33	0.96
2002	2334.20	928.64	39.78	1328.87	56.93	55.91	2.40	20.78	0.89
2003	2457.53	1022.14	41.59	1357.37	55.23	49.09	2.00	28.93	1.18
2004	2952.56	1141.66	38.67	1707.59	57.83	74.63	2.53	28.68	0.97
2005	3265.53	1318.58	40.38	1821.70	55.79	88.76	2.72	36.49	1.12
2006	3584.72	1488.79	41.53	1922.24	53.62	130.05	3.63	43.64	1.22
2007	4097.82	1660.98	40.53	2216.32	54.09	164.55	4.02	55.97	1.36
2008	4697.30	1842.40	39.22	2552.60	54.34	235.70	5.02	66.60	1.42
2009	5075.00	2019.00	39.78	2685.30	52.91	290.30	5.72	80.40	1.58
2010	5788.50	2394.60	41.37	2919.40	50.43	374.30	6.47	100.2	1.73
2011	6891.60	2934.50	42.58	3421.40	49.64	424.20	6.16	111.50	1.62

资料来源：《2008 年江西省农业统计年鉴》和 2009—2011 年《中国农村统计年鉴》计算而得。

二、人均住房面积

住房是农民生活的基本保障，也是农民个人福利的重要内容，中部六省农民在住宅、住房类型、人均住房面积上各不相同。

据第二次全国农业普查数据显示，山西农村居民平均每户拥有住宅面积117.2平方米，98.5%的住户拥有自己的住宅；河南农村居民平均每户拥有住宅面积130.6平方米。99.8%的住户拥有自己的住宅；安徽农村居民平均每户拥有住宅面积120.5平方米。99.7%的住户拥有自己的住宅；湖北农村居民平均户均拥有住房面积146.6平方米，99.5%的住户拥有自己的住宅；湖南农村居民平均每户拥有住宅面积144.3平方米，99.7%的住户拥有自己的住宅；江西农村居民平均每户拥有住宅面积141.7平方米，99.4%的住户拥有自己的住宅。六省详细的住房结构分布如表3－17所示。

由表3－17可以看出，中部六省在农村居民户均住房面积上湖北最多，其次是湖南，最少的是山西省；湖北与山西在农村居民户均住房面积上的差距达到29.4平方米。

表3－17　中部六省农村居民住房面积与构成表（%）

	山西	河南	安徽	湖北	湖南	江西
户均拥有住房面积（平方米）	117.2	130.6	120.5	146.6	144.3	141.7
按拥有住宅数量分的住户构成	—	—	—	—	—	—
拥有1处住宅	92.3	93.3	92.7	94.6	95.4	91.2
拥有2处住宅	6.0	6.2	6.7	4.7	4.1	7.9
拥有3处以上住宅	0.2	0.3	0.3	0.2	0.2	0.3
没有住宅	1.5	0.2	0.3	0.5	0.3	0.6
按住房类型分的住户	—	—	—	—	—	—
楼房	10.8	17.2	32.8	46.7	51.5	56.5
平房	89.2	76.1	64.6	49.8	44.8	41.7
其他	0	6.7	2.6	3.5	3.7	1.8
按住房结构分的住户	—	—	—	—	—	—
钢筋混凝土	2.6	4.8	7.7	5.4	10.9	16.1
砖混	34.0	57.8	49.0	48.1	43.3	38.4
砖木	55.4	35.2	40.3	36.0	42.0	38.2

续表

	山西	河南	安徽	湖北	湖南	江西
竹草土坯	8.0	1.8	2.7	9.9	2.8	6.7
其他	0	0.4	0.3	0.6	1.0	0.6

数据来源：《第二次全国农业普查主要数据公报》。

2010 年年末，中部六省农村居民人均住房面积除河南省外，其余五省都比 2009 年有所增加，只是增加的幅度不一样，详细数据如表 3－18 所示。

表 3－18　中部六省农村居民人均住房面积表

地区	年末农村居民人均住房面积（平方米/人）								
	2009	2010	增加	砖木结构			钢筋混凝土结构		
				2009	2010	增加	2009	2010	增加
山西	28.0	28.2	0.2	18.1	17.5	－0.6	0.52	0.23	－0.29
河南	33.5	32.0	－1.5	16.2	16.3	0.1	1.56	0.69	－0.87
安徽	31.0	34.5	3.5	12.4	12.8	0.4	1.35	1.02	－0.33
湖北	40.1	41.0	0.9	14.6	14.5	－0.1	0.80	0.99	0.19
湖南	41.7	42.0	0.3	22.5	22.8	0.3	0.80	0.43	－0.37
江西	39.5	40.0	0.5	10.7	10.5	－0.2	1.96	1.15	－0.81
六省平均数	35.63	36.28	0.65	15.75	15.73	－0.02	1.17	0.75	－0.42
全国平均数	33.60	34.10	0.50	15.10	15.20	0.1	0.85	0.56	－0.29

数据来源：由《2011 中国农村统计年鉴》及计算而得。

由表 3－18 可以看出，2010 年年末农村居民人均住房面积最多的是湖南省，最少的仍然是山西省。较 2009 年人均住房面积增加最多的是安徽省，增加了 3.5 平方米；最少的是河南省，减少了 1.5 平方米。另外，2010 年在农村居民人均住房面积上，中部六省平均数要高出全国 2.18 平方米，增加幅度也高出全国 0.15 平方米。这些都表明中部六省在人均住房面积上的福利要高出全国平均水平。

三、家庭农业机械数量

农业机械种类繁多，包括农用动力机械、农田建设机械、土壤耕作机械、种植和施肥机械、植物保护机械、农田排灌机械、作物收获机械、农产品加工机械、畜牧业机械和农业运输机械等。高效的农业生产离不开农业机械，在由传统农业向现代农业转变的过程中，农业机械的普遍使用具有标志性的意义。积极发展农业机械，是推进现代农业建设和社会主义新农村建设的重要手段。农业机械能够促进农业生产力和农民生产效率的提高，也能够促进农民收入的增加和福利水平的改进。因此，家庭农业机械数量是考察农民个人福利的重要标准。

据第二次全国农业普查显示，全国共有大中型拖拉机 140 万台，其中中部地区有 29 万台；全国共有小型拖拉机 2550 万台，其中中部地区有 1003 万台；全国共有大中型拖拉机配套农具 147 万台，其中中部地区有 33 万台；全国共有小型拖拉机配套农具 2509 万台，其中中部地区有 1342 万台；全国共有联合收割机 55 万台，其中中部地区有 24 万台。各地区农业机械数量如表 3－19 所示。

表 3－19　各地区农业机械数量　　单位：万台

	全国	东部地区	中部地区	西部地区	东北地区
小型拖拉机	2550	868	1003	395	284
大中型拖拉机	140	36	29	31	44
小型拖拉机配套农具	2509	587	1342	338	242
大中型拖拉机配套农具	147	34	33	32	48
联合收割机	55	23	24	4	4

数据来源：《第二次全国农业普查主要数据公报》。

随着农业的发展，农民拥有的农业机械也逐年增加。截至 2010 年年末，全国共有农用机械总动力 92780.5 万千瓦，比 2009 年增加了 5284.4 万千瓦；拥有大中型拖拉机 3921723 台，比 2009 年增加了 405966 台。2009 和 2010 年中部六省的主要农业机械年末拥有量如表 3－20 所示。

表 3－20　中部六省主要农业机械年末拥有量

地区	农用机械总动力（万千瓦）		大中型拖拉机			
			台		万千瓦	
	2009	2010	2009	2010	2009	2010
全国总计	87496.1	92780.5	3515757	3921723	9772.6	11167.0
山西	2655.0	2809.2	62568	73200	223.7	261.3
河南	9817.8	10195.9	246921	246921	274445	969.5

续表

地区	农用机械总动力（万千瓦）		大中型拖拉机			
			台		万千瓦	
	2009	2010	2009	2010	2009	2010
安徽	5108.9	5409.8	105000	124700	383.8	472.9
湖北	3057.2	3371.0	118600	127100	358.4	412.1
湖南	4352.4	4651.5	75300	84770	222.0	247.7
江西	3358.9	3805.0	15200	16600	35.0	38.5

资料来源：《2011中国农村统计年鉴》。

由表3－20中的数据可以看出，作为农业大省，河南省在农用机械总动力和大中型拖拉机数量上远远超过其他五省。在农用机械总动力和大中型拖拉机总动力上安徽省两年均是第二，在大中型拖拉机数量上是湖北省排在河南后面而位列第二。

四、农民文化水平

农民文化水平的高低制约着农村现代化发展步伐，也影响着农民个人福利的多少。西方发展经济学家认为人的质量的改善和知识的增长是改善穷人福利的决定性因素，而不是空间、能源和耕地，社会主义新农村建设需要有知识的新型农民去担任主力军，因此，必须通过文化惠民工程的建设提高农民科学水平。

近30多年来，随着农村经济的不断增长，农民的文化水平有了明显的提高。以农村平均每百个劳动力中大专及以上学历的比例来说，1990年是0.10人，1995年是0.24人，2000年是0.48人，2008年是1.68人，2009年达到了2.10人，2009年是2008年的1.25倍、是1990年的21倍。图3－10所示是中国农村居民家庭劳动力文化水平统计情况。

由图3－10中的数据可以清晰地看出，平均每百个农村劳动力中，2010年与2009年相比较，不识字或识字很少、小学文化程度、初中文化程度、高中文化程度和中专学历的人口的变化不大；而拥有大专及大专以上学历的人口的变化比较大，增加了14.8%。这说明，2010年中国农村人口的文化

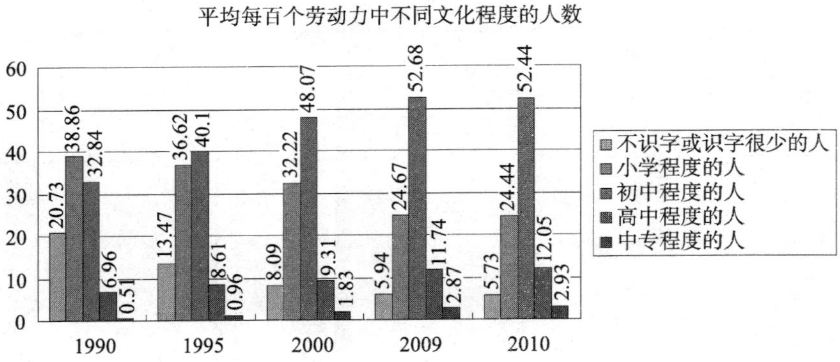

图 3－10　中国农村居民家庭劳动力文化水平图

数据来自：《2011 中国农村统计年鉴》。

水平较 2009 年有所提升，特别是具有大专及大专以上学历的人口有明显增长。2010 年与 1990 年相比较，不识字或识字很少和具有小学文化程度的人口减少很大，特别是不识字或识字很少的人口减少幅度达到 70% 以上；具有初中文化程度和高中文化程度的人口有很大增加，增幅都在 60% 以上；拥有中专学历和大专及大专以上学历的人口增幅最大，其中拥有中专学历的人口增幅达 474. 5%，而拥有大专及大专以上学历的人口增幅更是高达 2311. 8%。这说明，近 20 多年来，随着中国改革开放的深入发展和经济水平的显著提高，中国农村人口的文化水平有了很大的提升，特别表现在不识字或识字很少的人口显著减少，以及具有中专学历和大专及以上学历的人口极大增加。

2010 年，中部六省的农村居民家庭劳动力文化状况各不相同，如表 3－21 所示。由表 3－21 可以看出，六省农村居民家庭劳动力中，超过一半人具有初中文化水平，这说明中国九年义务教育制度已经取得了一定的成效；在其他几个阶层中，具有小学文化水平的劳动力比例最多，其次是具有高中文化水平的比例，然后是不识字或识字很少的比例和具有中专程度的比例；在所有阶段中，具有大专及大专以上学历的劳动力最少，每百个劳动力中中部六省平均只有 2. 05 人，比全国水平的 2. 4 少 0. 35。整体来看，中部六省农村居民家庭劳动力文化水平是呈正态分布的。

表 3－21　中部地区农村居民家庭劳动力文化水平　　单位：人

地区	平均每百个劳动力中的文化水平					
	不识字或识字很少	小学程度	初中程度	高中程度	中专程度	大专及大专以上
全国总计	5.7	24.4	52.4	12.1	2.9	2.4
山西	2.2	18.6	60.1	14.1	2.6	2.4
河南	5.3	16.2	60.9	12.9	2.8	1.9
安徽	9.4	21.2	54.7	9.9	2.4	2.4
湖北	5.2	22.8	54.6	12.1	3.4	1.9
湖南	3.0	27.6	50.1	14.8	2.7	1.8
江西	4.9	29.8	49.9	10.6	2.9	1.9

数据来源：《2011 中国农村统计年鉴》。

第四章　中部地区农民福利发展存在的问题分析

我国农村社会福利制度才开始建立，许多障碍和问题都在快速发展的过程中出现。属于人口比较密集地区的中部六省，拥有的农村人口占全国农村人口的1/3，农民福利发展存在的问题比较突出。研究中部地区农民福利发展过程中存在的问题是提高中部地区农民福利水平的重要基础。

第一节　中国农民福利发展的整体性问题

随着中国农村福利制度的建立与发展，农村福利事业取得了很大的发展，然而中国农村福利事业仍然面临很多问题。从宏观角度考察中国农民福利发展的整体性问题，有利于发现中部地区农民福利发展的源头性障碍。

一、农村福利资金投入不足，福利事业发展缓慢

无论农村福利事业的发展进度还是农民福利水平的高低，都在很大程度上取决于福利资金的供给。然而中国农村福利建设中的一个显著问题便是资金供给不足。

福利事业属于长期供给项目，近年来我国社会福利费虽然不断增加（见表4－1）❶，但支出的绝对水平和人均水平还是非常低的。从表4－1中可以看出，从2007年到2011年，我国社会福利费占民政事业费支出的比例只有

❶ 这里的“社会福利费”特指社会福利事业单位（集中收养社会孤老、残、幼的机构，包括由民政部门管理的社会福利院、儿童福利院、精神病人福利院和城镇集体举办的福利院及农村集体举办的敬老院）的财政拨款。本书在此主要是从这一单项数据论证财政拨付中部地区用于改进农民福利的部分款项的欠缺。

2.062% ~2.953%；而社会福利费占国家财政支出的比例就更少了，只有0.054% ~0.074%。全国福利费用如此之少，划拨到中部地区福利事业的费用更少，那么划拨到中部农村福利事业的资金就更是少之又少。由表4－1还可以看出，2011年我国社会福利费只占GDP的0.017%，由此不难推出，中部地区的社会福利费以及中部地区的农村社会福利费自然存在很大的缺口。

表4－1　2007—2011年全国社会福利费情况　　单位：亿元

年份	GDP	国家财政支出	民政事业费支出	社会福利费	社会福利费占GDP的比重	社会福利费占国家财政支出的比重	社会福利费占民政事业费支出的比重
2007	265810.3	49781.4	1053.4	29.6	0.011%	0.059%	2.810%
2008	314045.4	62592.7	1712.3	35.3	0.011%	0.056%	2.062%
2009	340506.9	76299.9	1868.7	41.4	0.012%	0.054%	2.215%
2010	397983.0	89874.2	2232.3	52.9	0.013%	0.059%	2.370%
2011	471564.0	108930.0	2726.5	80.5	0.017%	0.074%	2.953%

资料来源：根据《中国统计年鉴》《中国民政统计年鉴》历年各卷及计算而得。

受传统筹资理念的影响，人们长期以来对福利事业投资主体的认识带有一定的片面性，认为筹集农村福利事业所需要的资金应该来自中央政府和地方政府的划拨，因而将涵盖其他投资主体在内的多种资金筹集方式排除在外，忽略了其他有效的资金引导和注入方式。图4－1所示是2007年我国社会福利保障业中各种投资主体的比重图。由图4－1可以看出，目前我国发展社会福利保障业的主体依然是政府，这说明在发展社会福利保障业的思路上，我们还没有走出计划经济时期那种传统的思维范式，即集体和国家进行包办，民政部门进行直接办理、直接管理。同时，由于国家财力和资源的有限性，如果过分依赖政府，没有对各种社会福利资源广泛动员和综合利用，势必会严重限制社会福利保障业的发展，尤其是农村福利事业的发展，这也是农村福利建设不断滞后和停顿的主要原因。

另外，由于组织管理体制不够健全，不同部门的福利建设主体分散持有已经筹集到的农村福利资金，并各自为政，这种做法最终导致农村福利建设缺乏统筹、过于分散、资金条块分割，同时极有可能导致农村福利建设资金在使用中的浪费甚至被挪用和侵占的情况出现。而且，很多地区缺乏专业的资金负责

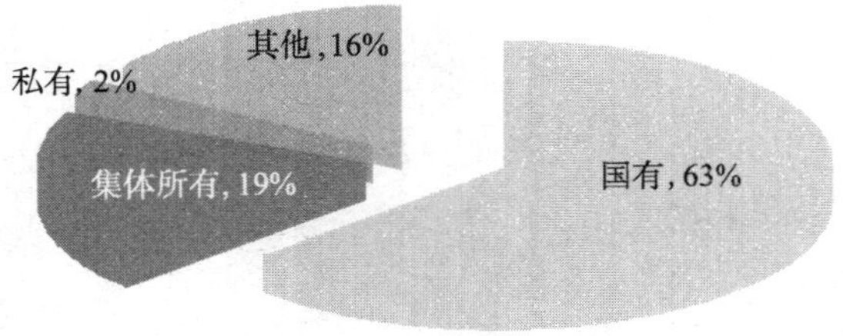

图4－1　中国社会福利保障业所有制构成图

资料来源：《2008中国民政统计年鉴》。

人，导致农村福利资金的虚掷和管理损耗更严重。这样一来，本来匮乏的农村福利事业资金能够真正用到农村福利项目建设上的更少，从而导致农村福利事业发展比较缓慢。

二、农村福利覆盖率不高，受益人数偏低

1978年以来，随着社会的发展，我国的福利保障体系在很大程度上得到了发展，在覆盖范围方面，福利体系的保障得到了逐步扩大，促进了我国福利事业的发展。然而受经济社会发展阶段性和国家政策导向性影响，包括中部地区在内的我国广大农村地区的福利覆盖面依然很窄，存在严重的供需矛盾。这一问题的显现有多方面的原因，集中起来主要包括三个方面。

（一）福利设置差距显著存在于城乡之间

因为城乡二元化发展理念长期以来对我国的影响，城乡之间出现了福利制度的二元分割和严重差距，农村福利事业发展缓慢。在福利制度的规划、福利项目的选择以及福利建设的水平等方面都体现了这些差距。

福利建设方面，在城市，资金由国家统筹不断进行投入，以提升城市居民生活水平；而在农村，资金主要由国家转移至地方政府筹集，其中很大比例都是针对特殊群体的福利配置。这就导致了目标性偏差在以实现公平配置社会资源和提升全社会生活水平的社会福利制度出现，福利配置失衡在地区间存在严重差异。

福利项目方面，在城市，实施到位的福利安排包含科教文卫、供水供电、邮政通信等诸多方面；而在农村地区，实施的仅仅是五保户供养以及孤残儿童

的扶助，其他的都依赖村民自筹进行。

福利水平方面，以普遍存在于城乡间的基础设施为例，无论是中小学数量还是医疗卫生机构数量，城市建设水平都远远高于农村地区。而在电力供应与使用方面，通常是优先满足城市用电，农村地区经常为了确保城市用电而被分时分区断电。国家统计局在2008年通过调查发现，将近16980万千瓦时的用电总量被我国城市地区使用，农村地区的用电总量仅仅是城市地区的1/3左右。

（二）农村地区福利水平发展不平衡

福利事业的发展离不开经济发展水平的提高，二者之间存在十分密切的联系。由于地区经济发展不平衡，地区经济存在差距，各地区之间的农村地区福利事业的发展在一定程度上也是不平衡的。一些经济发达的地区创办了一些乡镇企业，农民大多在企业有固定工作，能享受到相应的职业性福利；而在经济相对落后的地区，乡镇企业数量很少或者为零，这些职业性福利自然就很少。

在中国，农村社区集体福利是农村福利制度的主体内容，但是农村社区集体福利有着严格的身份、地域限制。在经济发达或城乡结合的农村地区，因为集体经济实力雄厚，居民生、老、病、死都有多种福利。例如，在河南省临颍县南街村，由于村里具有雄厚的经济基础，建立并维持了一套“从摇篮到坟墓”的社区保障网络，南街村的村民能够享受到各方面的集体福利保障，不仅在生活方面，还涵盖教育、医疗等各个方面。而在绝大部分农村地区，家庭联产承包责任制的实施使得集体经济趋于瓦解，居民几乎没有任何集体福利可以享受。显然，不同地区的农民福利项目及水平发展极不平衡，农村福利主要覆盖了极少数经济发达的地区，而大部分农村地区福利水平低下，因此，在我国农村地区存在社会福利供求矛盾。

以中部地区农村老年人福利为例，根据《2011中国农村统计年鉴》数据，2010年中部六省农村养老服务机构数如下：山西省828个、河南省2445个、安徽省2086个、湖北省1973个、湖南省2264个、江西省1359个。每一乡镇平均拥有的养老服务机构数为：山西省0.69个、河南省1.30个、安徽省1.65个、湖北省2.10个、湖南省1.05个、江西省0.97个。由这两组数据可以看出，中部六省农村老年人福利事业发展不平衡。其中，河南省的农村养老服务机构数量最多，是山西省的2.95倍；湖北省的每一乡镇平均拥有数量最多，是山西省的3.04倍。

福利机构有很多服务项目，在中部的部分地区尤其是经济发达地区的养老服务机构中，不仅仅是敬老院、老人公寓，还有属于老年人的活动中心、活动站等，在社区开展的服务很多。这些福利机构服务的开展在很大程度上满足了老人群体在养老、医疗和精神生活方面的需求。然而在经济不发达的地区，一般情况下只是由敬老院来满足一些老人基本的生存问题。另外，在生活水平方面，经济发达地区的养老金人均每月可以达到几千元；而在贫困地区，人均每月只有100多元甚至更少。此外，贫困地区仍有相当数量应保未保的五保人员，即使是被保的五保户，也大都采取的是分散供养形式，五保户的生活水平很低，很多地方只提供食物，没有给予资金的支持，通常只满足他们基本的生存，而没有考虑精神层面的需求。

（三）农村福利各项目发展不平衡

总体来看，总体规划在福利项目安排上的缺乏在我国农村福利建设起步的时候已经出现，各项目的发展不平衡。

农村地区，在养老服务机构方面，很多乡镇已经开始或逐渐兴办了敬老院、养老院等养老服务机构，然而农村中的很多儿童和残疾人在福利保障方面却没有得到保障。

在残疾儿童救济方面，在农村普遍没有设立专门为儿童提供保障的福利院。只有一部分残疾儿童可以得到养老院的照顾，其他残疾儿童只能分别由亲戚朋友照顾、由慈善人士领养或者与年迈的亲人生活在一起，甚至还有一部分成了流浪儿童。残疾儿童的生活通常很贫困，更谈不上受教育。由于农村的养老院资金不足或者缺乏医疗设备等原因，残疾儿童不能获得康复治疗的机会，那些和亲人生活在一起的儿童由于家庭的经济情况很差，也不能得到医治的机会。

从残疾人福利来看，据第二次全国残疾人抽样调查，目前中国有8296万残疾人，占全国总人口的6.34%，其中75%都生活在农村。农村的残疾人绝大多数是很贫困的，不仅缺乏经济方面的保障，更缺乏相应的照顾，只能靠他们的家庭或者朋友来救济，因此生活在贫困中。

农村残疾人普遍缺乏有效的康复治疗，康复普及面和受益面较小，大多数县也没有设立残疾人康复训练中心，各县镇虽然都有残疾人协会，但是往往形同摆设，在保障残疾人方面没有起到应有的作用。在我国农村中，有关福利方面的企业更是几乎没有，残疾人难以获得工作机会。

三、农村社会福利建设的主体不健全

现行农村社会福利管理体制的一个突出问题是建设主体问题。建设主体单一、部门主体建设积极性不足、主体责任不明确，严重影响了我国农村社会福利建设的进度与水平的提高。

（一）建设主体过于单一

目前，政府主要承担了我国农村社会福利项目建设的责任，而企业的社会责任却在经济发展需要的驱使下被忽视了。同时，一些负有社会责任的社会组织、团体等经济主体经常逃脱建设农村社会福利事业的义务。这就导致了两方面的结果：第一，作为农村社会福利建设主体的政府通过传统的委托建设方式，不断向农村社会福利建设投资，最终就有可能与陷入福利国家危机的国家一样，因为过度的福利责任而陷入困境；第二，其他应负有农村福利事业建设义务的社会主体，因为有关的福利责任不明确而一直没有进入建设农村社会福利的责任主体角色。这种状况显然不利于农村社会福利的投建风气在全国范围内的形成，也不利于将有效的社会力量调动起来，严重制约了我国农村社会福利资金的开源，并最终造成农村社会福利事业发展缓慢、建设后劲不足等问题。

（二）现有的建设主体责任划分不明确

受我国城乡二元化投入理念的影响，农村与城市的社会福利建设主体设置并不等同。城市福利建设的责任主体是中央政府，农村福利建设的主体却是村镇级别。从主体层次方面来说，当今中国城乡福利配置的初步差距是中央政府对农村社会福利建设的责任缺位造成的。此外，由于农村社会福利建设的部门之间权责不明确，建设主体之间部门的跨度较大，逐利性显现在福利建设中，不同主体争相投资具有较高经济效益和政绩效应的项目，从而造成重复建设；建设积极性不高、各部门互相推诿的现象在一些亟须进行的投资大、回报周期长的项目建设中时有发生。

四、农村福利事业管理不到位

（一）缺乏统一的组织管理

在社会福利行政管理机构的设置上，西方国家主要有四种模式：单独设立福利行政机构、福利与卫生同属一个机构、设立社会福利与劳工合并的行政主管单位、特殊的复合体行政机关。无论何种模式，西方国家福利事业管理的经验是：必须有一个负责福利事业的主要责任机构。然而在我国，社会福利的行政管理机构涉及众多部门，既包括民政部、人力资源与社会保障部、卫生部、教育部等主要政府管理部门，又包括妇联、残联等社会团体。

目前，民政部是我国农村社会福利工作的主要负责部门。然而在工作的具体实施上，各个乡镇对农村社会福利工作的重视程度却不一样，有些乡镇的农村社会福利工作是由一名分管领导和一名民政助理员负责和管理，有的地区却没有相应地设立民政助理人员，当需要落实工作时，往往会遇到很大困难。此外，在农村，福利事业不仅要满足那些特殊人的基本生活，而且在一定程度上需要满足特定人群的一些特定需要，如孤儿的受教育需求、五保老人的医疗需求、残疾人的康复治疗需求等。很多农村的福利项目涉及的政府部门较多，不仅仅有民政部门，还包括那些财政、卫生等部门。然而民政部并没有承担所有的福利行政工作，更没有被赋予最高协调权威，由此导致的结果是一些全局性的问题无人过问，而一些局部性的问题却相互扯皮、互相推诿。每个管理部门自成系统，都有独立的运行机制和管理机构，缺乏统一性，出现矛盾就难以协调。这样的组织管理局面严重阻碍了农村福利工作的开展。

（二）缺乏有效的督促机制

目前，政府部门的对内自控和对外监管仍然是我国对农村社会福利建设的主要督促机制，督促方式存在太过单一和陈旧等缺点。农村社会福利建设只存在部门内自控以及上级部门的检查和抽检监督，因此无法达到全面的监督效果。我国农村社会福利项目建设中出现的粗制滥造、经费克扣挪用等问题，由于在监督体系中事前与事中监督的缺位而更加严重。同时，由于缺少类似于消费者协会这样具有督促意义的民间第三方力量的参与，以及新闻媒体缺乏独立的新闻报道意识与能力，我国农村福利建设长期以来都没有得到有效的监督。

此外，由于传统的被动型福利受益模式长期影响着我国，有效的受益主体诉愿表达机制在我国自始至终都没有建立起来。而且，广大农民作为农村福利享有人，大多处于被动接受状态，农村社会福利建设的意见无法通过他们自身的认识和使用表达于外。这势必会降低农民建设农村社会福利项目的积极性，并为我国构建有效的督促机制埋下一定的隐患。

（三）责任制度设置上不明确

农村社会福利制度必须在明确的责任制度的有效保障下运行，可以通过追究在农村福利建设过程中违反有关规定的相关责任人的法律后果来引导和教育其他人。现阶段，责任制度在我国农村社会福利的建设过程中缺位，主要表现在三个方面：一是责任主体范围不明确，农村社会福利的责任制度一直停留在行政责任层面，行政处罚的对象只是施政单位，主要负责人的相关法律责任却被忽略了；二是责任体系不全面，缺乏与行政责任相配套的民事责任及刑事责任的有关规定；三是惩罚力度不足，在制度的设置中，纪律责任或者行政责任是对有关责任人进行处罚的主要形式，处罚形式中没有涵盖能真正起到警示作用的其他责任形式。

上面所述的是中国农民福利发展中存在的整体性问题，中部六省是人口比较密集的地区，拥有的农村人口是全国农村人口的1/3，因此，中部地区在上述问题上更显突出。

随着中部农村福利制度的建立与发展，中部农村福利事业取得了很大的发展，同时也存在许多问题，下文将分别从养老保险、医疗保险、社会救助、教育、住房、就业保障、基础设施建设七个方面对这些问题进行分析。

第二节　中部地区农民福利发展存在的问题

一、农村社会养老保险存在的问题

近几年来，随着农村经济的不断发展、中国保险业的蓬勃发展和农民参保意识的不断增强，农民开始参加各种形式的养老保险，农村社会养老保险得到了长足的发展，参保人数及参保额有了较大幅度的提高。在开展社会养老保险方面，资料显示，到2010年年末，我国已经有27个省、4个直辖市管辖的一些区县和自治区管辖的共838个县成为了国家新型试点县，共有10277万人参加了新的农村养老保险，有2863万人能够领取养老费用；在2010年一年中，共有453亿元收入是来自新型的农村养老保险，其中225亿元为个人缴费，200亿元为基金支出。然而不可否认的是，农村养老保险也存在一些问题，必须切实加以解决，以确保农村社会养老保险的良性发展。

（一）农村居民参保意识不强，政府宣传力度不够

从古至今，在我国农村地区，农民的意识往往是养儿防老，核心就是“孝”字当先，主要依靠的是血缘关系，养老的模式也主要依靠家庭和土地来保障。虽然改革开放以来农村经济有了长足的发展，但是农民的“养儿防老”思想根深蒂固。同时，农村居民需要缴纳15年的养老保险费，却要到60岁以后才能看到收益，回收期长，对于到时候能不能拿到养老金以及能拿多少，农民心里存在一定顾虑。因此，大部分中部地区农民对于农村养老保险还持怀疑态度，不敢接受。再加上中部农村地区经济大部分都不发达，农民收入相对较低，农民对农村养老保险又缺乏了解，所以，很多农民都还没有参加养老保险。根据中部六省163个村庄的1671份调查问卷显示，中部农村居民参加养老保险的比例只有15.1%，即便是六省中参保最好的江西省也只有18.7%。在未参加农村养老保险的农民中，有56.3%的人是因为对养老保险制度本身和政府政策不了解，对养老保险政策心存怀疑。

相关部门没有给予足够的宣传和深入的解释与引导，加之农村养老保险是自愿缴纳，这就导致了农村社会养老保险的参保率比较低。要想解决这些问题，仅凭电视、报刊、散发宣传资料等形式宣传农村养老保险政策是远远不够的。因此，农村基层干部必须深入农村、农户家中，将农村养老保险政策讲深、讲透，否则就很难增强农民的参保意识。

（二）基础养老金的替代率低

新型农村社会养老保险的养老金待遇是由基础养老金和个人账户养老金组成的，这种基础养老金加个人账户的养老模式在结构上与城镇职工养老保险相

同，实现了形式上的统一，而替代率却远没有城镇职工基础养老金的替代率高。[1]

新型农村社会养老保险中的55元基础养老金由国家财政全部负担，其在整个养老待遇的结构比例中还是较大的，不仅是新型农村社会养老保险制度的最大亮点，更是吸引农民参保的重要方面。但是，从替代率的角度来看，55元的基础养老金待遇水平较低。根据《2011中国农村统计年鉴》显示，2010年我国农村居民人均纯收入为5919元，中部六省平均农村居民人均纯收入分别为：山西省4736.3元、河南省5523.7元、安徽省5285.2元、湖北省5832.3元、湖南省5622元、江西省5788.6元。而新型农村社会养老保险中每年660元的个人基础养老金补贴占家庭人均纯收入的比例为：全国11.15%、山西省13.93%、河南省11.95%、安徽省12.49%、湖北省11.32%、湖南省11.74%、江西省11.40%。这些比例均远远低于当前我国城镇职工基础养老保险不低于20%的基础养老金替代率。因此，在“保基本、广覆盖”的基本原则下，也应考虑适时调整新型农村社会养老保险金的替代率。

（三）新农保的责任分担结构不利于与城镇职工养老保险的衔接转移

在农村社会养老保险试点的工作中，国务院多次提出指导意见，2009年9月，随着国务院《关于开展新型农村社会养老保险试点的指导意见》的发布，“新型的农村社会养老保险基金由个人缴费、集体补助和政府补贴三方面构成”，即国家、集体和个人是新型农村社会养老保险制度的责任主体；但是，我国包括中西部地区在内的很多地区的“新农保”的责任主体是国家和参保者个人，主要原因是集体经济实力有限。我们知道，城镇工人基本养老保险制度的责任主体是个人、企业和国家，在个人和企业责任的体现方面，很大程度上指的是参与缴纳养老保险费，而国家的责任主要体现在调整养老金和适当地给予税收方面的优惠。

在两种养老保险制度中，责任分担结构存在差异，由此导致了新的问题，

---

[1] 养老金替代率是一个国家或地区养老保险制度体系的重要组成部分，是反映退休人员生活水平的经济指标和社会指标。替代率可以分不同层次计算，包括五种：个人退休时的养老金与其在职时工资收入之比；企业退休人员平均养老金与其企业在职职工平均工资收入之比；行业退休人员平均养老金与其行业在职职工平均工资收入之比；地区退休人员平均养老金与其地区在职职工平均工资收入之比；全国退休人员平均退休金与全国在职职工平均工资收入之比。

障碍主要被设置在城镇工人养老保险的转移上，对在城市打工的青年农民参加保险是不利的，对城乡一体化的发展也是很不利的。所以，人力资源社会保障部应尽快制定两种养老保险制度的衔接办法，使二者能够顺利相互转接，以实现居民利益最大化、促进城乡统筹发展的目的。

（四）基金价值保值增值困难

首先，风险在养老保险基金存储中仍然很大。通过保险基金来保值增值是农村社会养老保险机制的基本原理，以保证保险金的收支平衡，为了实现基金储备积累的目的，同期银行存款利息率需要低于养老基金增值率。然而在运行中，很多问题被有关部门忽视了，使得很大风险存在于农村养老保险基金存储中。

其次，养老保险基金运营渠道较窄。按规定，农村社会养老保险被要求必须在指定的专业银行设有基金专户，并且只能购买国债或存入银行，其他形式都被禁止。从我国的资本市场来看，发展是很不健全的，基金受到两个方面的影响：一方面是银行存款利息下调，另一方面是通货膨胀。在这两方面的影响下，基金很难做到保值，增值就更困难了。基金在取得收益方面很难得到保障，往往会给以后工作的开展留下隐患。因此，农村社会养老保险的基金在保值和增值方面，通过比较窄的投资渠道往往是很难实现的。

二、农村医疗保险存在的问题

新农村合作医疗是推动社会主义新农村建设的战略途径，直接关系到社会主义新农村建设的成败。自2003年新型农村合作医疗制度在中部地区实施以来，经过近9年的发展，至2012年收到了很大的成效，有力缓解了农民看病难的问题，在相当程度上降低了由于疾病导致的贫困以及由于疾病而重返贫困的问题，在广大农村地区成效显著。

截至2010年，中部地区已有681个县（市、区）开展了新型农村合作医疗，覆盖面达到95.37%，占全国总数的25.43%；其中，河南、山西和湖南三省已全部覆盖。在参加新型农村合作医疗的人数上，中部六省已经达到了26455.8万人，占全国参加新农合总人数的31.66%[1]，越来越多的农民群众可

[1] 数据由《2011中国卫生统计年鉴》计算得到。

以通过新型农村合作医疗制度获得相应的医疗保障。但是，在新农合的实施过程中，也暴露出一些问题。

（一）“大病统筹”的模式本身存在先天性问题

我国新型农村医疗合作制度的宗旨是“大病统筹”，针对地方因大病致贫和返贫的问题给予重点解决。选择这种模式比较符合我国目前的实际情况，降低了农民因为生大病而承担的风险，同时也在一定程度上缓解了农民的经济负担，整体上提高了社会的普遍福利。

然而这种模式也存在一些问题：一方面并不能够很好地解决因病致贫和因病返贫的问题，同时，这种只针对大病进行保障的方式在一定程度上缩小了新农合的受益面，对农民参加新农合的积极性产生了影响，因为这种模式往往没有照顾到农民小病上的一些费用，由此产生了小病不治的现象，然而通常小病如果得不到有效的治疗则会形成大病，不仅加重了新农合的医疗负担，同时，由于忽视了农民基本医疗方面的需求，导致了小病也住院的治疗现象，使得医疗方面的资源紧张，造成了很大程度上的资源浪费。

（二）起付线、补偿比例及异地报销手续等设计欠缺合理性

农村的医疗保障需要政府给予更多的支持，而关于补偿的起付线和补偿比例，在一定程度上都是为了使生病的人可以合理地控制治疗费用，可以规避其中逆向方面的选择和道德方面的风险。然而在实际操作中，往往会由于起付线和补偿比例的设置不合理而在很大程度上不能够真正解决因病返贫的问题。

1. 起付线设置不合理

这里以湖北省咸宁市的新型农村合作医疗制度为例，通过起付线和封顶线来加以分析。根据 2009 年 10 月 19 日湖北省咸宁市人民政府颁布的《关于加强新型农村合作医疗工作的意见》，咸宁市新型农村合作医疗的起付方式为梯级起付，不同级别的定点医疗机构设置了不同标准的住院补偿起付线。其中，乡（镇）定点医疗机构和县（市、区）级定点医疗机构补偿起付线分别为 100 元和 300 元，市、省级起付线分别为 400 元、600 元。由于这种梯级起付的方式，农民工往往会集中在市县一级的医疗机构，不仅造成了医疗资源紧张，而且对乡镇医疗机构和医疗设备也造成了资源的浪费。另外，部分家庭贫困的农民由于难以支付起付线的现金，只能选择放弃治疗。还有部分农民可能由于医疗费用没能达到起付线的标准，只好自己承担所有费用。

2. 补偿比例不合理

新型农村合作医疗的宗旨是“大病统筹”，对不同级别的定点医疗机构设置了不同的补偿比例，已达到互助共济、引导参加新型农村合作医疗的农民充分利用基层医疗卫生资源的目的。

还以湖北省咸宁市为例，根据《关于加强新型农村合作医疗工作的意见》的规定，乡（镇）定点医疗机构和县（市、区）定点医疗机构的补偿比例分别为75%左右和55%～60%；根据规定，市级、省级定点医疗机构的补偿比例分别不得低于45%和35%。

规定这样的补偿比例是新农合制度原则的集中体现，是把农民的利益作为出发点和立足点。可是，在补偿比例的设置上出现很大问题，假如部分农民的大病必须到省级和市级医院治疗，而补偿比例还是比较低，那么很难真正解决农民看病难和因病致贫、因病返贫的问题。

3. 异地报销补偿手续繁琐

中国存在城乡二元经济结构和户籍制度，各地区新农合的报销补偿比例并不一致，导致了异地报销手续很麻烦。例如，湖北省规定，参加新农合的农民如果在就诊医院不能够及时得到报账的，需要全额结算，之后凭就诊医院出具的出院小结、病情诊断证明、住院费用总清单、住院费用发票原件、合作医疗证、身份证复印件以及各统筹地区要求提供的其他资料回当地补偿。

这种规定对于在外地打工的农民工来说无疑大大增加了经济负担，而且繁琐的手续加上政府办事效率低下，很容易导致延误病情，不能及时恢复病人家庭的经济能力，也极大地影响了农民参加新农合的积极性。

（三）管理、监督不科学

中国的新农合制度还不完善，在管理体系方面尚不够健全。在管理方面责任不清，没有专业的人员，在发挥实际作用的时候通常缺乏科学的管理机制。不同地区新农合的主管部门也不一样，部分地区是社会劳动保障部门，部分地区是卫生局，还有部分地区是财政部门主管，这三个管理机构都有各自的权力，从而导致多头管理的现象，责任不清，基金的管理权限不能够统一，一旦出现问题则容易互相推卸责任。

在监督制度上，目前基本是内部自主监督，缺少外部第三方监管。目前来看，新型农村医疗合作制度实行的是政府主导的管理模式，这种模式导致农民不能参与监督，外部的监督不够，往往造成资金管理部门由于急功近利而违背农民自愿参加的原则。如果在权力方面缺乏牵制，监督体系不健全，在实际中就会产生挪用、截留新农合基金的现象。

（四）医疗机构运行过程中存在问题

1. 医疗机构的医疗条件难以满足农民的实际需求

中国乡县两级医疗机构的医疗人员专业技术水平比较低，医疗设备也比较差，难以满足农民患大病时的医疗需求。目前，乡村医疗机构中，从业人员队伍松散，人员构成复杂，总体素质不高，服务能力有限，难以满足农民日益增长的基本医疗卫生需求。

新农村合作医疗制度，在乡与县的定点机构来看能够按照比例进行报销，但是县级以上的医疗机构补偿较少。再加上医疗服务机构的垄断性，定点医疗机构在市场和竞争上缺乏约束，导致医疗机构的人员在服务态度和服务质量上大打折扣，不利于医疗机构制度的运行。

2. 对医疗机构的医疗行为规范不够

农村医疗机构垄断经营，农民为了报销医疗费用必须到指定的医疗机构就医。而指定的医疗机构是公立的医院，在公立医院中，医生的工资来源主要是药物的利润，因此，在看病过程中，公立医院人员会通过给患者开高价药、做不必要的身体检查以及提供不需要的医疗服务等方式来增加机构的收入，这给农民造成了很大负担。对于那些贫穷的农民，昂贵的医疗费用就已经很难承受，还要承受更高价的药，医院开出的药的价格往往会比一般的药店高，由此严重影响了农民参与新农合的积极性，降低了其使用效率，给新农合的持续性发展带来了严重的挑战和影响。

（五）制度僵化，农民工医疗无法保障

目前，本地区所在的农民才是新型农村合作医疗制度的覆盖对象，一般实行属地管理原则。新型农村合作医疗制度并没有将长期在外打工的农民工排除在外。外地打工的农民工生病之后一般“就近选择”在就业所在地的医院看病，由此产生许多问题，比如返乡的交通费用很高，报销的比例很低，同时报销的手续又很麻烦，返回户籍所在地医院进行报销，花费的医药费和交通费等相关费用往往会超过能够报销所得的金额，所以，即使在老家参加了新农合的农民工，如果在外患病也通常会放弃治疗的权利。甚至有些地方没有将本地长期在外打工的农民工包含在新农合的覆盖范围之内。他们认为，这样做的原因是为了避免出现农民工又参加打工所在地的城镇职工医疗保险而造成重新享受医疗福利现象。

截至目前，部分城镇的职工医疗保险制度的覆盖面已经扩大，已经开始考虑农民工的问题，但是很多城市还是没有能够开展。在城市中，农民工由于户口问题而不能够参加新型合作医疗；即便参加了，由于还没有被城市的医疗保险制度完全吸纳，他们的医疗状况无法得到任何一方的保障。

三、农村社会救助存在的问题

农村社会救助，在一定程度上是指对于没有法定的抚养义务人、没有劳动能力的老年人、残疾人和未成年人，或者是由于生病、灾害、缺乏劳动力而造成生活贫困，这些贫困对象的生活都是由国家和集体来负担。农村社会救助通过采取现金和实物等方式来确保贫困对象的基本生活水平，这是一项重要的社会保障制度。

全面建设小康社会的重要内容就是完善农村社会救助制度，这一制度也是更好地维护社会稳定、构建和谐社会的重要保证。改革开放至今，农村的社会救助体系得到了不断的完善，成效也日益显著，在保障农村的困难农民生活水平方面起到了很重要的作用，对社会问题和社会矛盾的解决、社会稳定的维护以及和谐社会的构建起到了不可替代的作用。不过，在构建我国农村社会救助制度方面，仍然存在许多亟待解决的问题。

（一）社会救助法律体系不健全

当今社会，无论任何制度，只有通过法律的调整才能摆脱单纯偶然性和任意性的羁绊，而立法的滞后将对制度的实施产生极大的负面作用。目前，中国农村社会救助制度就面临这样的问题。

迄今为止，中国还没有一部关于社会救助的实体法，在社会救助的对象、主体、范围、标准等方面缺少法律规范，许多做法仅仅靠部门的规定、政策来确定，救助的随意性很大。国务院颁布了很多办法来规范救助体系，但是地方政府根据这些办法制定的具体相关条例严重阻碍了我国农村社会救助制度的完善。在某些具体操作上缺乏规范的体系，如入户调查程序、机构审批程序和救助实施程序，即便制定了这些程序，也会因为缺乏相应的监督机制而无法落到实处。这就会导致社会救助没有救助到应该得到及时救助的对象，社会救助资源配置出现失误，财政资金被浪费，社会公平也被破坏，效率优先机制和社会保障机制失效。

（二）社会救助的经费来源渠道单一

目前国家财政拨款是社会救助经费的唯一来源。地方财政收入是农村社会救助主要的资金来源。税费改革导致地方政府（特别是县乡两级）财政收入减少，致使农村社会救助资金严重不足，因而农村社会救助工作的落实、发展和完善难以依靠地方财政资金进行。例如，国家财政中的社会救助拨款主要用于自然灾害救助和军人优抚支出，农村地区的贫困则因为缺乏资金而难以得到救助。

农村社会救助资金需要筹集，在筹集过程中通常会产生以下状况：在经济较发达的地区，财政收入和农民收入比较多，需要救助的对象就比较少，救助金和物资的发放都可以得到保障；在经济欠发达的地区，财政收入往往较少，救助资金的筹集本身就存在很大困难，而这些地区贫困人口却很多，救助需求很大，需要的救助资金很多，于是陷入一种恶性循环。

（三）管理存在缺陷

1. 救助标准和救助对象的管理不合理

首先，农村社会救助标准的管理缺乏合理性。由于缺乏资金，各地方政府制定的农村救助标准很低，与城市“低保”水平差距很大，即使与农村基本生活水平相比也存在一定差距。而且，中国各地的农村社会救助标准的时效性相当长，一经制定，很长一段时间内不会调整。在这种情况下，救助对象的基本生活由于物价上涨和通胀速度加快等因素而难以有效保障，其中体弱多病、年老无依靠和主要劳动力患病的家庭更加严重。农村社会救助标准缺乏科学的自然增长机制，已经严重影响到中国农村社会救助政策的稳定性和连续性。

其次，中国农村社会救助对象的管理缺乏合理性。第一，确定救助对象不合理。目前，救助对象基本是由村干部直接确定，在这一过程中，缺乏有效的调查和包括村民选举在内的公平民主选择程序。第二，动态化管理在对象的管理上存在严重不足。由于救助对象的情况会发生变化，而救助机构未能进行及时的动态跟踪，所以就有可能导致漏选、错选救助对象。尤其是那些需要增加救助的贫困对象，很有可能因为不能及时得到救助而变得更加贫困。

2. 工作人员管理理念落后、专业水平低

一方面，工作人员的观念陈旧、存在偏差。在农村社会救助制度的实施过程中，每一个被救助对象都应该得到工作人员的平等对待。但是，一些严重的错误观念仍然普遍存在，部分工作人员认为社会救济是对弱势群体的施舍，因此在履行职责时缺乏真诚与善意，造成了对受助者的严重伤害。

另一方面，社会救助工作人员专业水平偏低。中国地区经济发展水平不均衡，地方应该根据自身具体情况确定相关指标。负责具体管理的民政人员没有进行专业的学习与职业后再教育，对农村社会救助理论知识、一些指标的测定和调查方法等专业知识生疏。另外，许多从事农村社会救助管理工作的人员是借调或临时雇用的，甚至不太了解农村社会救助制度的内容及工作流程，因此很难很好地适应农村社会救助管理工作。

3. 管理机构混乱，信息化建设落后

制约农村社会救助制度健康、平稳发展的因素之一是农村社会救助管理制度落后、管理机构混乱。由于管理部门的地位和利益不同，经常出现社会救助的管理和决策难以统一、工作效率低下等现象。从管理制度来看，即使制定了一些具体的执行办法，但因为缺乏统一有效的管理，政策的执行同样举步维艰。由于缺乏协调、沟通，效率低下、互相推诿的现象在多部门交叉或共同管理时频繁出现。此外，部分地方信息化建设严重滞后，手工操作的信息化管理方式难以适应资料更新、调查和共享，造成信息传播不畅通、不及时，制约了农村社会救助制度的发展。

（四）缺乏有效监督

法律制度的制定固然重要，对已有法律制度的执行和监督执行同样重要，尤其是监督。因此，要保障农村社会救助体系的持续发展，关键在于要通过各种措施来建立、健全和完善监督体系。在开展救助工作中，要坚持公开、公平、公正的原则，把农村社会救助工作置于全社会的监督下，以使救助政策得到及时校正，保证社会提供更多的支持，促进救助效益得到提高。

现阶段中国农村社会救助工作的监督体系仍然不完善，监督机制的缺失造成在农村社会救助制度的实施中存在救济对象不合理以及强制搭售等不良现象。权利和制度必须在监督下进行，否则将会导致社会不公的出现。法治的本质在于切实执行法律和信仰法律。因此，一套完备的监督机制是完善农村社会救助制度的关键。

四、农村教育存在的问题

2005 年，随着“中部崛起”战略的实施，中部地区经济和社会的发展不仅得到了很多政策支持，更重要的是获得了发展经济的重要机遇。中部地区都是农业大省，人口众多，农村人口占很高的比例。因此，“三农”问题成为影响中部地区经济社会快速协调发展的主要因素。要解决“三农”问题，就必须把提高农民素质放在首位，必须重视农村教育的发展。然而现阶段中部地区的农村教育还存在一些亟待解决的问题。

（一）义务教育阶段存在的问题

1. 农村义务教育投入缺口巨大

目前，中部农村义务教育在资源投入上还存在较大缺口，制约了中部农村教育福利制度的实施。

第一，财力资源投入总量不足。

由表 4－2 可以看出，2009 年全国农村小学生均教育经费支出是 3842.26 元；中部六省的农村小学生均教育经费支出中，最高的是山西省，最低的是河南省，六个省份中，有五个省的农村小学生人均教育经费支出低于全国水平，其中河南省的农村小学生人均教育经费支出仅为全国平均数的 57%。由此看来，中部地区农村学生的义务教育经费缺乏，而且在一定程度上呈现了滞后性。从农村初中生人均教育经费支出来看，2009 年全国平均水平是 5023.51 元，中部六省中只有山西省和湖南省高于全国水平，其余四省的农村初中生人均教育经费支出均低于全国水平，其中河南省最低，仅为全国水平的 68%。

表 4－2　2009 年中部六省农村中小学生人均教育经费支出　　单位：元

	全国	山西	河南	安徽	湖北	湖南	江西
小学	3842.26	4265.96	2192.54	3030.82	3084.93	3378.38	2633.08
中学	5023.51	5138.88	3415.69	3744.50	4594.10	6203.71	3935.27

数据来源：《2010 中国教育经费统计年鉴》。

由表 4－3 可以看出，在预算内教育经费支出方面，中部六省的农村预算内教育经费支出与全国相比存在明显差异。2009年，中部六省农村中学生人均预算内教育经费支出中，最高的为湖南省，比全国4267.70元的平均水平高710.63元；其次是山西省，比全国平均水平高478.65元；而其他四省的农村中学生人均预算内教育经费支出均低于全国水平，其中差距最大的是河南省，比全国水平低1245.26元。

表4-3　2009年中部六省农村中小学生均预算内教育经费支出　单位：元

	全国	山西	河南	安徽	湖北	湖南	江西
小学	3236.27	3896.06	1935.78	2473.48	2833.24	2723.82	2177.64
中学	4267.70	4746.35	3022.44	3209.47	4189.24	4978.33	3466.66

数据来源：《2010中国教育经费统计年鉴》。

可见，除了部分接近或高于全国平均水平，中部省份农村基础教育的财力投入整体上不足，并且差距在不断拉大，这严重影响到基础教育数量和规模的扩大，必须引起高度重视。

第二，物力资源投入不足。

目前，中部农村地区和全国其他农村地区一样，都存在义务教育学校办学条件较差的问题，在很多农村贫困地区和民族地区，学校的设施和仪器设备没有达到国家的基本标准。从统计数据来看，2008年，关于小学生危房的面积，农村小学占比为34%，而城镇小学只有11%，两者相差3倍有余；在教学仪器设备方面，农村小学每百名学生只拥有2.94台计算机，而城镇小学是6.08台，城镇小学高出很多；在人均图书藏量方面，农村小学为0.62册，城镇小学为1.87册，农村小学仅是城镇小学的33%。

第三，人力资源投入不足。

近年来，尽管我国农村教师数量得到了补充，但一方面，信息技术、体音美等学科教师十分紧缺；另一方面，农村教师的素质需要提高，学历低、职称结构不合理等问题严重。2008年的统计数据显示，全国有250852人为小学代课教师，农村有190344人，占到75.9%。学历方面，具有本科以上学历的教师中，在城镇任教的占到66.37%。职称方面，全国小学教师中，具有中高级职称的有62.8%在城镇担任教师。由此可见，中国农村中小学教师队伍质量要远逊于城镇学校，农村基础教育阶段人力资源投入严重不足。

2. 对农村义务教育对象中的特殊群体重视程度偏低

当前农村义务教育福利依然具有选择性的特点，救助的对象并不全面，过于关注那些因为经济物质缺乏而不能受到教育的对象，却忽视了残疾人、流动人口的子女，使得他们在受教育方面处于弱势地位。

实际上，农村男孩的受教育机会往往高于女孩，在同龄孩子的辍学率上男孩低于女孩。另外，由于高额择校费的存在，农民工的子女成为教育的弱势群体。同时，农村残疾人的义务教育缺乏，没有能够很好推进，虽然实施了多项计划，但由于制度和观念等方面的原因，特殊群体的教育问题依旧还是农村义务教育中一个非常薄弱的环节。

（二）农村职业教育存在的问题

中部六省都是农业大省，是中国农业的主产区，但是中部地区农村整体经济较为落后，农村产业结构不合理。因此，必须大力发展中部六省农村职业教育，提高广大农村劳动者的素质。中部地区农村职业技术教育在改革开放以来的 30 多年中取得了一定的成就，但是仍然存在许多问题。

1. 教育资金严重不足

长期以来，高等教育和城市学校是国家财政资金主要投入的对象，而普通教育和职业教育的发展缺乏有力的资金后盾。同时，乡村地区的教育不断落后于城市教育。中部地区农村职业教育因为各级政府对地方性职业中学投入严重不足，不能正常有序地发展。

以河南省的职业教育投入为例，河南省普通高中学生的人均事业费、教育费明显高于职业中学。河南省职业学校人均公用经费支出、人均预算内教育事业费支出在逐年上升，两项指标基本上与普通高中持平，但这些支出的增长主要是职业学校在校学生减少导致的，而不是财政拨款增加而引发的。

2. 专业设置不合理

中部农村职业中学大多数是 20 世纪 80 年代以后建立的，与城市职业教育学校相比，农村职业教育学校的教学楼、教学设备和图书资料等基本办学条件存在很大的不足。学校的办学思路和方向不明确，一味求全，没有进行市场调研就开设新专业，甚至在不具备基本的职业教育办学条件的情况下，部分农村职业教育学校也一味跟风开设新专业，涉及面广的职业学校越来越多，教学质量却没有得到可靠的保证。

农村地区的教育主要有两项功能：一是将优秀的人才往城市输送，二是将优秀的人才输向非农产业。中部农村的职业教育一方面培养适合城市发展的熟练工人，另一方面这种“离农”教育有助于学生学习非传统的农业生产技能。农村职业教育学校在地理位置上接近农村，在教学实践中却远离农村社会、生产和生活，忽视了对农村生产工具和农作物等教学资源的开发与利用。

3. 师资数量难以满足需要，而且素质不高

中部地区职教师资队伍所出现的问题主要表现在以下两个方面：一是教师队伍规模不足。据相关资料统计结果显示，中部地区中等职业学校的师生比远远低于国家规定的职教师生比1∶16的水平，职教师资缺口巨大。二是教师素质不高。农村职业学校教师的学历合格率较低，但是，目前还缺乏健全的农村职业师资培训体系，职业教师难以得到继续学习新知识的机会，即使有机会，培训内容也严重脱离职业教育的实际需要，不能对教师和学生的发展起到很好的作用。从师资来源来看，职业教师的主要来源是学校应届毕业生，双师型教师和复合型人才教师在职业学校存在严重的短缺。另外，专业教师不能满足专业设置的需要；人才难以流动，不合格的教师不能被辞退，只能对其进行短期培训再上岗，或者将其调整到行政部门；每年暑假对职业教师的培训指标难以满足学校教学要求培训的需求，教师的培训一直滞后；专业教师没有相关教学知识的积累，不能很好地将知识传递给学生。优秀的职业教师稳定性不强，专业教师也难以找到实习企业。此外，大多数农村职业教育的教师缺乏科研能力，难以研究出适合本地农村职业教育的方案，导致农村职业教育无法摆脱对城市职业教育的模仿，缺乏自身的特色。

4. 专业课教育与技能培训相分离

中部地区往往人为地分割职业学校教育与职业培训，在注重学校教育的同时，却忽视了职业培训。在中部各省，封闭式教学是职业学校的基本管理模式，学校的主要对象是没有职业经历的青年学生。而民办的职业培训机构仍然处于萌芽阶段，根据相关官方资料显示，中部六省的民办职业培训机构数量远远低于全国平均水平，师生比高达1∶45，安徽、江西和湖北三省的民办职业培训机构仍未起步。虽然政府从2003年起开始针对尚未流出的准农民工进行职前教育和技能培训，但是相对于中部省份的农民工而言，已经转移的农民工由于生活的压力而难以回到户口所在地继续接受再教育。

（三）成人教育资源投入不足的问题

长期以来，中国农村成人教育发展的最大屏障就是资源投入不足，这一点在中部六省的农村成人教育方面更显突出。由于投入不足，农村成人教育的办学质量大大降低，这严重抑制了农村居民参与再教育的积极性和主动性，最终不利于广大农村地区成人教育的健康和持续发展。具体来说，我国中部地区农村成人教育资源投入有以下几方面问题。

1. 资源投入的数量不足

纵观国内外农村成人教育事业发展的实践经验可知，农村成人教育资源投入的数量是农村成人教育能否蓬勃发展的物质基础和坚实保证。而教育资源投入的多寡与利用效率的高低对农村成人教育培养人才的规格和质量、教育事业发展的速度与规模有着直接和重要的影响，最终会影响农村现代化建设的进程。

中国是个人口大国，中国人口占世界人口的19%，并且绝大多数人口处于农村地区，教育对中国经济发展起到举足轻重的作用。然而中国在教育资源的投入广度和深度上一直与发达国家和地区有较大差距，甚至在投入水平方面比部分发展中国家和地区都要低。根据国家统计局的统计，在2011年，中国的农村人口达到6.56亿人，占全国总人口的近一半。中国是一个农业大国，因此必须重视农村教育的发展。1993年，中国政府提出了一个目标——在《中国教育改革和发展纲要》中，规划提高国家财政性教育经费的支出，20世纪这一支出要占到国民生产总值比例的4%。这就很明显地表明，在投入力度上，农村成人教育的资源会得到增加。

2. 教育资源投入的地区差异大

我国农村成人教育的发展呈现出资源投入地区差异大的特征。改革开放以来，沿海和靠近中心城市的农村地区依靠地域自然优势，积极发展乡镇企业，推进农、工、商一体化，经济发展迅速，农民生活水平得到提高，农村成人教育在教育资源投入较为充足的情况下得以大力发展。例如，在上海郊县与苏南等地区，几乎每个乡镇都有一所办学条件较好的、专为提高农民文化水平及科学技术水平的成人学校，校园环境优美，教学设备齐全、现代化，师资队伍及管理人员齐备，正常教育活动经费有保障，教育质量较高。

然而我国中部地区则存在部分乡镇人均成人教育经费不足1元的现象。导致这一现象的原因主要有以下几方面：第一，中部农村地区人口众多，人口密度高，现有成人教育规模大；第二，耕地不足、土地肥力下降等自然因素限制了经济总体发展水平；第三，社会集资和慈善捐赠无法被投入到封闭的农村地区，导致教育资源主要来源于政府；第四，部分农村领导因受到自身素质的制约，对农村成人教育事业不够重视。这种先天条件的不足和后天因素的制约导致许多农村成人教育形同虚设，首先表现为基本办学设施如教学设备匮乏，无独立教学场所；其次表现为教学手段及方法落后，教学内容不具有实用性和新颖性；还表现在正常教学活动的经费难以维持，教师待遇差，人才缺乏。这些缺陷的存在导致农民参与农村成人教育的积极性难以调动以及农村成人教育的质量难以保证，农村成人教育的质量与规模及其发展速度受到严重制约。

3. 教育资源管理体系不完善

由于资源的管理不善，中部农村地区成人教育资源出现需求大于供给的局面。在一定程度上，教育经费投入和管理应当同时进行，使管理能够充分促进教育投入，提高投入的效率。而目前，由于缺乏法律政策的保证，分配的比例不是很合理；单一的教学经费渠道也不利于经济发展；同时，教育经费的分配往往与使用相脱节。这是在我国中部地区农村教育经费中存在的普遍问题，这些问题都不利于统筹规划农村成人教育事业的发展。

五、农村住房存在的问题

改革开放以来，农村地区的建房热潮随着农民收入的不断提高出现过三次：第一次主要是修建砖木（瓦）房取代土房，时间在20世纪80年代中期；第二次主要是改建平房成为楼房，时间在20世纪90年代中期；第三次主要是装修钢筋混凝土结构的住房，时间在20世纪90年代末和21世纪初。经历了上述三次热潮，农村的住房状况有了很大改善，主要表现在三个方面：第一，人均住房面积得到增加；第二，提高了住房的质量；第三，改善了生活环境和住房的相关配套设施。可是，农村和城镇住房状况的差距仍然十分显著，农村住房仍然存在许多问题。

（一）农民住房条件非均衡发展

经过三次建房热潮后，总体来看，全国农村居民的住房条件得到极大改善，中部地区也是如此。但是，中部六省农民住房条件的发展呈现出非均衡性。一方面，省份之间具有差异，这与各省农民的收入水平、居住风格、习惯相关。《第二次全国农业普查主要数据公报》显示，从农民住房结构来看，在钢筋混泥土和砖混结构的农民住房比例上，河南、安徽、江西、湖南四省排在前四位，湖北、山西两省居后。这说明河南、安徽、江西、湖南四省农民住房的总体改善程度要高于湖北、山西两省，但是这种差距并不明显，尤其是湖北省，与前面四省非常接近。另一方面，各省范围内的农民住房差距十分明显，这种情形主要是由农民所处的村庄位置及农民自身收入差别导致的。具体来看，处于城市周边的资源丰富地区的农民、进城务工且得到很好发展而获得很高收入的农民大多已经建成钢筋混凝土结构的住房，有的甚至建成了别墅；地处边远偏僻、资源匮乏的山区而收入很低的农民则居住简陋，多是茅草搭建或土瓦房，居住面积狭窄，质量极差，配套设施几乎没有，甚至有一部分房屋还是危房。这种明显的两极分化现象在中部地区普遍存在，其中湖北、山西、江西三省的竹草土坯结构的农民住房比例远远超过其他三省。虽然部分农民的居住条件已经改善，但是还有部分农民的居住条件依然很差。

（二）耕地资源被严重浪费

住房条件巨大的差异在城乡之间存在。散居是农村居民的主要习惯，而且生活用房和生产用房共同构成了农村住房。生活用房是指包括起居、厨房等在内以供人们日常生活居住的房屋；生产用房主要是指用来贮存粮食、存放柴火和生产工具等的仓库，除此之外，还包括房屋前的晒坪、家畜家禽围栏圈舍。因此，像城镇住房那样通过增加高度来节约土地的建筑方法难以在农村推广。据调查显示，一般农户生活和生产住房合计占地300多平方米，有些农户住房面积高达500~600平方米，更有甚者超过1000平方米（聂华林，2006），大量耕地被严重地无效占用。我国耕地在逐年减少，其中农村建房占用了一定的比例，农村建房滥占耕地加剧了我国耕地的流失。此外，大量农民利用土地审批制度不严格而超面积建房。

（三）农民散居的习惯导致基础设施建设的困难加大

农民习惯于自建房屋，不遵守统一的规划，导致建房凌乱的情形日益严重，典型的有“马路村”“空心村”和“芝麻村”：农民为了出行方便把住房建造在马路两边，形成“马路村”；农民把住房建造在村落的周围，造成村落中心地区荒芜，形成“空心村”；有相当多的农民根据自己的喜好在村落的各处随意建房，形成“芝麻村”。农村基础设施建设因为村容散乱而增加了难度：一方面，投资成本由于距离因素而增大；另一方面，道路、饮用水工程、沼气池甚至小型水利设施等建设由于农村地区的自留地和承包地的产权关系不清而出现困难。

（四）住房因为技术含量低而质量低，寿命短

政府、单位、家庭和个人共同构成城市住房消费主体，并且在城市居民住房的建设过程中，房地产商统一运作，供求双方促使在城市住房建设过程中运用了大量先进的科学技术。而家庭自筹资金是农村住房资金的主要来源，建房方式也是家庭自建，建房知识水平还停留在农民自己能够理解和掌握的程度上，缺乏专业生产和规模生产，这就决定了现代化的小康标准在农村住房质量方面难以达到，而且很少有涉及农村住房的政策法规。我们不能期望解决农民住房问题的方式是发展农村经济、提高农民收入，因为农民自己是不能够解决住房质量问题的。政府是全面建设小康社会、促进农村住房小康的责任主体。制约农村住房建设的主要因素包括收入低、资金短缺等，农村住房因为质量低、寿命短而造成了极大的浪费。据统计表明，农村房屋的使用寿命只有25年，甚至有些农村房屋的使用寿命仅为10年。

六、农村就业存在的问题

（一）农民工就业福利得不到保障

国家统计局统计数据显示，2010年我国农村人口有6.74亿人，其中，1.59亿农村人口在乡镇企业和私人企业就业，2.79亿农村人口从事农业劳动。由此可见，我国还存在大量的农村剩余劳动力未就业。这只是静态数据，随着近年来出生人口的增长、农业劳动生产率的提高、城市发展对耕地的占用和沙漠化对耕地的吞食等，我国农村剩余劳动力恐怕要远远大于这个数字。因此，我国农村剩余劳动力存量巨大，解决其就业难题的任务艰巨。

中部地区是我国农村劳动力转移的主要输出地，农村剩余劳动力的转移大部分都以农民工的身份参与到城市的经济建设中，主要从事第二产业，尤其是制造业和建筑业。农民工进城就业不仅促进了农业结构的调整、农村经济的发展，也促进了城镇化的发展和城乡一体化的进程，农民工为城市经济和社会发展作出了巨大的贡献。然而由于种种原因，目前进城务工的农民工还处于都市

弱势群体的境地，在很多方面都受到不公平的待遇，尤其是在就业方面。农民工进城就业问题主要表现在以下几个方面。

1. 劳动时间长，工作条件差，工资发放不及时

农民工进城务工普遍存在劳动时间长的现象。国家统计局2004年所做的典型调查指出，农民工的日平均工作时间高达11个小时，并且每月至少要工作26天。农民工中有76%在节假日加班却没有得到加班工资。有些甚至部分工资被企业作为押金扣留，加班加点成为农民工在城市工作的常态。

农民工不仅工作时间长，而且在极差的工作条件下工作。农民工的工资远远低于城市员工，并且工作环境十分恶劣，从事的是城市员工不愿意从事的脏、累和危险性高的工作，主要从事建筑施工、环卫清洁、餐饮服务等附加值低的工作。而且，一些企业老板或雇主一般都不愿意与农民工签订劳动合同，以致农民工在人身财产安全受到侵害的时候很难维护自己的权益。

即便如此，企业还经常拖欠农民工的工资。尽管国家采取了一些追讨工资专项行动，也取得了一定的效果，但是从根本上解决拖欠工资问题仍难以实现，“前清后欠”成了目前的严重现象。此外，农民工工资被克扣或变相克扣的现象也较为普遍。

2. 劳动权益得不到保护

现阶段，依法维护农民工权益的大环境难以形成的主要原因包括不健全的农民工维权组织体系、不畅的维权渠道、复杂的维权环节、过高的维权成本、不力的法律援助等。同时，执法不严、违法不究的现象因为执法监察力量的严重不足经常会发生。

在长期缺少法律保护的情况下，农民工工资和福利一直得不到较好的保障。大部分农民工一直从事非常艰苦甚至高度危险的工作，医疗、工伤、养老等社会保险的覆盖率非常低。而且，由于农民工数量很多，就业压力非常大，经常忽视事先考虑如何维护自己的合法权益，甚至从未考虑，表现较为突出的是较低的劳动合同签订率。据有关调查显示，“企业与农民工签订书面合同的只有29.21%，即使签订了合同的农民工，也只有87.9%的人清楚合同内容，这就造成了个人合法权益无法依法得到维护”。诸多霸王条款和无效条款也在农民工签订的一些劳动合同中存在；有些企业主为了降低用工成本，就打着试用期的幌子聘员工，而当试用期快结束时就马上找理由辞退农民工，重新招

人。绝大部分农民工因缺乏法律知识而无法应对权益被侵害事件。有的农民工想保住来之不易的工作，考虑到中国法律体系不健全，维权成本高，只好任由雇主剥削；有的农民工因无法忍受恶劣的工作环境，又得不到外界帮助而轻生。

3. 就业能力不高

目前，绝大部分农民工进城就业的能力都不是很高，这主要是因为农民工的文化素质不高、缺少技能培训以及取得就业信息的渠道过于单一等。

第一，文化素质方面。国家统计局2009年的调查数据指出，1.1%外出务工的农民工是文盲，10.6%的农民工为小学文化程度，64.8%的农民工为初中文化程度，13.1%的农民工为高中文化程度，只有10.4%的农民工是中专及以上文化程度。在城市就业难度大、失业风险高、再就业困难的重要原因中就包括农民工自身文化素质不高。

第二，技能培训方面。现阶段，随着国民经济的快速发展，中国产业结构正在经历一个不断升级和梯度转移的过程，对技能人才特别是高技能人才的需求剧增。而作为我国产业大军重要组成部分的农民工，却缺少必要的技能培训，技能水平普遍很低。随着经济的发展，市场上建立了一些为农民工开办的职业技术学校，但是大多为以营利为目的的民办学校，教学效果不显著。而由政府筹建的公益性职业培训学校十分少。虽然在2003年10月农业部、劳动保障部、财政部、科技部、建设部联合发布了《2003—2010年全国农民工培训计划》，但在具体的执行过程中因受到各方面条件的限制而难以落实。关键在于，整个进城就业的农民工群体的技能和素质根本不能通过零散的培训来提高，政府没有充分利用自身条件以及企业、社会等其他多种社会力量来建立农民工职业培训体系，农民工的就业能力因缺乏多渠道、多形式的农民工培训网络而未得到开发。

第三，求职信息方面。有效地获取就业信息是农民工实现就业的重要保障。农民工对劳动力市场、劳务信息的了解非常有限，就业信息的获取方式仍然比较单一。目前，农民工就业主要是依靠亲戚、朋友、老乡等“熟人”介绍，还有少部分是通过老家的政府组织劳务输出进城务工，很少有农民工通过报纸广告、职业介绍机构获取就业信息。城乡二元结构和城乡差距的阻隔使得农民工在选择职业时具有较大的盲目性。

（二）失地农民就业保障不健全

随着我国工业化和城镇化建设的进一步推进，农村集体土地尤其是城市近郊农民的土地被大量征用，大量农民因失去土地而成为失业农民。土地一直以来是农民维持生活的基本保障，失去土地使他们的生存状况堪忧，甚至部分地区出现了“种田无地、上班无岗、低保无份”的“三无”失地农民。因此，征地工作的重点是农民失地后的安置问题。目前，货币安置是我国对失地农民的主要安置途径。货币安置不是一种就业指向性的安置，仅仅是生活指向性的安置；一旦安置费用用完，失地农民就有被打上“贫困”烙印的危险。因此，失地农民的就业成为解决失地农民问题的核心。

我国社会主义现代化能否尽快实现、科学发展观能否全面实践的一个十分重要的因素就是失地农民的就业问题能否得到有效解决。但是，现阶段我国农民失地后面临就业困难等问题，失业现象较突出，成为一个严峻的社会问题，主要表现在以下几点。

1. 失地农民素质低，就业难度大

技能型、知识型人才是中国现阶段经济发展迫切需要的，但是农村的失地农民往往综合素质不高，很难符合这一条件；另外，在经济发展和生活条件改善的同时，失地农民的就业希望比以前得到了提升，而就业希望却与实际能够得到的就业机会发生冲突，这种趋势正在逐步扩大，增加了失地农民的就业难度，不利于失地农民的发展。

由单纯的体力型向专业型、技能型转变是劳动力市场应对中国经济快速发展的反应，失地农民由于综合素质较低，就业难度不断加大。除此之外，部分失地农民眼高手低，这严重阻碍了他们顺利就业。从事农业劳动的基本特征主要是工作对象固定，工作技能单一，文化素质较低，广大失地农民因缺乏从事非农产业的技能而难以满足企业尤其是工业化程度较高企业的技能要求。而且，中国现行的就业体系还没有涉及失地农民的就业，统一的政策和措施也没有被国家制定和落实，这造成农民工就业面临很多困难。许多年龄较大的失地农民因学习能力较弱、适应能力较差而无法实现就业转移。

2. 政府尚未建立职业培训和就业指导机制

在失地农民再就业过程中，政府未充分发挥其管理、引导、创造就业机会的基本职能，未为广大失地农民提供职业培训、就业指导，不能提升失地农民再就业所需要的劳动职能。除此之外，政府并未努力拓宽适合低素质农民的就业渠道，在信息引导和就业服务方面也存在严重的缺位。

总之，由于中国农村职业培训机制的缺失、劳务输出和就业服务体系的不健全，农民失去土地后得不到良好的就业环境和市场信息，难以在城市中找到合适的工作。

3. 劳动力市场管理机制不完善

目前，中国劳动力市场发展缓慢，市场建设相对滞后，没有跟上中国经济发展和社会结构变化的步伐。由于劳动力市场供求信息不完全和传播不及时，公共就业服务体系不健全，失地农民无法通过有效渠道获得就业信息而失去就业机会。由于市场管理体制不健全，一些非法职业中介乘机传播虚假信息，甚至个别非法中介与企业劳资人员串谋，通过虚假招工骗取中介费。

解决城市市民的就业是中国城市现行的就业政策的目标，在失地农民转为城市居民的同时，现行就业政策却没有改变以往偏向既得利益群体的做法，失地农民进城后难以享受到平等的就业待遇。而大多数用人单位还会提出很多带有歧视性的要求，就业手续复杂、繁琐，这些又严重阻碍了失地农民进城就业的道路。

4. 安置方法相对单一

目前，政府对失地农民的安置主要是货币安置，但货币安置存在较大不足，是一种非就业指向性的安置，仅仅是生活方面的安排，绝不能取代土地所提供的最后保障。在中国不完善的市场经济条件下，有限的资金难以为失地农民提供充足的再就业或创业资金。失地农民不可能靠安置费用就度过一生，有限的征地补偿费很难解决失地农民的生活出路问题。

失地农民得到生活安置费后，一般还要到劳动力市场寻找就业机会。缺乏非农产业工作技能和经验的失地农民在目前机制不健全、就业信息不对称、简单劳动力供过于求的劳动力市场下被动地处于就业竞争劣势，这就使得部分农民在失地的同时也失业了。

七、农村基础设施建设过程中存在的问题

农业综合生产能力的一个重要组成部分就是农村基础设施建设，这是农村经济增长和社会发展的一个重要前提条件。农村基础设施建设的改善在提高农

业综合生产能力和推动农村社会进步方面起到了至关重要的作用。农业综合基础设施的完善有利于提高农业生产效率、降低生产成本、完善组织形式，直接或间接地推动农业生产力的发展，为农村非农产业发展提供良好的物质条件，直接或间接地促进农民收入增长，降低贫困发生率，提高农村社会福利的整体水平。除此之外，发达国家的实践经验也表明，农村基础设施建设对于改造传统农业、实现农村产业化经营、改善农民生存环境都具有举足轻重的作用。

农村基础设施建设是社会主义新农村的一项重要内容，通过基础设施建设的改善才能实现“生产发展、生活宽裕、乡村文明、村容整洁、管理民主”。近年来，全国各地新农村建设一直把农村基础设施建设作为重中之重，各级政府出台了多样化的政策以推动基础设施建设。但是，农村基础设施建设仍存在许多问题，及时有效地解决这些问题关系到实现新农村建设目标、根本解决三农问题，还关系到中国农业现代化和农业生产的可持续发展。

（一）资金短缺，农村基础设施建设动力不足

目前，中国农村基础设施建设所需资金主要来源于政府的财政拨款，通过对农业基本建设的支出来实现对农村基础设施的投资。[1] 政府支农资金虽然在逐年增加，但是占财政支出的比重在逐渐降低，根本不能够满足庞大的农村基础建设的资金需求。长期的农村支援城市的方针政策使农村资本的自我积累严重不足，导致农村因无集体收入而无力开展基础设施建设。此外，由于缺乏制度和政策的支持，民间资本还没有涉足农村基础设施建设；由于产权不清、主体不明、周期较长、风险较大等原因，银行也很少会给农村基础设施建设提供贷款。这一系列的因素使得农村基础设施建设的资金投入严重不足，影响了农村基础设施建设的发展。

由于长期缺少建设资金，和城市相比，中国农村基础设施总体水平偏低，特别是中西部农村地区。截至2008年年底，全国乡镇公路通达率达到99.3%，通畅率为88.72%；但建制村公路通达率比全国水平低了将近8个百分点，而通畅率与全国水平相比更低，仅为69.48%。在很多没有通公路的行政村之间主要是路况差的土路，在阴天下雨的时候，车辆、行人行走困难；一些已通公路的行政村，由于常年缺乏有效的管理，路面质量差，缺乏排水设施。在其他

[1] 农业基本建设支出主要用于公路建设、农业水利设施等农村基础设施建设以及农业综合开发。

生产生活设施建设上，农村地区也仍然比较薄弱，突出表现在农民饮水难、看病难、环境脏乱差、公共事业设施落后等方面。据有关数据显示，目前全国总耕地面积的54%仍然没有有效灌溉，只有70%的面积利用机电排灌，农业灌溉用水平均利用系数只有0.45。如果以饮水安全指标中的水质、水量、用水方便程度、供水保证率进行衡量，全国未达到饮用水安全标准的农村人口还有3亿多，其中80%在中西部地区。按国家的总体规划，要实现战略目标，至少需要10~15年的时间和5万亿~8万亿元的建设资金投入才能确保新基础设施全部覆盖到我国广大农村地区。

（二）缺乏全局性规划，局部的随意性建设较多

相对于国外的农村基础设施建设来说，当前中国农村基础设施建设普遍存在整体布局不合理、缺乏统筹规划、缺乏建设明确性等问题，中国农村经济社会的发展得不到充足的公共服务基础设施存量和增量的支撑。有些地方也没有农村公共基础设施规划；即使一些村镇制定了基础设施建设规划，也是不合理、可行性差的规划；有些地方由于缺乏统筹规划，甚至出现了边拆边建、边建边拆的重复建设等现象。而且，各个行政区域在开展农村基础设施建设时缺少沟通和协调，没有有效地进行宣传和公示，规划没有被农民群众了解，致使乱搭建现象普遍存在，土地等资源被严重浪费。

另外，很多基础设施建设部门大都采用自上而下的方式，农民被动参与，难以真实反映农民的需求和愿望，导致实施困难。有些地方领导认识不足，好大喜功，并且个人素质较差，还凭借自己的主观臆断进行选址，投入大量资金建设大型农村基础设施项目。由于基础设施具有较强的地域依附性，服务方位的大小直接取决于选择的地理位置，因此，随意地选址和建设会使得农村基础设施发挥不出最大的功效。

（三）重建设，轻管理

近年来，中部许多地方政府为了统筹城乡经济发展，在农村兴建了很多学校、卫生院、道路、水利设施、村活动中心等农村公共基础设施，这些都大大促进了农村经济社会的快速发展，提高了农民的生活水平和质量。但是，建成后由于管理过程的繁难、管理费用的增大以及农村基层组织管理功能的薄弱等，基础设施常常存在重建设而轻管理的问题。例如，建设出来的乡村道路时间不长就被破坏的主要原因就是只有使用而没有维护；新建成的渠系工程没过

几年就已损坏严重；一些小型农业水利工程有人使用却无人管理，泵站、灌溉设施丢失被盗现象时有发生。总之，绝大多数的农村基础设施缺乏维护和相应的管理，以致不能很好地服务于农村的经济发展。

不仅如此，基建预算和决算在许多地区农村基础设施建设上没有被实施，决算审计也比较缺失，可行性、科学性、效益性更是没有被基建项目考虑。农村基建资金的分配方式和管理方式是在计划经济体制下形成的，目前存在不合理、规范不到位等问题，导致出现违规违纪的隐患和国家税金大量流失；由于一些乡镇负责人对基建财务工作不了解，项目缺乏有效的监督和管理而无法正常进行。

（四）结构不合理

一直以来，在农村基础设施建设过程中，中央和地方政府投入大量的财力用于大江、大河、大湖的治理，防洪、抗旱、灌溉等救急性的工程项目占用了大部分水利设施资金；但对小堰、小坝、小水库的资金投入很少，对农村基础道路建设、电力、通信网络、人畜饮水工程等基本生活设施投入不足并且发展结构也十分不科学、不合理。大多数农村地区倾向于发展交通、水利、电力等基础基本设施而对环保设施和燃气设施等的发展未给予足够的重视。

总之，目前中国中部农民的福利发展还存在很多问题，除了资金投入不足、覆盖面狭窄、建设主体不健全、管理不到位等主要问题外，还有其他很多问题。除了上文中介绍的七个方面的问题外，农民福利在其他方面也存在不少问题。这些问题严重阻碍了中国中部农民福利的可持续发展，不利于农民福利水平的改善。因此，政府部门要有针对性地制定相应的解决对策，以提高中部农民的福利水平，促进社会主义新农村建设和和谐社会的稳定、快速发展。

第五章　中部地区农民福利水平的实证研究

根据阿马蒂亚·森的界定，一个人潜在的或可行的福利水平用能力来测量，而已实现的福利水平用功能来测量。从能力和功能两个角度对福利水平进行测量丰富了福利的内涵和外延，弥补了收入或消费支出空间内福利测量因重视“物”而忽略“人”这个因素的不足，具有重要的实践意义和学术价值。本章将从功能和能力层面对我国中部地区农民的福利水平进行测量，进而找出中部农民福利水平的影响因素，为福利政策的制定提供建议。

第一节　农民福利水平测度指标的选取

本章研究中部地区农民福利水平的高低，而我国绝大部分研究认为研究农民的基本单位是农村家庭，家庭整体福利水平的变化是农民福利变化的具体体现，所以，本章以农村家庭这一基本单位为研究对象，对中部农民福利水平进行测定。根据阿马蒂亚·森的能力和功能福利理论，本章用来衡量农民福利水平的功能性指标主要包括经济水平、居住条件、社会保障、自然环境、社会环境、发展空间、身心健康等，下文分别进行阐释。

（一）经济水平

福利水平的一个重要构成部分是经济水平，经济水平的高低直接决定了福利水平的高低，而中国农村地区的经济发展水平远远落后于城市地区，改善农民福利水平的决定性因素是当地经济水平能否得到提高。这一指标主要包括纯收入和消费两部分。

（二）居住条件

住房是人类生存的基础，因此被认为是农民福利体系的重要构成部分。

在居住条件方面，农民现已不满足于对生存和生活条件的基本需求，而对选址、舒适程度和住房的视觉感受提出了越来越高的要求。住房位置、人均居住面积和房屋结构是衡量居住条件的主要指标。这三个指标对居住功能的实现具有正向影响：住房位置反映了农民生活的便利程度；人均居住面积越大，舒适程度也就越高；房屋结构和装修的好坏则反映了房屋品质的高低。

（三）社会保障

现阶段，由于我国农村人口比重大，社会保障制度不能覆盖到我国广大农村地区。而随着社会经济的发展和社会制度的完善，农村社会保障终究会全部覆盖我国广大农村地区。由此可见，农民福利水平的重要构成部分之一就是社会保障。目前，惠及农民的社会保障主要是养老保险和农村合作医疗保险。

（四）自然环境

随着农村经济的发展和农民生活水平的提高，农村自然环境状况也发生了很大变化，这直接影响了农民的生活环境，对农民的福利水平有很大影响。空气污染、水污染、生活垃圾、工业垃圾等都影响了自然环境这一功能性活动指标的大小。

（五）社会环境

本章提出的社会环境包括社会治安状况、基础设施建设状况和农业政策状况。随着农村劳动力大量流入城市，农村基本上只剩下老人、妇女和儿童，这就导致农村社会治安状况发生了很大改变，直接影响到农民的福利水平。农业政策状况会直接影响农民生产的积极性，影响农民的农业收入水平。人们在当时自然条件的基础上发挥自身的主观能动性改造自然而形成的结果一般表现为基础设施，主要包括五个方面，分别是生产设施、生活设施、交通设施、医疗设施以及教育设施。理想的基础设施条件是人类拥有良好的生活和发展空间的前提条件；同理，落后的基础设施条件会制约生活水平的提高，最终导致居民的福利水平下降。基础设施不完善的问题在我国广大农村地区表现得尤为突出，但随着社会的进步和人们交流的日益频繁，农民对于基础设施的要求也在不断提高。这三项对农民的福利水平都有很大影响。

（六）发展空间

按照阿马蒂亚·森的能力和功能福利理论，一个人的福利水平的高低不仅取决于财富的拥有量，更取决于个人能力和机遇，并且个人能力的高低取决于自身素质，而机遇和发展空间是改善福利水平的外在条件。个人只有在发展空间改善的前提下，才能充分参与到经济建设的过程中，从而分享经济发展成果，改善自身处境，最终推动社会发展。因此，本章的实证研究选取具有代表性的两个变量——农民求职难易程度和接受再教育机会——来反映发展空间这一功能性指标。

（七）身心健康

众所周知，维持人们幸福感的最为重要的前提条件是身心健康，良好的身体条件和心理状态能够有效地促进人们福利水平的提高。而我国广大农民受到落后的物质文化生活的限制，其身心是否健康的问题必然会引起更为广泛的关注。除此之外，大量"因病致贫"的状况使得我们必须更加关注广大农民由于身心健康因素而降低其福利水平的问题。在本章的研究中，将身心健康状况作为衡量农民福利水平的一项重要指标，进而将之分解为身体状况、个人心态、兴趣爱好及人际关系这四个方面。

第二节　实证研究

一、问卷设计及数据说明

本章所使用的数据是通过实地调查、问卷采访等方式直接获取的。问卷调查内容共分为基本信息、经济状况、住房条件、社会保险、自然环境、社会环境、发展空间和身心健康八个方面。

本章严格遵循科学性原则、合理性原则、系统性原则、可比性原则和可测量原则等来设计问卷。问卷设计的最大特点在于：第一，经济状况和住房条件中设计的一些问题能够比较客观、全面地反映农民家庭的生活水准，抛弃了过于主观的问题设计，使得农民的福利状况更具有可比性；第二，从经济状况、住房条件、社会保险、自然环境、社会环境、发展空间和身心健康七个方面综合考察我国中部地区农民福利状况。

在正式的调查之前，我们在湖南省攸县地区农村进行了试调查。通过派访员到农户家中调查的方式一共试调查了100份问卷。在试调查中，我们与农户进行沟通，记录他们所提出的问题，对试调查获得的样本进行编码和试分析，检查问卷的信度和效度，最后适当地对问卷中设计的问题进行了修改。通过试调查，我们的问卷具有了更高的信度和效度，同时，调查人员也掌握了调查技巧和调查方法，获得了宝贵的调查经验，这些都为后面的正式调查打下了良好的基础。

我们于2010年1—3月对中部六省地区农民进行了典型样本问卷调研，样本涉及中部六省的18个县市、42个乡镇、163个村庄；在这18个县市的分布上，每个省份各有3个，而且这3个县市的经济发展速度各不相同，分别是快、中、慢的发展速度，这就保证了样本分布的合理性和全面性。而在进入农户家调研的过程中，一户最多只采访一位成员，这就可以排除两份调查问卷的数据有相互影响的可能性。

此次问卷调研主要包括以下八个部分：基本信息、经济状况、住房条件、社会保险、自然环境、社会环境、发展空间和身心健康。基本信息包括姓名、性别、年龄、婚姻状况和学历几个方面，这部分内容只是为了调查问卷的完整性和最后统计之用，不会对其内容进行分析。除基本信息部分外，另外七个部分共有19个问题，其中，经济状况包括纯收入和消费2个问题；住房条件包括人均居住面积、房屋结构和住房位置3个问题；社会保险包括养老保险和农村合作医疗保险2个问题；自然环境包括空气质量、水污染和生活垃圾污染3个问题；社会环境包括社会治安状况、基础设施建设状况和农业政策状况3个问题；发展空间包括再教育机会和求职难易程度2个问题；身心健康包括身体状况、个人心态、兴趣爱好和人际关系4个问题。最后调查回收的样本为1813份，其中有效样本为1671份，回收样本的有效率为92.17%。表5-1和表5-2分别对基本信息和问卷数据进行了统计性描述。

表5-1　基本信息的统计性描述

基本信息	定义	样本数或频数	比率或频率（%）
性别	男性	935	55.95
	女性	736	44.05

续表

基本信息	定义	样本数或频数	比率或频率（%）
年龄	16～25岁	297	17.77
	26～35岁	438	26.21
	36～45岁	531	31.78
	46～55岁	214	12.81
	55岁以上	191	11.43
婚姻状况	已婚	1334	79.83
	未婚	337	20.17
学历	小学及以下	461	27.59
	初中	1013	60.62
	高中	148	8.86
	中专	33	1.97
	大专及大专以上	16	0.96

表5－2　调查数据统计性描述

指标			数据统计						
			中部	山西	河南	安徽	湖北	湖南	江西
经济状况	年人均纯收入（元）		4704.6	4127.3	4680.6	4578.9	5183.1	4882.0	4906.4
	年人均消费（元）		3742.0	3513.0	3396.0	3605.0	4312.0	4078.0	3609.0
居住条件	人均住房面积（%）	≤30m²	32.7	46.1	31.0	41.0	26.1	23.1	29.1
		30～40m²	36.2	30.9	42.1	35.0	34.1	35.5	39.1
		≥40m²	31.1	23.0	26.9	24.0	39.8	41.4	31.8
	房屋结构（%）	钢混	10.5	4.6	9.1	11.7	9.8	13.9	14.2
		砖混	47.0	42.2	52.9	47.0	48.1	46.2	45.3
		砖木	42.5	53.2	38.0	41.3	42.1	39.9	40.5
	住房位置（%）	集镇	9.3	7.4	11.8	10.9	7.2	8.8	9.3
		集镇周围	37.6	42.2	35.7	30.1	39.4	44.3	34.0
		远离集镇	53.1	50.4	52.5	59.0	53.4	46.9	56.7
社会保险	养老保险（%）	有	15.1	13.1	17.8	10.9	14.4	15.0	18.7
		无	84.9	86.9	82.2	89.1	85.6	85.0	81.3
	农村合作医疗保险（%）	有	93.2	95.0	93.3	96.6	92.0	93.4	89.3
		无	6.8	5.0	6.7	3.4	8.0	6.6	10.7

续表

指标			数据统计						
			中部	山西	河南	安徽	湖北	湖南	江西
自然环境	空气质量（%）	高	64.6	52.8	60.0	62.0	68.6	73.6	70.9
		一般	26.0	32.3	29.9	27.1	22.7	19.1	24.2
		低	9.4	14.9	10.1	10.9	8.7	7.3	4.9
	水污染（%）	弱	58.9	42.2	54.9	59.4	64.4	60.1	73.0
		一般	30.2	39.0	31.3	31.6	25.4	33.3	20.4
		强	10.9	18.8	13.8	9.0	10.2	6.6	6.6
	生活垃圾污染（%）	弱	64.2	61.3	66.3	57.9	72.3	61.5	65.7
		一般	24.4	27.0	20.6	26.7	18.2	30.4	23.6
		强	11.4	11.7	13.1	15.4	9.5	8.1	10.7
社会环境	社会治安状况（%）	好	55.2	57.8	43.4	53.4	70.5	63.4	45.0
		一般	23.2	26.6	25.0	25.5	14.0	15.4	31.8
		差	21.6	15.6	31.6	21.1	15.5	21.2	23.2
	基础设施建设（%）	合理	71.8	73.8	81.1	71.4	76.1	67.4	60.6
		一般	16.3	20.9	11.1	18.1	12.5	17.9	17.3
		不合理	11.9	5.3	7.8	10.5	11.4	14.7	22.1
	农业政策状况（%）	满意	86.9	87.6	92.6	94.4	83.0	85.7	78.2
		一般	6.5	5.7	4.0	2.6	6.8	7.0	12.8
		不满意	6.6	6.7	3.4	3.0	10.2	7.3	9.0
发展空间	再教育机会（%）	多	8.2	6.7	7.7	9.4	6.1	10.9	8.3
		一般	15.7	16.3	19.5	25.6	8.7	15.1	9.3
		少	76.1	77.0	72.8	65.0	85.2	74.0	82.4
	求职难易程度（%）	容易	18.0	13.1	18.2	15.4	21.6	18.0	21.5
		一般	47.8	44.7	51.2	55.6	48.9	42.1	44.6
		困难	34.2	42.2	30.6	29.0	29.5	39.9	33.9
身心健康	身体状况（%）	好	52.1	40.8	54.9	63.2	55.3	39.2	59.2
		一般	26.6	34.0	29.3	22.9	27.7	35.9	10.0
		差	21.3	25.2	15.8	13.9	17.0	24.9	30.8
	个人心态（%）	好	49.8	33.0	42.1	45.1	60.2	55.7	63.3
		一般	41.8	59.6	44.8	48.1	34.1	30.8	33.2
		差	8.4	7.4	13.1	6.8	5.7	13.5	3.5

续表

指标			数据统计						
			中部	山西	河南	安徽	湖北	湖南	江西
身心健康	兴趣爱好（%）	较多	21.9	18.8	20.5	18.4	27.3	16.1	30.1
		一般	52.8	50.7	61.3	60.2	44.7	42.5	56.4
		较少	25.3	30.5	18.2	21.4	28.0	41.4	13.5
	人际关系（%）	好	71.1	65.6	85.2	66.5	58.0	76.6	73.0
		一般	20.4	27.7	9.1	28.6	29.9	16.1	12.8
		差	8.5	6.7	5.7	4.9	12.1	7.3	14.2

二、研究方法与模型

在现实生活中，由于有很多现象和问题具有模糊性和复杂性，我们很难精确地对之进行量化研究，也无法运用经典数学方法加以描述和解决。1965年美国加州大学伯克利分校的Zadeh教授为研究和处理这类不确定性现象而提出了模糊数学。模糊数学又被称作FUZZY数学，近年来被广泛应用于具有较大模糊性的贫困的测量、福利分析和公平性研究等。由于福利内涵和外延十分广泛，并且在一定程度上具有相当的模糊性，因此，我们无法准确评价福利水平的好坏。本章选取的用来评价福利水平高低的指标都是具有一定模糊性的主观评价指标，因此，本章的实证研究部分以模糊数学方法为基础来进行分析。

1. 信号模糊度函数的设定

设定模糊集X，代表农民的福利状况。设W为X的子集，X代表本章要测量的农民福利的内容，则可将第n个农户的福利函数定义为$W(n)=\{x, Uw(x)\}$；其中$x\in X$，$Uw(x)\in[0, 1]$。$Uw(x)$表示x对W的隶属度，隶属度取值为1的情况下表示农民的福利水平绝对好，隶属度取值为0的情况下表示其福利水平绝对差，隶属度取值为0.5的情况下表明其福利水平处于模糊状态即不确定状态，由此可见，隶属度值与农民的福利水平呈正相关关系。

2. 隶属函数的设定

能否成功运用模糊数学方法取决于是否选择了合适的隶属函数。隶属函数包括连续变量、虚拟定性变量和虚拟二分变量，隶属函数选择何种类型因研究背景和指标而异。

（1）初级指标 x_{ij}决定了农民福利水平的第 i 个功能子集，记为 x_i，农民福利水平的初级指标体系表示为 $x=[x_{11}, \dots, x_{ij}, \dots]$。如，$x_1$（居住条件）是由初级指标 x_{11}（年人均纯收入）和 x_{12}（年人均消费）决定的农民福利的第 1 个功能子集。由于对象是非模糊的，因此选择虚拟二分变量，并且只包含了两种情况，如养老保险的拥有情况就是非模糊的，则其隶属函数表达式如（1）所示。该式表明，若农民拥有某一商品 x_{ij}时，其隶属度 x_i等于 1；若不拥有某一商品 x_{ij}时，其隶属度 x_i为 0。

$$U(x_{ij})=\begin{cases}0 & x_{ij}=0\\ 1 & x_{ij}=1\end{cases} \tag{1}$$

（2）当指标变量是连续值时，连续变量的隶属函数表达式如下：

$$U(x_{ij})=\begin{cases}0 & 0\leqslant x_{ij}\leqslant x_{ij}^{\min}\\ \dfrac{x_{ij}-x_{ij}^{\min}}{x_{ij}^{\max}-x_{ij}^{\min}} & x_{ij}^{\min}<x_{ij}<x_{ij}^{\max}\\ 1 & x_{ij}\geqslant x_{ij}^{\max}\end{cases} \tag{2}$$

$$U(x_{ij})=\begin{cases}1 & 0\leqslant x_{ij}\leqslant x_{ij}^{\min}\\ \dfrac{x_{ij}^{\max}-x_{ij}}{x_{ij}^{\max}-x_{ij}^{\min}} & x_{ij}^{\min}<x_{ij}<x_{ij}^{\max}\\ 0 & x_{ij}\geqslant x_{ij}^{\max}\end{cases} \tag{3}$$

其中，$x_{ij}^{\max}$和 $x_{ij}^{\min}$分别表示最大值和最小值，$x_{ij}^{\max}$表示如果农民家庭的第 i 个功能子集中第 j 个指标的取值不小于这个最大值，那么其状况肯定是最有效率的；$x_{ij}^{\min}$表示如果农民家庭的第 i 个功能子集中第 j 个指标的取值不大于这个最小值，那么其状况肯定是无效的。$U(x_{ij})$ 是指农民的福利水平，其值越大，农民的福利水平越高。（2）式表明随着 x_{ij} 的增加，农民的福利水平 $U(x_{ij})$也随之提高；（3）式正好与（2）式相反，即表示福利水平 $U(x_{ij})$ 随着 x_{ij}的减少而下降。

（3）虚拟定性变量是对研究对象进行不同程度的主观评价，如，在评价农业政策状况时设置了三种状态，分别是满意、一般、不满意。现假设在一项研究中存在 m 种不同的状态，假定这 m 种状态之间均匀分布，并分别赋值，其表达式如：$x_{ij}=\{x_{ij}(1),\ \dots,\ x_{ij}(m)\}$，$x_{ij}(1)<\dots<x_{ij}(m)$，且 $x_{ij}(1)=1$，福利水平的高低取决于 x_{ij} 的大小，两者呈正向变动关系。

虚拟定性变量的隶属函数为：

$$U(x_{ij})=\begin{cases}0 & x_{ij}\leqslant x_{ij}^{\min}\\ \dfrac{x_{ij}-x_{ij}^{\min}}{x_{ij}^{\max}-x_{ij}^{\min}} & x_{ij}^{\min}<x_{ij}<x_{ij}^{\max}\\ 1 & x_{ij}\geqslant x_{ij}^{\max}\end{cases} \tag{4}$$

3. 综合指标的加总

在定义了初级指标 x_{ij} 的隶属度之后，我们为每一个指标赋一个权重，通过加总隶属度而得到一个综合指标。权重结构的定义公式为：

$$\omega_{ij}=\ln\left[\frac{1}{\overline{U(x_{ij})}}\right] \tag{5}$$

其中，$\overline{U(x_{ij})}=\dfrac{1}{n}\sum_{p=1}^{n}U(x_{ij})^{(p)}$，表示在 n 个样本的情况下第 i 个功能子集 x_i 中第 j 项指标的期望值。该公式在定义过程中在较小的变量上分配较大的权重，从而使我们在对福利水平进行评价时，能够对获得程度较低的指标和功能给予较多的关注。

确定初级指标的隶属度和权重后，进一步计算各功能指标的隶属度，其计算表达式如下所述：

$$f(x_i)=\frac{\sum_{j=1}^{k}\overline{U(x_{ij})}\omega_{ij}}{\sum_{j=1}^{k}\omega_{ij}} \tag{6}$$

其中，k 表示第 i 个功能子集 x_i 包含 k 个初级指标。（6）式表示，在不改变其他农民福利水平的条件下，改善任何一个农民的福利指标隶属度水平，就可以提高农民整体的福利水平。

4. 各功能指标最大值、最小值取值说明

（1）年人均纯收入。农民年人均纯收入的最大取值为 7000 元，若某个农民的年纯收入大于或等于这个数，则认为其福利水平是高的；其最小取值为 3000 元。

（2）年人均消费。农民年人均消费额的最大取值为 6000 元，若某个农民的年人均消费额大于或等于这个数，则认为其福利水平是高的；其最小取值为2000元。

（3）人均居住面积。农民人均居住面积的最大值是根据2020年全面建设小康社会的农村人均居住面积40m^{2}而定的，若某个农民的居住面积大于或等于这个数，则认为其福利水平是高的；农民人均居住面积的最小值是根据广东省中山市住房委员会对住房困难户的界定标准10m^2/人而定的，若某个农民的住房面积低于这个数，则认为其住房福利水平是低的。

（4）住房位置。农民生活与工作的便利程度取决于住房位置与特定距离的远近，农民的住房位置位于集镇中心时，其居住条件最佳，此时隶属度取值为1；农民的住房远离集镇而位于远郊时，其居住状况最不利，此时隶属度取值为0；农民的住房位于集镇周围近郊时，其居住状况处于模糊状态，此时隶属度取值为0.5。在评价社会保险这一指标时，当选择“有”时，隶属度取值为1；当选择“无”时，隶属度取值为0。

对研究选取的模糊的主观评价指标的赋值方法如下：隶属度为0时，表明农民对某一指标的评价较差；隶属度为0.5时，表明农民对某一指标的评价一般；隶属度为1时，表明农民对某一指标的评价较高。

三、实证结果分析

由表5－3的计算结果可以看出，农民在自然环境、社会环境和身心健康方面的福利状况都处于较好的水平，在居住条件、社会保险和发展空间方面则处在较差的福利状态，而经济状况方面的福利状态也处在中等偏下的水平。总体来说，最终的总模糊指数为0.345，小于0.5，说明中部地区农民的总体福利水平偏低。

表5－3　农民福利水平的模糊评价体系

功能性活动及指标	变量类型	隶属度	权重
经济状况 x_1	—	*0.431*	0.842
年人均纯收入 x_{11}	*C*	0.426	0.853
年人均消费 x_{12}	*C*	0.436	0.830
居住条件 x_2	—	*0.337*	1.088

续表

功能性活动及指标	变量类型	隶属度	权重
人均住房面积 x_{21}	C	0.885	0.122
房屋结构 x_{22}	Q	0.340	1.079
住房位置 x_{23}	Q	0.281	1.269
社会保险 x_3	—	*0.180*	1.715
养老保险 x_{31}	D	0.152	1.884
合作医疗保险 x_{32}	D	0.931	0.071
自然环境 x_4	—	*0.758*	0.277
空气质量 x_{41}	Q	0.775	0.255
水污染 x_{42}	Q	0.740	0.301
生活垃圾污染 x_{43}	Q	0.763	0.270
社会环境 x_5	—	*0.741*	0.300
社会治安状况 x_{51}	Q	0.668	0.403
基础设施建设 x_{52}	Q	0.799	0.224
农业政策状况 x_{53}	Q	0.901	0.104
发展空间 x_6	—	*0.244*	1.411
再教育机会 x_{61}	Q	0.161	1.826
求职难易程度 x_{62}	Q	0.419	0.870
身心健康 x_7	—	*0.611*	0.493
身体状况 x_{71}	Q	0.654	0.425
个人心态 x_{72}	Q	0.707	0.347
兴趣爱好 x_{73}	Q	0.483	0.728
人际关系 x_{74}	Q	0.812	0.208
总模糊指数	—	0.345	—

注：连续变量由变量 C 表示，虚拟二分变量由变量 D 表示，虚拟定性变量由变量 Q 表示。为使计算过程更符合数学意义，将数值 0 和 1 分别由 0.001 和 0.999 代替。

在组成农民福利的七个功能指标中，自然环境的模糊评价最高，这正符合大部分农村地区空气清新、环境优美的特点，也说明自然环境给农民带来的福利是最大的。模糊评价最低的是社会保险这一功能项，隶属度只有 0.180，说明中部农民在社会保险上的福利状况较差；农村合作医疗保险的参保率很高，但由于农村养老保险的参保率较低，从而阻碍了农民整体福利水平的提高。在发展空间的两个指标中，再教育机会的状况较差，求职难易程度处于中间偏下的状况，这就从整体上使得发展空间的福利状况较差。组成农民福利的七个功能指标的模糊评价大小依次是：自然环境、社会环境、身心健康、经济状况、居住条件、发展空间以及社会保险。

表5－4的结果指出，从农民福利的总体水平来看，其中96%的中部农民的福利评价值低于模糊界线0.500，福利状况整体较差；67.6%的农民的福利评价值介于［0.201，0.300］之间，并且低于这一水平的农民占12.4%。没有农民处在福利最差的区段内，即小于0.100。除此之外，9.3%的农民的福利评价值介于［0.301，0.400］之间，6.7%的农民介于［0.401，0.500］之间，4%的农民高于模糊界限0.500，表明其福利水平相对较高。

表5－4　农民在各功能隶属度上的分布情况

福利评价值	x_1	x_2	x_3	x_4	x_5	x_6	x_7	总模糊指数
0.000～0.100	32.6	7.4	86.4	20.3	24.3	81.1	62.5	0.0
0.101～0.200	20.3	13.1	0.0	0.0	0.0	0.0	0.0	12.4
0.201～0.300	16.1	20.7	0.0	0.0	0.0	0.0	0.0	67.6
0.301～0.400	11.5	9.3	0.0	0.0	0.0	0.0	0.0	9.3
0.401～0.500	10.6	10.9	0.0	0.0	0.0	0.0	0.0	6.7
0.501～0.600	6.5	25.8	0.0	42.1	39.1	16.2	31.4	2.9
0.601～0.700	1.2	8.5	0.0	0.0	0.0	0.0	0.0	1.1
0.701～0.800	0.7	4.3	0.0	0.0	0.0	0.0	0.0	0.0
0.801～0.900	0.0	0.0	0.0	0.0	0.0	0.0	0.0	0.0
0.901～1.000	0.5	0.0	13.6	37.6	36.6	2.7	62.5	0.0
汇总	100.0	100.0	100.0	100.0	100.0	100.0	100.0	100.0
平均隶属度	0.431	0.337	0.180	0.758	0.741	0.244	0.611	0.345

由表5－5可以看出，在中部六个省份中，农民福利状况总模糊指数最大的是河南省和江西省，两者都是0.360；其次是湖南省，其总模糊指数是0.354。这三个省份的总模糊指数均大于中部的总模糊指数，说明这三个省份的农村居民福利状况在中部六省中处于较好的状况，农民福利水平比其他三省要高。而山西、安徽和湖北三省的总模糊指数均小于中部的总模糊指数，其中，山西省的总模糊指数是0.309，是六省份中最小的；安徽、湖北的总模糊

指数分别是0.327和0.329，在六省中分别处在第5位和第4位。这说明江西、安徽和湖北三省的农民福利状况相对于其他三省较差。然而从整体来看，六省农民的总模糊指数都小于0.500，说明六省农民福利状况都处于较差状态，农民的福利水平不是很高。六省农民的总福利水平按照从低到高排列依次是：山西省、安徽省、湖北省、湖南省、江西省和河南省。

表5－5 中部六省农民福利状况的模糊评价

	经济状况	居住条件	社会保险	自然环境	社会环境	发展空间	身心健康	总模糊指数
中部	0.431	0.337	0.180	0.758	0.741	0.244	0.611	0.345
山西	0.324	0.310	0.152	0.674	0.779	0.222	0.559	0.309
河南	0.381	0.353	0.208	0.737	0.644	0.259	0.617	0.360
安徽	0.398	0.327	0.124	0.738	0.727	0.298	0.616	0.327
湖北	0.561	0.326	0.177	0.792	0.812	0.196	0.629	0.329
湖南	0.494	0.358	0.179	0.783	0.758	0.259	0.522	0.354
江西	0.436	0.351	0.233	0.807	0.677	0.219	0.669	0.360

注：六省份各功能指标所选取的最大值、最小值均和中部的一样。

从经济状况这一功能来看，湖北省的模糊评价是0.561，是六省中最大的，而且是六省中唯一一个大于0.500的，这说明湖北省农民经济状况福利处于较好状况，且高于其他五省。模糊评价最小的是山西省，仅有0.324，说明山西省农民在经济状况方面的福利水平在中部六省中处于最差状态。其他四省中，湖南省和江西省的模糊评价分别是0.494和0.436，河南省和安徽省的模糊评价分别是0.381和0.398，说明经济状况给湖南和江西两省的农民带来的福利大于河南和安徽两省。从经济方面来看，六个省份中湖北、湖南和江西三省经济状况的模糊评价高于其他三省。

从居住条件功能来看，六省中模糊评价最高的是湖南省的0.358，最小的是山西省的0.310；其他四省的大小依次是：河南省0.353、江西省0.351、安徽省0.327、湖北省0.326；六省中湖南、河南和江西三省的模糊评价高于中部的模糊评价，另外三省的模糊评价小于中部的模糊评价。这说明在居住条件方面，相对来说湖南省农民的福利状况是最好的，而山西省则是最差的，湖南、河南和江西三省的居住条件福利状况在中部六省中处于相对较高的水平。但从整体来看，六省的模糊评价都小于0.500，表明六省的居住条件福利状况均处于较差状态。

在社会保险功能上，从整体来看六省的模糊评价都不高，最大的才0.233，小于0.500，说明六省的社会保险福利状况在整体上处于较差的状态。而相对来说，江西和河南两省的模糊评价较其他四省要大，分别是0.233和0.208，而且大于中部的0.180，说明河南和江西两省的社会保险福利状况在六省中处于较好的状态；模糊评价最低的是安徽省的0.124，几乎只是江西省的1/2，可见安徽省农民在社会保险方面的福利水平处于最低状况；其他三省的模糊评价大小依次是：湖南省0.179、湖北省0.177、山西省0.152。

在自然环境功能上，从整体来看六省的模糊评价都很高，最小的是0.674，大于0.500，说明六省的自然环境福利状况在整体上处于较好的状态。相对来说，江西、湖北和湖南三省的模糊评价较大，分别是0.807、0.792和0.783，而且都大于中部的0.758，说明这三省的自然环境福利状况在六省中处于较好的状态；其他三省的模糊评价大小分别是：安徽省0.738、河南省0.737、山西省0.674，说明这三省的自然环境福利状况在六省中处于较差的状态。

从社会环境功能来看，六省中模糊评价最高的是湖北省的0.812，最小的是河南省的0.644；其他四省的大小依次是：山西省0.779、湖南省0.758、安徽省0.727、江西省0.677；六省中湖北、山西和湖南三省的模糊评价高于中部的模糊评价，另外三省的模糊评价小于中部的模糊评价。这说明在社会环境方面，相对来说湖北省农民的福利状况是最好的，而河南省则是最差的，湖北、山西和湖南三省的社会环境福利状况在中部六省中处于相对较高的水平。从整体来看，六省的模糊评价都大于0.500，表明六省的社会环境福利状况均处于较好的状态。

从发展空间功能来看，安徽省是六省中模糊评价最高的，大小为0.298，最小的是湖北省的0.196；其他四省的大小依次是：河南省0.259、湖南省0.259、山西省0.222、江西省0.219；六省中安徽、河南和湖南三省的模糊评价高于中部的0.244，另外三省的模糊评价小于中部。这说明在发展空间方面，相对来说安徽省农民的福利状况是最好的，而湖北省则是最差的，安徽、河南和湖南三省的发展空间福利状况在中部六省中处于相对较高的水平。从整体来看，六省的模糊评价都小于0.500，表明六省的发展空间福利状况均处于较差的状态。

从身心健康功能来看，整体上六省的模糊评价都很高，最小的是0.522，大于0.500，说明六省的身心健康福利状况在整体上处于较好的状态。而相对来说，江西、湖北、河南和安徽四省的模糊评价较大，分别是0.669、0.629、0.617和0.616，都大于中部的0.611，说明这四省的身心健康福利状况在六省中处于较好的状态；其他两省的模糊评价大小分别是：山西省0.559、湖南省0.522，说明这两省的身心健康福利状况在六省中处于较差的状态。

第六章　提高中部地区农民福利水平的政策取向

改革开放已经进行了30余年，在社会福利改革的过程中，对推进城乡一体化、共享社会福利资源等方面做了诸多尝试与探索，触动传统的二元福利体制发生了重大变化和政策调整，农村与市场经济体制相匹配的社会福利制度逐步建立。中部地区农村经济持续快速发展，农民福利建设也取得了较大的成效，但就如前面几章分析的结果，其仍然存在许多问题和不足，农民福利整体水平仍处于较低状态，因此，应从中部地区的具体实情出发，坚持科学合理的政策取向，将中部地区农民福利的善治推向新的台阶。

第一节　中部地区农民福利增进的目标

目标是建立任何制度、从事任何行为的标尺和方向。制定科学合理、切实可行的目标既能保障中部地区农民福利建设和发展的各项制度及措施的方向性，又能确保中部地区农民福利建设和发展稳步推进、取得实效。因此，目标的确立可以说是提高中部地区农民福利水平工作的起点和基础，目标的正确与否直接决定现阶段中部地区农民福利增进的程度和未来中部地区农民福利水平达到的高度。

中央为促进中部崛起，在政策上给予了大量支持，中部六省地区也积极、主动地加快本省经济社会建设，保持了高于全国平均水平的较快经济增速；不断加强对“一个枢纽、三个基地”的建设，一个枢纽指综合交通运输枢纽，三个基地包括农业、工业和能源三个方面，分别是现代装备制造及高技术产业基地、能源原材料基地、全国重要粮食生产基地。中部六省在关键环节和重点领域的改革也取得了巨大的成果，产业群聚集，人口行为能力不断提高，居民的福利水平得到较为明显的改善，其中农民福利水平的提高更为显著。但是，随着改革的不断扩大和深入，一些制约中部地区长远、持续发展的问题日益凸显，突出表现在以下几方面：可获得资源日益减少、环境承受能力下降、基础设施不完善且地区分布不平衡、产业发展基础不牢固、城乡公共产品供给不足、农村社会保障体系不完善等。因此，确立科学的农民福利发展目标，必须从现阶段中部地区经济发展和农民福利建设的实际状况及长远规划出发。

中部地区农民福利建设的目标可以分为基本目标和最高目标两个层次。

一、基本目标

中部地区农民福利建设的基本目标是为农民提供基本的社会福利和个人福利保障，具体就是在社会保险与社会救助、医疗、教育、住房、就业和基础设施建设等方面给农民提供基本的保障，在家庭人均收入、人均住房面积、家庭农业机械数量、农民文化水平等方面确保农民达到基本水准。

基本目标的实现有两个主要标志：一是从福利覆盖面考察，彻底消除贫困，把中部地区无论城郊还是边远山区的农民和特困、孤寡、残疾等农民全部纳入基本保障范围内；二是从福利内容考察，完善农民福利的各个具体项目，建立起包含农民生产性福利、保障性福利、生活性福利、科技性福利以及环境和政治性福利的完备的农民福利体系。《促进中部地区崛起规划》指出，中部地区未来5~10年的目标是完成“一个枢纽、三个基地”建设，并构建“两横两纵”加“六圈”的空间发展格局。其中，“两横两纵”主要是指长江、陇海、京广、京九这四大经济带，“六圈”主要是指太原城市圈、中原城市群、武汉城市圈、长株潭城市群、皖江城市带、环鄱阳湖城市群。这无疑将推动中部六省未来经济的又好又快发展，也为中部地区顺利实现农民福利发展的基本目标提供了强有力的支持。

二、最高目标

最高目标是在已经实现基本目标的基础上，进一步缩小直至消除城乡差距和区域差距，有效实现城乡居民的社会福利平等化。与传统的济贫扶弱的社会福利目标不同，在建设社会主义新农村的大背景下，新型的农民福利思想是发展型的，农村社会福利制度是对社会福利概念的全新认知和解读，其目标绝不仅仅停留在传统的保障性之上，而是涵盖了更高层次的追求，具体包括以下两点。

第一，实现由改善和提高农民收入水平向提高农民生活质量的转变。改革开放至今，农民生活水平有了极大的提高，温饱问题基本得到解决，但是农民的生活环境、居住条件、教育与培训、参政议政、文化娱乐、体育锻炼等方面仍有极大的提升空间，因此，要使广大农民享受到社会发展所带来的经济与社会福利，使他们能够在上述各方面都产生巨大的满足和幸福感。农村社会福利制度突破了旧福利制度的局限性，更为重要的是被赋予了促进性的新内涵，将承担完全不同于社会保险、社会救济等社会保障子系统的新任务，满足农村社会成员在科教文卫、生产生活以及更高的精神层面日益增长的社会需求。

第二，实现由农民福利追赶城镇居民福利向城乡居民福利平等的转变。改革开放以来，政府加大对国内改革的力度，在相当程度上革除了城乡二元管理体制中的弊端。然而二元管理并未根本改变，新的体制尚未完全建立。虽然农村居民可以被允许自由流动，从而进城务工，符合条件的还可以成为城市居民，但城市居民与农村居民之间的鸿沟依然存在，国民收入分配依然侧重于城市居民。工业产品剪刀差继续扩大，农民的农业收入低微；存在农村进城务工人员与城市居民"同工不同酬"的情况，即便进城务工人员以相同的质量完成相同的工作，其收入也远低于城市职工，且缺乏医疗保险、社会养老保险、失业保险、住房公积金等社会福利待遇。特别是在我国经济面临通胀的压力下，农业生产资料价格大幅上升，农村居民的生活消费指数高于城市居民，而农民增收又缺乏新的支持，致使城乡居民收入差距扩大。与此同时，城乡在消费、教育、医疗、就业、政府公共投入等方面都存在较大差距。从美国和日本的经验来看，工农之间收入比缩小至1:1左右分别用了近70年和100年，因此，缩小城乡差距、保障城乡居民的平等福利权利将是一条漫长的道路，但也是农民福利建设的最高目标。

第二节　中部地区农民福利善治的基本原则

原则，即观察问题、处理问题的准则。农民福利的改进，事关农民能否真正在全国经济持续稳定发展的大环境中分享深化改革开放带来的成果，也关系到和谐社会与社会主义新农村建设能否顺利进行。因此，在制定加强中部地区农民福利建设的相关政策时，一定要重视基本原则问题。只有始终秉持科学的原则，才能确保政策的针对性、可行性及成效性。

一、保障农民人权

我国《宪法》明文规定“保障人权”，这是各部门法所必须遵守的一大原则。我国农村社会福利制度本身的意义就在于保障农民获取平等的生存权、发展权和福利权，必将“保障人权”作为其开宗明义的一项基本原则。这便要求我们在设计制度之初，不因社会出身、财产或其他个体差异而区别对待，充分听取和考虑农民的意愿，尊重其应享有的一切权利和自由；同时，将财产和权利上的平等互重体现在“构建以生存公平为基础、以劳动公平为基本准则、以解决民众最基本生存需求为主要目标，项目比较齐全、内容比较完备”的社会福利体系之中。

二、与经济水平相适应

农村福利事业要与农村现有的经济水平相适应。这就要求我们充分考虑农村福利事业的可持续发展，有步骤、有计划地推进农村福利事业发展，逐步提升农民的福利水平。农村福利事业是国家的一项宏观调控措施，是用以解决农村社会事业发展中遇到的问题的一种经济手段，因此，福利水平须以经济发展水平为基础，为顺利发展农村福利事业，必须将之建立在农村现有的经济基础上，不可脱离实际而好高骛远。

适用性原则有以下两个方面的表现：一是农村福利事业的发展水平须适应农村经济的发展水平。为实现农村福利事业、提高农民福利水平的顺利发展，必须有大量的资金投入；农村福利事业的发展会因财力和基金积累情况的约束而受到限制，其发展水平与财力和基金积累成正比。二是农村福利事业的发展对农村经济的发展有促进作用。如果农村福利事业滞后于农村的经济水平，易导致农村社会动荡，并给农村经济甚至国民经济的发展带来不利影响；相反，如果农村福利事业超强于农村的经济水平，就会使政府无力承担财政压力，进而损害农村经济的健康发展。

实施促进中部地区崛起战略以来，中部地区经济取得了较快的发展，中国社会科学院的2012年《中国省域竞争力蓝皮书》显示，中西部地区和东北地区经济增速已经连续四年超过东部地区，但是，中部地区经济总体生产力发展水平还比较低，农村经济基础还比较薄弱。因此，要充分认识到发展中部地区农民福利事业是个渐进的过程，严格地执行农村福利事业与农村经济水平相适应这一原则。

三、权利与义务相统一

马克思的著作中有一句广为流传的法律格言："没有无义务的权利，也没有无权利的义务。"权利和义务是相辅相成、互相对应的两个概念，共同构成法律存在的主要内容。权利就是指主体所享受的正当利益，这种利益是由法律认可和保障的，以作为或不作为的方式来实现。权利代表着对更多利益的法律认可，受到社会主体的广泛追逐。而义务是对保障主体获取利益的一种约束，以相对受动的作为或不作为的方式来实现。义务作为与权利相对应的一种付出，成为人们躲避的对象。

在我国农村社会福利法律制度中，国家、社会和个人都既是享有权利的主体，也是履行义务的对象。社会福利的社会性并不意味着权利与义务相分离，我国农村社会福利制度会因任何没有权利的义务或没有义务的权利而偏离良性平衡，并难以保持良性运作。因此，在构建我国农村社会福利制度时，必须遵循"权利与义务相统一"这一原则，确保在国家主要承担农村社会福利制度的建设和完善的同时，社会和个人不能仅享有权利而不履行义务。具体来讲，一方面，国家为农村社会福利体系的建立提供法律依据和主体框架，并提供基础资金保障；另一方面，农民须及时申报并严格遵循相关法律法规，主动承担福利资金的补充义务。同时，社会群体和单位所应承担的社会福利责任也不能免除，要配合国家制度建设的进行，不得损害农村社会福利制度所保护的权利及利益。

四、公平优先、兼顾效率

从法律的价值原则来看，公平是民法价值原则的主要体现，效率是商法价值的主要体现。那么我国农村社会福利制度的立法应以何种价值为原则？我国农村社会福利制度的目的在于实现农村社会的公平正义，旨在使大多数农民平等享有社会发展所带来的福利的权利得到保障。因此，农村社会福利制度集中体现的是社会主体间的生存和福利权利的公平分配，而绝非主体间的一种施舍。这种公平是一种权利与机遇的趋于均等，包含两个内涵：投入公平和结果公平。具体而言，以投入公平为手段，以结果公平为目标，在只追求相对均衡的利益配置的过程中，将社会资源重新调配，使二次分配过程能将贫富分化下产生的权利极差缩小。

我们虽然提倡公平优先的原则，但是也需要坚持兼顾效率原则。所谓公平优先，是说当农村福利事业的发展中遇到公平与效率的冲突时，优先考虑公平的一种原则；但公平并没有脱离效率，它是农村社会福利法律制度的精魂所在。在保证农村福利事业公平性的基础上，兼顾效率的原则可以提高资金的使用效率，节约资源，实现社会资源的优化配置；可以使农村福利制度科学高效地运行，完全发挥农村社会福利事业应有的作用。

五、普遍性与特殊性相结合

普遍性原则是指农村社会福利政策的制定应以最广大的农村社会成员为对象，以保障其广泛意义上的社会福利的享有为内容，以制定普遍适用的法律规范为目标。也就是说，不能因为农民的收入水平、身体状况等因素给予不同的甚至差别悬殊的福利待遇。这是因为新型的农村福利制度以提升全体农民福利水平为发展思路，而不是以往的济贫扶弱的传统社会福利理念。因此，在制定农村社会福利政策、制度时，必须坚持普遍性原则。坚持这一原则可以有效地改善中部地区农村社会福利水平低、覆盖面窄、区域发展不平衡等问题，保证农民平等享有社会福利的权利。

在秉持大范围内的普遍性原则的同时，还要以时间、地点、条件为转移来坚持特殊性原则。特殊性原则是指对处于不同状况下的农民采取差别的政策和安排。我国中部地区农村地域发展十分不平衡，各地区农村聚居地之间形成了鲜明的对比，如皖赣地区的宗族村庄和晋豫地区的小亲族散户，皖赣地区上万人聚居的村落和湘鄂地区的零星几户居住的湾子，鄱阳湖、洞庭湖畔的鱼米水乡与吕梁、太行山区的窑洞堡寨；同时，农民在收入水平、价值观念、生活方式、自身状况等方面都存在差异，对社会福利的需求也具有差异性。因此，国家和社会除了提供基本的、普遍性的农村福利服务之外，还必须注意特殊性原则，采取因地、因人制宜的社会福利建设方式，以提高每一位农民的福利水平。

第三节　提高中部地区农民福利水平的具体对策

本书第四章就当前中部地区农民福利发展存在的问题进行了客观、详细的分析，通过分析可见，目前中部地区农村福利事业的发展还存在许多问题。对这些问题进行归纳分类，发现主要有以下几类：农村福利事业的法律体系问题、资金问题、福利制度的建设问题和监督与管理问题。这些问题严重阻碍了中部地区农村福利事业的稳定、快速发展，亟须解决。因此，本节针对这几类问题提出具有针对性和建设性的政策建议。

一、建立健全相关的法律体系

随着全球经济一体化进程的加快和我国经济的发展，社会福利制度化已成为时代的要求，也是我国社会文明发展进步的重要标志之一，而社会福利制度化的一项基本要求即用法律规范社会福利的供给与需求。因此，建立健全社会福利法律体系是推进我国社会文明进步的基本要求，也是促进我国社会福利事业继续向前发展的必然选择。随着我国农村经济的发展，现有的社会福利法律体系很难适应我国农村福利事业发展的需要；建立健全农村社会福利法律体系，将农村社会福利法制建设系统化、专门化，将有利于农民福利水平的提高，是我国社会福利实现社会化、制度化并健康发展的基本条件，有利于农村经济的平稳有序发展。

从国家层面来看，我国的社会福利立法特别是农村社会福利立法工作虽然已经取得了一定的成绩，但基本尚未形成体系，已有的法律也比较笼统并缺乏相应的细化单行法规。因此，对现有的法律、法规、政策、意见进行修改，制定新的社会福利法是我国社会福利事业的当务之急。我国社会福利立法主要有两种模式：一是依照《中华人民共和国残疾人保障法》的方式颁布多部并行的福利法；二是在制定新的综合性的《中华人民共和国社会福利法》的基础上，分别制定相关的适用于各主要福利项目的配套性法律法规。

从中部地区来看，必须制定一系列适应实际情况的地方性社会福利法律法规，作为规范农民福利建设的有效补充，以使农民社会福利规范发展，建立起适应于经济、社会发展的具有现代意义的农村社会福利体系。具体而言，有以下几方面内容：首先，制定各省的社会福利条例和社会福利促进条例等，依法调整社会福利关系；其次，根据社会福利发展需要，根据各省情况，依法制定养老保险、农村合作医疗、社会救济等工作办法；再次，为促进各地社会福利工作的更好开展，根据各地区之间经济发展和社会结构等方面不平衡的特点，立足各地实际情况，在全国性法律、法规原则的指导下，制定地方性法规或章程，尤其要注重社会保险方面法规、章程的制定。

二、建立良好的政策环境

在社会各建设领域，“公共机构（政府）、志愿机构（私人非营利性机构）与商业机构（私人营利性机构）是人类服务的三大输送机构”。因此，协调这三大机构的建设力量，有效利用整个社会的建设资源，对于农村社会福利将会产生重要的保障作用。但由于市场经济的运行排斥具有公益性的农村社会福利制度，要促进农村社会福利事业的进一步发展，就要建立有利于发展的政策环境。

这需要政府出台相关的扶持、激励政策，现有的一些政策较偏重于老年人协会、青年志愿者、妇女组织等社会团体建设，政府还应制定激励政策以刺激所有从事社会福利服务机构的发展，通过激励政策能够有效地调动社会力量参与农村福利建设，从而促进农村社会福利事业的全面、均衡、健康发展。

（一）制定相应的税收优惠政策

税收优惠政策就是当投资主体对农村福利事业投入建设资金时可以获取相应标准的税收减免的一种政策。它对于广大商业主体开展福利行为具有积极的指导意义，也是企业主体投资于农村福利事业的主要动力。而且，我们要依据投资主体和投资行为的不同制定相应的税收优惠政策。具体而言，对于进行农村社会福利建设的企业和非营利性组织，可以适度降低税率或彻底免除相关税种，以引导企业投资方向；对于进行福利捐助的主体，除了给予相应的减免税资格，还可以适度减免其应缴纳的其他税种；此外，还可以仿效美国联邦法律的规定，对捐赠数额达到一定标准的个人，可以允许其以相关数额抵扣个人所得税。以上税收优惠政策，可以有效地带动社会力量投资于农村社会福利建设的积极性。

（二）对社会福利经营组织进行适当的补贴

众所周知，商业主体以营利为目的，其经营原则就是利益最大化，而福利事业是非营利性的，让商业主体通过市场机制主动介入农村社会福利建设几乎是违背其经营理念的。因此，应该对相关的福利建设主体给予经济补贴，平衡其利益得失。

（三）让渡其他相关利益

为了有效吸引社会主体对农村社会福利建设的投入，政府可以让渡一些与福利相关的其他利益。与福利相关的其他利益，是指在进行农村福利项目建设的过程中，投资主体可以配套享有的其他营利性项目的利益。例如，在进行农村医院项目建设时，可以赋予取得医院建设这一福利项目的主体对医院周边商业活动的排他性经营权。让渡其他相关利益这一激励措施会极大地吸引社会主体的投建注意力，通过获取相关利益来平衡因福利项目建设而可能出现的企业经营性亏损，甚至可以使其获得更高的经营利润。

（四）引入 BOT 模式

BOT 是 Build（建设）—Operate（经营）—Transfer（转让）过程的缩写，就是政府与相关企业签订农村福利建设契约，企业出资完成农村福利项目的建设后，将获得一定期限的特许经营权，并且在该期限届满时无偿转移该项设施所有权利给政府的一种模式。这种激励方式有以下优点：第一，减轻政府在农村社会福利设施建设方面的资金负担；第二，激发社会主体获取特许经营权，独享福利设施所带来的巨大利润；第三，有效避免原有的公助民办方式下所产生的社会主体建设后劲不足的情况。

以上是四种激励投资主体投资农村福利事业的政策，但是仅仅依靠激励这一非强制性方式来全面保障农村社会福利建设的顺利进行是完全不够的，促进农村社会福利事业健康发展的政策环境不仅要有激励措施，还要有问责机制，要从正反两个方面营造促进农村社会福利健康发展的政策环境。这具体包括两个方面。一方面，政府要合理规范企业的强制性义务，主要包括企业依法开展业务并及时纳税的义务、对周边环境加以保护的义务、保障劳动者合法权益的义务、保障其产品或服务质量的义务等。对企业强制性义务的合理规范，可以促使企业积极承担农村社会福利事业，有利于监督其不负责任的经营行为并追究责任。当然，强制性义务条款的建立应当宽严适度，使其既可起到有效规范的作用，又不能因赋予企业过多的义务而束缚其发展。另一方面，要制定严格的资格认证制度。建立严格的资格认证制度可以有效地确保农村福利建设主体的运营水平与建设水平，同时还可以对相关组织、团体的税收优惠申报进行认证，避免部分企业打着福利建设与捐助旗号而偷逃税款。

三、扩大福利资金来源

资金短缺是困扰中部地区农村社会福利发展的关键问题之一，长久以来，中部地区农村社会福利资金的来源往往是依靠政府少量的拨款，资金来源过于单一、狭窄，资金积累严重不足。中部地区农村福利事业的发展应向扩充福利资金来源的方向努力。对此，可从以下几种渠道入手。

首先，积极加大政府性投入。

长期以来，我国农村社会福利资金主要来自社会福利总体建设资金中城市范围内的少量结余，明确的农村社会福利资金规划使得我国农村福利建设长期缺少资金。对此，中部地区一方面要积极争取建议中央财政划拨，另一方面各省要将农村社会福利支出列入当地财政预算或国民经济建设规划，明确每期用于农村地区福利建设的资金额度，并设立专门账户，实行专款专用、专人管理，保证资金的使用方向和使用效率。

其次，将部分营利性服务引入非营利项目。

虽然农村社会福利建设项目的根本宗旨是非营利性，但是随着社会经济文化的发展，完全的非营利性已经不能满足农村社会福利事业发展的需要，特别是资金投入的需要。因此，可以在农村社会福利的非营利性项目中引入部分营利性服务。具体而言，就是在基础福利之上建立一些提升性的项目设施，农民可自由选择，并享受较为优惠的价格。例如，在农村老年人休闲活动中心的建设中，除基本服务内容外，可以为有一定经济基础的农民提供一些付费服务项目的选择。

最后，运用个人、社会、政府三方共同参与的资金筹集方式。

在农村社会福利建设中，对于一些具有较高福利层级的项目，可以采取农村个体缴纳部分福利款项，社会和政府按照比例提供补贴和支持的方式筹集资金。这不仅可以拓宽融资渠道，还可以使农民达到以付出较少的资金来获得更高的福利水平的目的。目前，我国新型农村医疗保险和养老保险制度采用的就是这种筹资方式，而且新型农村医疗保险制度已经在全国普遍实行，取得了很好的效果。其他农村福利项目也可以参照这种方式筹集资金，以便加强社会各主体对于社会福利建设的责任感；同时，这还有利于形成良性的福利共担模式，避免由政府全额出资所产生的福利危机或福利水平低下等问题。

除以上三种扩大福利资金来源的方法外，政府还可以设立开放式的农村社会福利基金，开放性地吸收政府的财政提取或其他主体的捐赠；还可以设立建设债券和营利性投资基金，最大限度地调动民间团体、个体参与的积极性，通过基金的商业化运营积累农村福利资金；另外，还可以发行农村社会福利彩票，最大限度地吸纳社会零散资金来建设我国农村社会福利事业。

四、重点加强农村基础建设和服务建设

农村基础建设的主要内容为工程建设，通过硬件的提升来保障农民的福利待遇。农村服务建设是在基础建设之上，从更高层面实现对农村地区民众生活水平的提升。把握好农村基础建设和服务建设，就抓住了农民福利发展的基础和重点。

就农村基础建设而言，包含生活基础建设与生产基础建设两个方面。在生活基础建设上，政府应该在原有的“村村通”等工程的基础上，尽快推进道路桥梁建设的进程；加强农民在住房、饮水、沼气等生活必备方面的建设力度，提高农民的生活质量；大力推进农村地区文体教育基础设施建设，提高农民的文化素养，以解决由于农民文化水平不高而引起的农民工就业等问题；保障农村电力通信基础设施完备，保障农民与外界交流的通畅，促进城乡之间文化信息的互通；同时，政府还应通过建立公益生态林等方式，避免城市扩张过程中可能出现的农村生态环境恶化，保障农村生态环境的可持续发展。在生产基础建设上，国家应对农田基本水利设施进行建设与管理，加强抵御自然风险的能力，确保旱季可灌溉、涝季可排水；提高农业科技含量，辅助农村地区推进优质粮食产业工程，增强农民保收增收的能力。

就农村服务建设而言，应着重提升中部农村地区医疗卫生服务建设水平，彻底解决长期困扰农民的看病贵、看病难问题；加大对农村地区文化教育服务的投入力度，包括特殊教育服务建设、职业教育服务建设和科技下乡中的农业

科技服务建设，改变公共教育资源对农村地区分配不公平的现象，保证农民可以接受教育，并由此摆脱贫困与落后的生活状态；不断推进农村地区就业服务系统的建设，通过对农民进行就业前辅导，了解农民的就业思想，帮助其选择适当的培训科目，扶助其顺利走入合适的工作岗位。同时，农村生产、生活安全的服务建设还有待加强，政府要制定相关的生产安全制度，鼓励农村专业合作化的发展道路，加强农村地区的治安环境监察力度。另外，农村特殊群体的服务要求也应引起政府的继续关注，有关部门应该有针对性地开展特殊群体的社会福利服务工作，从多方面提升农村特殊群体的社会福利水平。

五、加强监管力度

为了有效调动起社会成员对农村社会福利建设的热情，充分发挥各种建设资源的效用，有力推进农村社会福利事业的健康发展，应该加强对农村社会福利事业的监管力度。对此，可以从建立统一的管理与监督机构、建立全面的监督体系两方面入手。

（一）建立统一的管理与监督机构

现在农村的社会福利工作虽然主要由民政部门负责，但是还涉及财政部门、劳动部门、教育部门、卫生部门等政府管理部门以及妇联、残联等社会群众团体。每个管理部门都有独立的运行机制和管理机构，各部门分别管理、各行其是、缺乏统一性，出现矛盾就难以协调。因此，应该建立统一的福利专门机构管理与监督农村社会福利工作。比如，赋予民政部门最高协调权威，除农村教育事业因与教育界的关系不可分割而仍宜由教育部门管理外，民政部门应统一管理全国农村社会福利事业并承担主要责任。

（二）建立全面的监督体系

政府是建设我国农村社会福利的主体，也是督促农村社会福利的主体。因此，应当建立全面的农村社会福利监督体系，以国家强制力保障农村社会福利建设的顺利进行。全面的监督体系除了包括农村福利项目建设的事前评审、事中评议、事后考核，还包含投资建设全程的跟踪审计。

事前评审是指在农村福利项目计划建设之初，对于该项目进行可行性分析，淘汰不符合要求的项目，避免因错误思想而导致资金和人力的无益损耗。事中评议是指对在建项目进行分析评价，得出该项目的进程水平、建设质量以及与既定目标的偏离度等，及时发现、解决问题。在事后考核上，不仅要对所建项目的经济效益进行考核，还要将社会效益以及经济效益均纳入考核范畴之内。此外，为了有效督促福利项目建设主体依法循章而行、避免重大事故发生，还要对程序的合法性和有效性进行考核。对农村社会福利投资建设的跟踪审计，就是要通过有力的审计报告发现相关项目建设的问题，从根本上揭示我国农村社会福利制度构建所存在的不足，披露在资金运作过程中可能出现的风险。

除上面的监督体系外，还要确保新闻媒体对于农村社会福利制度建设的监督作用，保障其独立的采访和报道权利，激励越来越多的新闻媒体及时发现和曝光农村社会福利建设中出现的问题。同时，要充分听取农民群众的意愿，建立农村居民对农村福利制度建设的诉愿表达机制，保障广大农民的合理福利需求。

对于涉及群众重要利益的项目，要充分听取农民的意见和建议，通过事前听证、事后公示的方式，保证建设过程的透明化。最后，政府要加强法律对农村社会福利建设的督促与保障作用。法律虽然是最激烈的督促手段，但也是最有效的底线，是农村社会福利建设不可或缺的。如果缺少法律责任作为后盾，任何形式的督促方式都会显得苍白无力。为此，农村社会福利的监督机制应包括法律责任，强化法律对农村社会福利建设的最终督促与保障作用。

第七章　结　论

第一节　全书总结

福利是人们的一种满足感，这种心理反应源自人们对生活、工作以及所处环境的一种满意程度。因此，收入、财富、社会保障、居住环境、工作环境、自身价值、政治权利等物质或精神层面的指标都可以纳入衡量福利状况的范畴。

我国学术界对农民这个概念最常用的方法就是从职业的角度来界定，认为农民就是“从事农业生产的劳动者”。但是，这条标准与我国户籍管理体制中有关“具有农村户口的居民（不管他从事何种职业）就是农民”的规定存在一定的相悖。在中国城市化进程不断加快、农民工和失地农民规模越来越大的现阶段，有必要从福利研究的最本质要求出发，对农民进行重新界定。本书中的“农民”是指户口在农村的从事过或者正在从事农业生产的农村人，既包含从事农业生产的农民，也包含在外务工的农民工和失地农民。

农民福利问题是中国现阶段具有战略意义的问题，农民福利的改进是广大农民享受改革开放成果的直接体现，也是实现“先富”到“共富”的现实体现。农民福利就其内涵来说应该包含两个组成部分：一是社会福利，主要是指国家和社会为改善并不断提高农民的物质文化生活水平而采取的各种具有经济福利性的社会政策措施的总称，从其项目来看，应当包括社会保险和社会救助、医疗、教育、住房、就业和基础设施建设六项；二是个人福利，是指与社会福利相对应的福利，即每一公民根据自己的实际情况而能享受到的福利项目，它具有特殊性，每一社会成员能够享受到的个人福利项目或者个人福利水平不尽相同，主要受到个人或家庭的收入水平、住房条件等因素的影响。因此，在考察我国中部农民的个人福利水平的时候，主要从农民的家庭人均纯收入、人均住房面积、家庭农业机械数量、农民文化水平四个方面进行研究。国内学者研究农民社会福利的居多，也有部分学者对农民的个人福利进行了研究，本书将两者结合起来，旨在全面系统地对农民的福利水平进行测度，并就农民福利状况作出客观评价。

中国农民福利发展存在资金投入不足、覆盖面狭窄、建设主体不健全、管理不到位等整体性问题，作为中国的主要农产区，中部地区的这些问题也很突出。除上述问题以外，中部六省在养老保险、医疗保险、社会救助、教育、住房、就业保障、基础设施建设等农民福利建设方面都存在自身性问题。

本书通过对中部六省进行典型样本问卷调研获取数据，利用模糊数学的方法进行实证分析并得出结论：中部地区农民在自然环境、社会环境和身心健康方面的福利状况都处于较好的水平，在居住条件、社会保险和发展空间方面则处在较差的福利状态，而经济状况方面的福利状态也处在中等偏下的水平。总体来说，中部地区农村居民的总体福利水平偏低。另外，组成农民福利的七个功能的模糊评价大小依次是：自然环境、社会环境、身心健康、经济状况、居住条件、发展空间和社会保险。就中部六省比较分析，六省农民的总福利水平按照从低到高排列依次是：山西省、安徽省、湖北省、湖南省、江西省、河南省。如果要将六省农民福利水平分层次考察，则可以将湖南、江西、河南三省视为第一档次，安徽、湖北两省为第二档次，山西则为最低档次。

基于中部地区农民福利建设存在的问题，本书的政策取向是：确立中部地区农民福利增进的基本目标是在社会保险与社会救助、医疗、教育、住房、就业和基础设施建设等方面给农民提供基本的保障，在家庭人均收入、人均住房面积、家庭农业机械数量、农民文化水平等方面确保农民达到基本水准；最高目标是在已经实现基本目标的基础上，进一步缩小直至消除城乡差距和区域差距，有效地实现城乡居民的社会福利平等化；农村福利事业发展应该遵循保障农民人权，与经济发展水平相适应，权利与义务相统一，公平优先、兼顾效率，普遍性与特殊性相结合的原则；建立健全农村社会福利法律体系，建立促进农村福利事业健康发展的政策环境，采用多种措施扩大福利资金来源，以农村基础建设和服务建设为主战场，加强对农村社会福利事业的监管力度。

第二节　研究展望

本书在研究中虽然将农民社会福利与个人福利结合起来对农民总福利作出评价，但仍有遗漏，如农民参政议政的权利、农村生活环境、发展空间、心理状况等，这些方面虽然在现阶段对农民生活满意度的影响不大，但随着整个社会民主进程的加快以及生活水平的提高，其影响越来越不容忽视。对于上述问题，可以在今后加以研究，作为本书的有益补充。

本书将农民工、失地农民纳入研究范围，但是针对这两类特殊的农民群体，研究的内容还不够全面，研究的深度也还不够，这些都可以作为将来继续研究的课题。

另外，本书在政策取向部分，对中部六省改进农民福利的政策建议的针对性还不是很强，未来要结合各省的现状进行研究，设计出更加个性化的建议和措施。

本书通过对中部地区进行研究，找出农民福利建设的问题，提出相应的政策建议，未来可以拓展研究视野，对西部、东部地区进行研究，也可以通过地区间的比较研究找出差距，提出改进落后地区农民福利的建议。

参考文献

一、中文著作类

［1］毕天云．福利社会场域的惯习［M］．北京：中国社会科学出版社，2004.

［2］曹立前．社会救助与社会福利［M］．青岛：青岛海洋大学出版社，2006.

［3］陈红霞．社会福利思想［M］．北京：社会科学文献出版社，2002.

［4］陈良瑾．社会救助与社会福利［M］．北京：中国劳动社会保障出版社，2009.

［5］陈银娥．现代社会的福利制度［M］．北京：经济科学出版社，2000.

［6］陈银娥．社会福利［M］．2 版．北京：中国人民大学出版社，2009.

［7］高鉴国，黄智雄．社会福利研究［M］．第 1 辑．北京：中国社会出版社，2009.

［8］高鉴国，黄智雄．社会福利研究［M］．第 2 辑．北京：中国社会出版社，2010.

［9］韩克庆．转型期中国社会福利研究［M］．北京：中国人民大学出版社，2011.

［10］景天魁，等．基础整合的社会保障体系［M］．北京：华夏出版社，2001.

［11］景天魁，等．福利社会学［M］．北京：北京师范大学出版社，2010.

［12］彭华民．社会福利与需要满足［M］．北京：社会科学文献出版社，2007.

［13］彭华民．西方社会福利理论前沿：论国家、社会、体制与政策［M］．北京：中国社会出版社，2009.

［14］钱宁，等．现代社会福利思想［M］．北京：高等教育出版社，2006.

［15］王齐彦．中国新时期社会福利发展研究［M］．北京：人民出版社，2011.

［16］王三秀．农民福利可持续发展与政府治理创新［M］．长春：吉林大学出版社，2011.

［17］吴桂英，等．新型社会福利体系研究［M］．北京：中国社会出版社，2007.

［18］易松国．社会福利社会化的理论与实践［M］．北京：中国社会科学出版社，2006.

［19］钟仁耀．社会救助与社会福利［M］．2 版．上海：上海财经大学出版社，2009.

［20］周沛．社会福利体系研究［M］．北京：中国劳动社会保障出版社，2007.

［21］陈银娥．新古典主义的开拓者——马歇尔［M］．南昌：江西人民出版社，2008.

［22］（印）阿马蒂亚·森．集体选择与社会福利［M］．胡的的，胡毓达，译．上海：上海

科学技术出版社，2004.
[23]（英）庇古．福利经济学［M］．金镝，译．北京：华夏出版社，2007.
[24]（英）蒂特马斯．社会政策10讲［M］．江绍康，译．北京：商务印书馆，1991.
[25]（丹麦）哥斯塔·埃斯平－安德森．福利资本主义的三个世界［M］．杨刚，译．北京：商务印书馆出版社，2010.
[26]（澳）黄有光．经济与快乐［M］．大连：东北财经大学出版社，2000.
[27]（英）李特尔．福利经济学评述［M］．陈彪如，译．北京：商务印书馆，1965.
[28]（意）帕累托．十定律［M］．高永，译．珠海：珠海出版社，2011.
[29]（美）萨缪尔森．经济分析基础［M］．何耀，译．大连：东北财经大学出版社，2006.
[30]（英）希克斯，托马斯·亚诺斯基，亚历山大．福利国家的比较政治经济学［M］．姜辉，译．重庆：重庆出版社，2003.
[31] 赵春玲．福利制度比较与我国社会保障的梯次推进［M］．北京：中国商务出版社，2008.

二、中文期刊类

[1] 毕天云．现代社会学时期的社会福利理论［J］．经济问题探索，2004（4）.
[2] 陈立周．当代西方社会福利理论的演变及其本质——兼论对中国社会福利实践的启示［J］．辽宁大学学报，2011（2）.
[3] 陈太明，逄博，张彦波．中国通货膨胀对社会福利影响的实证分析［J］．财经问题研究，2008（8）.
[4] 陈银娥，杨艳琳．西方反福利思潮［J］．世界经济，1997（1）.
[5] 陈银娥．西方福利经济理论的发展演变［J］．华中师范大学学报（人文社会科学版），2000（4）.
[6] 陈银娥．浅析西方国家福利经济制度的改革［J］．华中师范大学学报（人文社会科学版），2002（2）.
[7] 陈银娥．“福利国家”福利经济制度改革趋势探析［J］．中国人民大学学报，2002（6）.
[8] 陈银娥．经济全球化与福利经济制度改革［J］．理论月刊，2006（8）.
[9] 陈银娥．中国转型期的城市贫困与社会福利制度改革［J］．经济评论，2008（1）.
[10] 丁东红．论福利国家理论的渊源与发展［J］．中共中央党校学报，2011（2）.
[11] 邓文慧．基于消费者和生产者剩余福利分析的农民补贴方式研究［J］．农业经济，2011（8）.
[12] 樊继达．发展型社会福利体系建设：对中国式财政的挑战及应对［J］．中央财经大

学学报，2011（9）.
［13］方福前，吕文慧．中国城镇居民福利水平影响因素分析——基于阿马蒂亚·森的能力方法和结构方程模型［J］．管理世界，2009（4）.
［14］方巍．中国社会福利的新发展主义走向［J］．社会科学，2011（1）.
［15］谷继建．农民均衡分享经济发展成果的福利经济学解析［J］．金融与经济，2008（12）.
［16］韩克庆．社会安全网：中国的社会分层与社会福利建设［J］．社会科学研究，2008（5）.
［17］韩央迪．农民福利主体的结构转型与福利治理可能［J］．中国农业大学学报（社会科学版），2011（4）.
［18］景天魁，毕天云．从小福利迈向大福利：中国特色福利制度的新阶段［J］．理论前沿，2009（11）.
［19］李春林．公共物品与西方社会福利函数理论的困境解析［J］．生产力研究，2007（23）.
［20］李懿．福利经济学的基础理论和近年的演变［J］．经济研究，1987（4）.
［21］林晨．中部地区农民参加农村新型合作医疗的影响因素分析——山西省寿阳县的调查［J］．农业经济问题，2007（1）.
［22］林乐芬，葛杨．基于福利经济学视角的失地农民补偿问题研究［J］．经济学家，2010（1）.
［23］刘崇献．人民币升值对我国社会福利水平的影响［J］．生产力研究，2011（2）.
［24］刘继同．由集体福利到市场福利——转型时期中国农民福利政策模式研究［J］．中国农村观察，2002（5）.
［25］刘继同．个人主义与集体主义之争：欧美社会福利理论的主要流派和核心议题［J］．欧洲研究，2004（1）.
［26］刘继同，冯喜良．转型期多元福利实践与整体性福利理论框架［J］．北京大学学报（哲学社会科学版），2005（3）.
［27］刘钧．西方福利经济学发展浅探［J］．中央财经大学学报，2001（3）.
［28］卢厚明，王志春．对西方社会福利制度的几点认识［J］．经济纵横，1989（4）.
［29］陆元兵．中部地区农民养老问题的思考［J］．中国产业，2011（6）.
［30］潘屹．西方普遍主义福利思想与福利模式简析［J］．福建论坛（人文社会科学版），2011（10）.
［31］彭代彦，赖谦进．农村基础设施建设的福利影响［J］．管理世界，2008（3）.

[32] 彭华民．福利三角：一个社会政策分析的范式［J］．社会学研究，2006（4）．
[33] 彭华民．论需要为本的中国社会福利转型的目标定位［J］．南开学报（哲学社会科学版），2010（4）．
[34] 十国社会保障改革课题组．美国社会福利的宏观分析［J］．经济学动态，1994（5）．
[35] 孙荣，辛方坤．财政支出规模、结构与社会福利的动态均衡研究［J］．经济问题探索，2011（8）．
[36] 田北海．社会福利概念辨析——兼论社会福利与社会保障的关系［J］．学术界，2008（2）．
[37] 王东杰．中国经济周期的社会福利成本［J］．生产力研究，2007（22）．
[38] 王怀勇．中国农村社会福利保障体制的形成与变迁［J］．社会科学研究，2009（4）．
[39] 王思斌．我国适度普惠型社会福利制度的建构［J］．北京大学学报（哲学社会科学版），2009（3）．
[40] 汪旭晖．农村消费品流通渠道对农民福利的影响——基于消费品市场购买便利性与安全性视角的分析［J］．农业经济问题，2010（11）．
[41] 吴罗发．中部地区农民社会养老保险参与意愿分析——以江西省为例［J］．农业经济问题，2008（4）．
[42] 吴默然．新旧福利经济学对我国目前的启示［J］．生产力研究，2009（6）．
[43] 向维国，唐光明．GDP 与社会福利水平的衡量［J］．财经科学，2004（1）．
[44] 徐道稳．农村社会福利的制度转型和政策选择［J］．广东社会科学，2006（4）．
[45] 薛清超．我国通货膨胀带来社会福利损失的计量研究［J］．统计与决策，2009（3）．
[46] 严成樑、龚六堂．我国税收的经济增长效应与社会福利损失分析［J］．经济科学，2010（2）．
[47] 严全治，马艳红．中部六省农村基础教育财政发展实证分析［J］．安徽农业科学，2008（6）．
[48] 杨伟民．论社会福利与国家福利的关系［J］．中国人民大学学报，2008（1）．
[49] 杨以文，郑江淮．医疗服务供给、价格水平与社会福利增进——基于中国 1992～2008 年经验数据分析［J］．经济与管理研究，2011（6）．
[50] 尹奇，马璐璐，王庆日．基于森的功能和能力福利理论的失地农民福利水平评价［J］．中国土地科学，2010（7）．
[51] 余桔云．江西省新型农村养老保险有效缴费水平的测算［J］．经济问题探索，2011（1）．
[52] 张玉柯．美国社会福利制度及其改革趋势［J］．世界经济，1998（2）．

[53] 张蕴岭. 北欧社会福利体制的特征及对中国的启示 [J]. 世界经济与政治，1991 (10).

[54] 郑秉文. 经济理论中的福利国家 [J]. 中国社会科学，2003 (1).

[55] 郑功成. 从福利教育走向混合型的多元教育体系——中国的教育福利与人力资本投资 [J]. 清华大学教育研究，2004 (5).

[56] 郑功成. 中国社会福利改革与发展战略：从照顾弱者到普惠全民 [J]. 中国人民大学学报，2011 (2).

[57] 周建良，周小刚. 中部地区农民增收影响因素的模型与实证分析——以江西省为例 [J]. 安徽农业科学，2010 (26).

[58] 周沛. 农村居住集中化过程中农民住房保障与福利研究 [J]. 社会科学研究，2007 (4).

[59] 周兴，王芳. 中国城乡居民的收入流动、收入差距与社会福利 [J]. 管理世界，2010 (5).

[60] 周正，周方召，周旭亮. 非营利组织"三次分配"的社会福利效应——兼论政府对非营利组织的财政激励规制 [J]. 经济管理，2010 (11).

[61] 周志凯. 对我国农村社会福利事业的思考 [J]. 生产力研究，2006 (6).

[62] 朱晶，洪伟. 贸易开放对我国工农产品贸易条件及农民福利的影响 [J]. 农业经济问题，2007 (12).

[63] 左鹏. 村庄经济与村民福利——一个中部村庄社区福利制度的实证研究 [J]. 北京科技大学学报，2003 (3).

三、英文书刊类

[1] Abrahamson, P, *Welfare Pluralism in L. Hantrais etal* (*eds*) *Mixed Economy of Welfare*, Cross – National Research Paper 6. Loughborough: Loughborough University, 1992.

[2] Allan, James, P, Scruggs, Lyle, *Three Worlds Divided or Convergent? Comparing European Welfare States in the Late* 1990*s*, a Paper Prepared for Delivery at the Twelfth International Conference of Europeanists, Palmer House Hilton, Chicago, Illinois, 2000.

[3] Allan, James, P, Scruggs, Lyle, A, *Still Three Worlds of Welfare Capitalism? Comparing Welfare Regime Change in Advanced Industrial Societies*, A Paper Prepared for Delivery at the 59th Annual Meeting of the Midwest, Palmer House Hilton, Chicago, Illinois, 2001.

[4] Allan, James, P, *Partisan Politics and Welfare State Outcomes: A Comparative Study of Eighteen Advanced Industrial democracies*, 1979—1997, Keele European Parties Research Unit, (KEPRU), Working Paper 12, Keele University, 2002.

[5] Castles, F, Mitchell, D, *Three worlds of welfare capitalism or four?* In: F. Castles (ed) Families of Nations. Brookfield, Vt.: Dartmouth, 1993.

[6] Castles, F, *Comparative Public Policy*, Cheltenham: Edward Elgar, 1998.

[7] Davis, Peter, R, *Rethinking the Welfare Regime Approach*, in Bob Deacon (eds): Global Social Policy, London, Journal of University of Sheffield, Vol. 1 (1), Sage Publications, 2001.

[8] Esping – Andersen, G, *Social Foundations of Postindustrial Economies*, Oxford: Oxford University Press, 1999.

[9] Furniss, N, Tilton, T, *The Case for the Welfare State*, Bloomington: Indiana University Press, 1977.

[10] Greve, Bent, *Labour Market Issues in the European Community*, Jean Monnet Center of Excellence, Research Paper no. 7/01, Roskilde University, Denmark, 2001.

[11] Guillen, A – M, Alvarez, S, *Globalization and the Southern Welfare States*, in R, Sykes et al (eds) Globalization and European Welfare States, Basingstoke: Palgrave, 2001.

[12] Holliday, I, *Productivist welfare capitalism: social policy in East Asia*, Political Studies, 2000.

[13] Kosonen, P, *Globalization and the Nordic welfare states in R*, Sykes et al (eds) Globalization and European Welfare States, Basingstoke: Palgrave, 2001.

[14] Mishra, R, *Society and Social Policy*, Basingstoke: Macmillan, 1981.

[15] Mishra, R, *Globalization and the Welfare State*, Edward Elgar, 1999.

[16] Obinger, H, Wagschal, U, *Families of nations and public policy*, West European Politics, 2001.

[17] Powell, M, Barrientos, A, *ALMP and Welfare regimes*, Paper presented to ESF conference, Helsinki, 2001.

[18] Powell, M Barrientos, A, *Theory and Method in the Welfare Modelling Business*, Paper presented to COST A15 Conference, Oslo, 2002.

[19] Room, G, *Commodification and Decommodification: A Developmental Critique*, Institute for International Policy Analysis, Discussion Paper, University of Bath, 1999.

[20] Titmuss, R, *Social Policy*, London: Allen and Unwin, 1974.

[21] Wilensky, Harold L, Lebeaux, Charles, N, *Industrial Society and Social Welfare: The impact of industrialization on the supply and organization of social welfare services in the United States*, New York: Russell Sage Foundation, 1958.

后 记

时光荏苒，岁月如梭。本书进展到此处，意味着我在中南财经政法大学攻读博士学位的日子即将画上句号。回想这段铭刻我心的时光，感慨万千，走到今天，太多的人帮助、陪伴过我，对此，除了感谢，还是感谢！

最想感谢的是多年来对我谆谆教诲的恩师陈银娥教授。在学业上，陈老师以扎实的理论功底和渊博的知识对我进行耐心的指导，尤其是在博士论文写作过程中，从选题到开题到初稿，最后到定稿，陈老师在每个阶段都对我进行了精心启发、睿智点拨、细心讲解、严格把关。短短几年的指导，在撰写论文、做好学问方面，让我有许多茅塞顿开的感悟和惊喜。读博期间，陈老师高尚的情操和境界也深刻地感染和教育了我。学术方面，陈老师治学严谨，要求严格；在学生成长、进步过程中，陈老师又充满关爱、呵护、耐心、细致和宽容。茫茫学海，能师从这样的教授，实属荣幸之至。

中南财经政法大学的邹进文教授和罗良文教授是我的导师组成员，在我选题和开题过程中都对我进行过细心的指导，提出了中肯的意见，在此衷心感谢他们。

武汉大学的杨艳琳教授和中南财经政法大学的唐文进教授对我的学习多次提出宝贵的建议，在此深表谢意。

在此期间，同门的师兄、师姐、师弟和师妹们给予了我很多帮助，非常感谢他们。

当然，还要感谢我的爱人和儿子，是家人始终如一的全力支持使我能够克服不少困难，并保持良好和积极的心态，顺利完成学业和本书的写作。

最后，谨对在百忙之中抽出时间参加我论文答辩会的各位教授及对我的论文进行评审的专家表示衷心的谢意。

陈学军

2012 年 5 月 20 日

附录一　2011—2014 年中央一号文件

一、2011 年中央一号文件

中共中央国务院关于加快水利改革发展的决定

水是生命之源、生产之要、生态之基。兴水利、除水害，事关人类生存、经济发展、社会进步，历来是治国安邦的大事。促进经济长期平稳较快发展和社会和谐稳定，夺取全面建设小康社会新胜利，必须下决心加快水利发展，切实增强水利支撑保障能力，实现水资源可持续利用。近年来我国频繁发生的严重水旱灾害，造成重大生命财产损失，暴露出农田水利等基础设施十分薄弱，必须大力加强水利建设。现就加快水利改革发展，作出如下决定。

一、新形势下水利的战略地位

（一）水利面临的新形势。新中国成立以来，特别是改革开放以来，党和国家始终高度重视水利工作，领导人民开展了气壮山河的水利建设，取得了举世瞩目的巨大成就，为经济社会发展、人民安居乐业作出了突出贡献。但必须看到，人多水少、水资源时空分布不均是我国的基本国情水情。洪涝灾害频繁仍然是中华民族的心腹大患，水资源供需矛盾突出仍然是可持续发展的主要瓶颈，农田水利建设滞后仍然是影响农业稳定发展和国家粮食安全的最大硬伤，水利设施薄弱仍然是国家基础设施的明显短板。随着工业化、城镇化深入发展，全球气候变化影响加大，我国水利面临的形势更趋严峻，增强防灾减灾能力要求越来越迫切，强化水资源节约保护工作越来越繁重，加快扭转农业主要“靠天吃饭”局面的任务越来越艰巨。2010 年西南地区发生特大干旱、多数省区市遭受洪涝灾害、部分地方突发严重山洪泥石流，再次警示我们加快水利建设刻不容缓。

（二）新形势下水利的地位和作用。水利是现代农业建设不可或缺的首要条件，是经济社会发展不可替代的基础支撑，是生态环境改善不可分割的保障系统，具有很强的公益性、基础性、战略性。加快水利改革发展，不仅事关农业农村发展，而且事关经济社会发展全局；不仅关系到防洪安全、供水安全、粮食安全，而且关系到经济安全、生态安全、国家安全。要把水利工作摆上党和国家事业发展更加突出的位置，着力加快农田水利建设，推动水利实现跨越式发展。

二、水利改革发展的指导思想、目标任务和基本原则

（三）指导思想。全面贯彻党的十七大和十七届三中、四中、五中全会精神，以邓小平理论和“三个代表”重要思想为指导，深入贯彻落实科学发展观，把水利作为国家基础设施建设的优先领域，把农田水利作为农村基础设施建设的重点任务，把严格水资源管理作为加快转变经济发展方式的战略举措，注重科学治水、依法治水，突出加强薄弱环节建设，大力发展民生水利，不断深化水利改革，加快建设节水型社会，促进水利可持续发展，努力走出一条中国特色水利现代化道路。

（四）目标任务。力争通过 5 年到 10 年努力，从根本上扭转水利建设明显滞后的局面。到 2020 年，基本建成防洪抗旱减灾体系，重点城市和防洪保护区防洪能力明显提高，抗旱能力显著增强，“十二五”期间基本完成重点中小河流（包括大江大河支流、独流入海河流和内陆河流）重要河段治理、全面完成小型水库除险加固和山洪灾害易发区预警预报系统建设；基本建成水资源合理配置和高效利用体系，全国年用水总量力争控制在 6700 亿立方米以内，城乡供水保证率显著提高，城乡居民饮水安全得到全面保障，万元国内生产总值和万元工业增加值用水量明显降低，农田灌溉水有效利用系数提高到 0.55 以上，“十二五”期间新增农田有效灌溉面积 4000 万亩；基本建成水资源保护和河湖健康保障体系，主要江河湖泊水功能区水质明显改善，城镇供水水源地水质全面达标，重点区域水土流失得到有效治理，地下水超采基本遏制；基本建成有利于水利科学发展的制度体系，最严格的水资源管理制度基本建立，水利投入稳定增长机制进一步完善，有利于水资源节约和合理配置的水价形成机制基本建立，水利工程良性运行机制基本形成。

（五）基本原则。一要坚持民生优先。着力解决群众最关心最直接最现实的水利问题，推动民生水利新发展。二要坚持统筹兼顾。注重兴利除害结合、防灾减灾并重、治标治本兼顾，促进流域与区域、城市与农村、东中西部地区水利协调发展。三要坚持人水和谐。顺应自然规律和社会发展规律，合理开发、优化配置、全面节约、有效保护水资源。四要坚持政府主导。发挥公共财政对水利发展的保障作用，形成政府社会协同治水兴水合力。五要坚持改革创新。加快水利重点领域和关键环节改革攻坚，破解制约水利发展的体制机制障碍。

三、突出加强农田水利等薄弱环节建设

（六）大兴农田水利建设。到 2020 年，基本完成大型灌区、重点中型灌区续建配套和节水改造任务。结合全国新增千亿斤粮食生产能力规划实施，在水土资源条件具备的地区，新建一批灌区，增加农田有效灌溉面积。实施大中型灌溉排水泵站更新改造，加强重点涝区治理，完善灌排体系。健全农田水利建设新机制，中央和省级财政要大幅增加专项补助资金，市、县两级政府也要切实增加农田水利建设投入，引导农民自愿投工投劳。加快推进小型农田水利重点县建设，优先安排产粮大县，加强灌区末级渠系建设和田间工程配套，促进旱涝保收高标准农田建设。因地制宜兴建中小型水利设施，支持山丘区小水窖、小水池、小塘坝、小泵站、小水渠等“五小水利”工程建设，重点向革命老区、民族地区、边疆地区、贫困地区倾斜。大力发展节水灌溉，推广渠道防渗、管道输水、喷灌滴灌等技术，扩大节水、抗旱设备补贴范围。积极发展旱作农业，采用地膜覆盖、深松深耕、保护性耕作等技术。稳步发展牧区水利，建设节水高效灌溉饲草料地。

（七）加快中小河流治理和小型水库除险加固。中小河流治理要优先安排洪涝灾害易发、保护区人口密集、保护对象重要的河流及河段，加固堤岸，清淤疏浚，使治理河段基本达到国家防洪标准。巩固大中型病险水库除险加固成果，加快小型病险水库除险加固步伐，尽快消除水库安全隐患，恢复防洪库容，增强水资源调控能力。推进大中型病险水闸除险加固。山洪地质灾害防治要坚持工程措施和非工程措施相结合，抓紧完善专群结合的监测预警体系，加快实施防灾避让和重点治理。

（八）抓紧解决工程性缺水问题。加快推进西南等工程性缺水地区重点水源工程建设，坚持蓄引提与合理开采地下水相结合，以县域为单元，尽快建设一批中小型水库、引提水和连通工程，支持农民兴建小微型水利设施，显著提高雨洪资源利用和供水保障能力，基本解决缺水城镇、人口较集中乡村的供水问题。

（九）提高防汛抗旱应急能力。尽快健全防汛抗旱统一指挥、分级负责、部门协作、反应迅速、协调有序、运转高效的应急管理机制。加强监测预警能力建设，加大投入，整合资源，提高雨情汛情旱情预报水平。建立专业化与社会化相结合的应急抢险救援队伍，着力推进县乡两级防汛抗旱服务组织建设，健全应急抢险物资储备体系，完善应急预案。建设一批规模合理、标准适度的抗旱应急水源工程，建立应对特大干旱和突发水安全事件的水源储备制度。加强人工增雨（雪）作业示范区建设，科学开发利用空中云水资源。

（十）继续推进农村饮水安全建设。到 2013 年解决规划内农村饮水安全问题，"十二五"期间基本解决新增农村饮水不安全人口的饮水问题。积极推进集中供水工程建设，提高农村自来水普及率。有条件的地方延伸集中供水管网，发展城乡一体化供水。加强农村饮水安全工程运行管理，落实管护主体，加强水源保护和水质监测，确保工程长期发挥效益。制定支持农村饮水安全工程建设的用地政策，确保土地供应，对建设、运行给予税收优惠，供水用电执行居民生活或农业排灌用电价格。

四、全面加快水利基础设施建设

（十一）继续实施大江大河治理。进一步治理淮河，搞好黄河下游治理和长江中下游河势控制，继续推进主要江河河道整治和堤防建设，加强太湖、洞庭湖、鄱阳湖综合治理，全面加快蓄滞洪区建设，合理安排居民迁建。搞好黄河下游滩区安全建设。"十二五"期间抓紧建设一批流域防洪控制性水利枢纽工程，不断提高调蓄洪水能力。加强城市防洪排涝工程建设，提高城市排涝标准。推进海堤建设和跨界河流整治。

（十二）加强水资源配置工程建设。完善优化水资源战略配置格局，在保护生态前提下，尽快建设一批骨干水源工程和河湖水系连通工程，提高水资源调控水平和供水保障能力。加快推进南水北调东中线一期工程及配套工程建设，确保工程质量，适时开展南水北调西线工程前期研究。积极推进一批跨流域、区域调水工程建设。着力解决西北等地区资源性缺水问题。大力推进污水处理回用，积极开展海水淡化和综合利用，高度重视雨水、微咸水利用。

（十三）搞好水土保持和水生态保护。实施国家水土保持重点工程，采取小流域综合治理、淤地坝建设、坡耕地整治、造林绿化、生态修复等措施，有效防治水土流失。进一步加强长江上中游、黄河上中游、西南石漠化地区、东北黑土区等重点区域及山洪地质灾害易发区的水土流失防治。继续推进生态脆弱河流和地区水生态修复，加快污染严重江河湖泊水环境治理。加强重要生态保护区、水源涵养区、江河源头区、湿地的保护。实施农村河道综合整治，大力开展生态清洁型小流域建设。强化生产建设项目水土保持监督管理。建立健全水土保持、建设项目占用水利设施和水域等补偿制度。

（十四）合理开发水能资源。在保护生态和农民利益前提下，加快水能资源开发利用。统筹兼顾防洪、灌溉、供水、发电、航运等功能，科学制定规划，积极发展水电，加强水能资源管理，规范开发许可，强化水电安全监管。大力发展农村水电，积极开展水电新农村电气化县建设和小水电代燃料生态保护工程建设，搞好农村水电配套电网改造工程建设。

（十五）强化水文气象和水利科技支撑。加强水文气象基础设施建设，扩大覆盖范围，优化站网布局，着力增强重点地区、重要城市、地下水超采区水文测报能力，加快应急机动监测能力建设，实现资料共享，全面提高服务水平。健全水利科技创新体系，强化基础条件平台建设，加强基础研究和技术研发，力争在水利重点领域、关键环节和核心技术上实现新突破，获得一批具有重大实用价值的研究成果，加大技术引进和推广应用力度。提高水利技术装备水平。建立健全水利行业技术标准。推进水利信息化建设，全面实施“金水工程”，加快建设国家防汛抗旱指挥系统和水资源管理信息系统，提高水资源调控、水利管理和工程运行的信息化水平，以水利信息化带动水利现代化。加强水利国际交流与合作。

五、建立水利投入稳定增长机制

（十六）加大公共财政对水利的投入。多渠道筹集资金，力争今后 10 年全社会水利年平均投入比 2010 年高出一倍。发挥政府在水利建设中的主导作用，将水利作为公共财政投入的重点领域。各级财政对水利投入的总量和增幅要有明显提高。进一步提高水利建设资金在国家固定资产投资中的比重。大幅度增加中央和地方财政专项水利资金。从土地出让收益中提取 10% 用于农田水利建设，充分发挥新增建设用地土地有偿使用费等土地整治资金的综合效益。进一步完善水利建设基金政策，延长征收年限，拓宽来源渠道，增加收入规模。完善水资源有偿使用制度，合理调整水资源费征收标准，扩大征收范围，严格征收、使用和管理。有重点防洪任务和水资源严重短缺的城市要从城市建设维护税中划出一定比例用于城市防洪排涝和水源工程建设。切实加强水利投资项目和资金监督管理。

（十七）加强对水利建设的金融支持。综合运用财政和货币政策，引导金融机构增加水利信贷资金。有条件的地方根据不同水利工程的建设特点和项目性质，确定财政贴息的规模、期限和贴息率。在风险可控的前提下，支持农业发展银行积极开展水利建设中长期政策性贷款业务。鼓励国家开发银行、农业银行、农村信用社、邮政储蓄银行等银行业金融机构进一步增加农田水利建设的信贷资金。支持符合条件的水利企业上市和发行债券，探索发展大型水利设备设施的融资租赁业务，积极开展水利项目收益权质押贷款等多种形式融资。鼓励和支持发展洪水保险。提高水利利用外资的规模和质量。

（十八）广泛吸引社会资金投资水利。鼓励符合条件的地方政府融资平台公司通过直接、间接融资方式，拓宽水利投融资渠道，吸引社会资金参与水利建设。鼓励农民自力更生、艰苦奋斗，在统一规划基础上，按照多筹多补、多干多补原则，加大一事一议财政奖补力度，充分调动农民兴修农田水利的积极性。结合增值税改革和立法进程，完善农村水电增值税政策。完善水利工程耕地占用税政策。积极稳妥推进经营性水利项目进行市场融资。

六、实行最严格的水资源管理制度

（十九）建立用水总量控制制度。确立水资源开发利用控制红线，抓紧制定主要江河水量分配方案，建立取用水总量控制指标体系。加强相关规划和项目建设布局水资源论证工作，国民经济和社会发展规划以及城市总体规划的编制、重大建设项目的布局，要与当地水资源条件和防洪要求相适应。严格执行建设项目水资源论证制度，对擅自开工建设或投产的一律责令停止。严格取水许可审批管理，对取用水总量已达到或超过控制指标的地区，暂停审批建设项目新增取水；对取用水总量接近控制指标的地区，限制审批新增取水。严格地下水管理和保护，尽快核定并公布禁采和限采范围，逐步削减地下水超采量，实现采补平衡。强化水资源统一调度，协调好生活、生产、生态环境用水，完善水资源调度方案、应急调度预案和调度计划。建立和完善国家水权制度，充分运用市场机制优化配置水资源。

（二十）建立用水效率控制制度。确立用水效率控制红线，坚决遏制用水浪费，把节水工作贯穿于经济社会发展和群众生产生活全过程。加快制定区域、行业和用水产品的用水效率指标体系，加强用水定额和计划管理。对取用水达到一定规模的用水户实行重点监控。严格限制水资源不足地区建设高耗水型工业项目。落实建设项目节水设施与主体工程同时设计、同时施工、同时投产制度。加快实施节水技术改造，全面加强企业节水管理，建设节水示范工程，普及农业高效节水技术。抓紧制定节水强制性标准，尽快淘汰不符合节水标准的用水工艺、设备和产品。

（二十一）建立水功能区限制纳污制度。确立水功能区限制纳污红线，从严核定水域纳污容量，严格控制入河湖排污总量。各级政府要把限制排污总量作为水污染防治和污染减排工作的重要依据，明确责任，落实措施。对排污量已超出水功能区限制排污总量的地区，限制审批新增取水和入河排污口。建立水功能区水质达标评价体系，完善监测预警监督管理制度。加强水源地保护，依法划定饮用水水源保护区，强化饮用水水源应急管理。建立水生态补偿机制。

（二十二）建立水资源管理责任和考核制度。县级以上地方政府主要负责人对本行政区域水资源管理和保护工作负总责。严格实施水资源管理考核制度，水行政主管部门会同有关部门，对各地区水资源开发利用、节约保护主要指标的落实情况进行考核，考核结果交由干部主管部门，作为地方政府相关领导干部综合考核评价的重要依据。加强水量水质监测能力建设，为强化监督考核提供技术支撑。

七、不断创新水利发展体制机制

（二十三）完善水资源管理体制。强化城乡水资源统一管理，对城乡供水、水资源综合利用、水环境治理和防洪排涝等实行统筹规划、协调实施，促进水资源优化配置。完善流域管理与区域管理相结合的水资源管理制度，建立事权清晰、分工明确、行为规范、运转协调的水资源管理工作机制。进一步完善水资源保护和水污染防治协调机制。

（二十四）加快水利工程建设和管理体制改革。区分水利工程性质，分类推进改革，健全良性运行机制。深化国有水利工程管理体制改革，落实好公益性、准公益性水管单位基本支出和维修养护经费。中央财政对中西部地区、贫困地区公益性工程维修养护经费给予补助。妥善解决水管单位分流人员社会保障问题。深化小型水利工程产权制度改革，明确所有权和使用权，落实管护主体和责任，对公益性小型水利工程管护经费给予补助，探索社会化和专业化的多种水利工程管理模式。对非经营性政府投资项目，加快推行代建制。充分发挥市场机制在水利工程建设和运行中的作用，引导经营性水利工程积极走向市场，完善法人治理结构，实现自主经营、自负盈亏。

（二十五）健全基层水利服务体系。建立健全职能明确、布局合理、队伍精干、服务到位的基层水利服务体系，全面提高基层水利服务能力。以乡镇或小流域为单元，健全基层水利服务机构，强化水资源管理、防汛抗旱、农田水利建设、水利科技推广等公益性职能，按规定核定人员编制，经费纳入县级财政预算。大力发展农民用水合作组织。

（二十六）积极推进水价改革。充分发挥水价的调节作用，兼顾效率和公平，大力促进节约用水和产业结构调整。工业和服务业用水要逐步实行超额累进加价制度，拉开高耗水行业与其他行业的水价差价。合理调整城市居民生活用水价格，稳步推行阶梯式水价制度。按照促进节约用水、降低农民水费支出、保障灌排工程良性运行的原则，推进农业水价综合改革，农业灌排工程运行管理费用由财政适当补助，探索实行农民定额内用水享受优惠水价、超定额用水累进加价的办法。

八、切实加强对水利工作的领导

（二十七）落实各级党委和政府责任。各级党委和政府要站在全局和战略高度，切实加强水利工作，及时研究解决水利改革发展中的突出问题。实行防汛抗旱、饮水安全保障、水资源管理、水库安全管理行政首长负责制。各地要结合实际，认真落实水利改革发展各项措施，确保取得实效。各级水行政主管部门要切实增强责任意识，认真履行职责，抓好水利改革发展各项任务的实施工作。各有关部门和单位要按照职能分工，尽快制定完善各项配套措施和办法，形成推动水利改革发展合力。把加强农田水利建设作为农村基层开展创先争优活动的重要内容，充分发挥农村基层党组织的战斗堡垒作用和广大党员的先锋模范作用，带领广大农民群众加快改善农村生产生活条件。

（二十八）推进依法治水。建立健全水法规体系，抓紧完善水资源配置、节约保护、防汛抗旱、农村水利、水土保持、流域管理等领域的法律法规。全面推进水利综合执法，严格执行水资源论证、取水许可、水工程建设规划同意书、洪水影响评价、水土保持方案等制度。加强河湖管理，严禁建设项目非法侵占河湖水域。加强国家防汛抗旱督察工作制度化建设。健全预防为主、预防与调处相结合的水事纠纷调处机制，完善应急预案。深化水行政许可审批制度改革。科学编制水利规划，完善全国、流域、区域水利规划体系，加快重点建设项目前期工作，强化水利规划对涉水活动的管理和约束作用。做好水库移民安置工作，落实后期扶持政策。

（二十九）加强水利队伍建设。适应水利改革发展新要求，全面提升水利系统干部职工队伍素质，切实增强水利勘测设计、建设管理和依法行政能力。支持大专院校、中等职业学校水利类专业建设。大力引进、培养、选拔各类管理人才、专业技术人才、高技能人才，完善人才评价、流动、激励机制。鼓励广大科技人员服务于水利改革发展第一线，加大基层水利职工在职教育和继续培训力度，解决基层水利职工生产生活中的实际困难。广大水利干部职工要弘扬“献身、负责、求实”的水利行业精神，更加贴近民生，更多服务基层，更好服务经济社会发展全局。

（三十）动员全社会力量关心支持水利工作。加大力度宣传国情水情，提高全民水患意识、节水意识、水资源保护意识，广泛动员全社会力量参与水利建设。把水情教育纳入国民素质教育体系和中小学教育课程体系，作为各级领导干部和公务员教育培训的重要内容。把水利纳入公益性宣传范围，为水利又好又快发展营造良好舆论氛围。对在加快水利改革发展中取得显著成绩的单位和个人，各级政府要按照国家有关规定给予表彰奖励。

加快水利改革发展，使命光荣，任务艰巨，责任重大。我们要紧密团结在以胡锦涛同志为总书记的党中央周围，与时俱进，开拓进取，扎实工作，奋力开创水利工作新局面！

二、2012 年中央一号文件

关于加快推进农业科技创新持续增强农产品供给保障能力的若干意见

2011 年，各地区各部门认真贯彻中央决策部署，同心协力，扎实工作，克服多种困难挑战，农业农村保持了强劲发展势头。粮食生产稳定跃上新台阶，农民增收成效喜人，水利建设明显加速，农村民生持续改善，农村社会安定祥和。农业农村形势好，有力支撑了经济平稳较快发展，有效维护了改革发展稳定大局。

做好 2012 年农业农村工作，稳定发展农业生产，确保农产品有效供给，对推动全局工作、赢得战略主动至关重要。当前，国际经济形势复杂严峻，全球气候变化影响加深，我国耕地和淡水资源短缺压力加大，农业发展面临的风险和不确定性明显上升，巩固和发展农业农村好形势的任务更加艰巨。全党要始终保持清醒认识，绝不能因为连续多年增产增收而思想麻痹，绝不能因为农村面貌有所改善而投入减弱，绝不能因为农村发展持续向好而工作松懈，必须再接再厉、迎难而上、开拓进取，努力在高起点上实现新突破、再创新佳绩。

实现农业持续稳定发展、长期确保农产品有效供给，根本出路在科技。农业科技是确保国家粮食安全的基础支撑，是突破资源环境约束的必然选择，是加快现代农业建设的决定力量，具有显著的公共性、基础性、社会性。必须紧紧抓住世界科技革命方兴未艾的历史机遇，坚持科教兴农战略，把农业科技摆上更加突出的位置，下决心突破体制机制障碍，大幅度增加农业科技投入，推动农业科技跨越发展，为农业增产、农民增收、农村繁荣注入强劲动力。

2012 年农业农村工作的总体要求是：全面贯彻党的十七大和十七届三中、四中、五中、六中全会以及中央经济工作会议精神，高举中国特色社会主义伟大旗帜，以邓小平理论和“三个代表”重要思想为指导，深入贯彻落实科学发展观，同步推进工业化、城镇化和农业现代化，围绕强科技保发展、强生产保供给、强民生保稳定，进一步加大强农惠农富农政策力度，奋力夺取农业好收成，合力促进农民较快增收，努力维护农村社会和谐稳定。

一、加大投入强度和工作力度，持续推动农业稳定发展

（一）毫不放松抓好粮食生产。保障农产品有效供给，首先要稳住粮食生产，确保不出现滑坡。要切实落实“米袋子”省长负责制，继续开展粮食稳定增产行动，千方百计稳定粮食播种面积，扩大紧缺品种生产，着力提高单产和品质。继续实施全国新增千亿斤粮食生产能力规划，加快提升 800 个产粮大县（市、区、场）生产能力。继续实施粮食丰产科技工程、超级稻新品种选育和示范项目。支持优势产区加强棉花、油料、糖料生产基地建设，进一步优化布局、主攻单产、提高效益。深入推进粮棉油糖高产创建，积极扩大规模，选择基础条件好、增产潜力大的县乡大力开展整建制创建。大力支持在关键农时、重点区域开展防灾减灾技术指导和生产服务，加快推进农作物病虫害专业化统防统治，完善重大病虫疫情防控支持政策。

（二）狠抓“菜篮子”产品供给。抓好“菜篮子”，必须建好菜园子、管好菜摊子。要加快推进区域化布局、标准化生产、规模化种养，提升“菜篮子”产品整体供给保障能力和质量安全水平。大力发展设施农业，继续开展园艺作物标准园、畜禽水产示范场创建，启动农业标准化整体推进示范县建设。实施全国蔬菜产业发展规划，支持优势区域加强菜地基础设施建设。稳定发展生猪生产，扶持肉牛肉羊生产大县标准化养殖和原良种场建设，启动实施振兴奶业苜蓿发展行动，推进生猪和奶牛规模化养殖小区建设。制定和实施动物疫病防控二期规划，及时处置重大疫情。开展水产养殖生态环境修复试点，支持远洋渔船更新改造，加强渔政建设和管理。充分发挥农业产业化龙头企业在“菜篮子”产品生产和流通中的积极作用。强化食品质量安全监管综合协调，加强检验检测体系和追溯体系建设，开展质量安全风险评估。大力推广高效安全肥料、低毒低残留农药，严格规范使用食品和饲料添加剂。落实“菜篮子”市长负责制，充分发挥都市农业应急保障功能，大中城市要坚持保有一定的蔬菜等生鲜食品自给能力。

（三）加大农业投入和补贴力度。持续加大财政用于“三农”的支出，持续加大国家固定资产投资对农业农村的投入，持续加大农业科技投入，确保增量和比例均有提高。发挥政府在农业科技投入中的主导作用，保证财政农业科技投入增幅明显高于财政经常性收入增幅，逐步提高农业研发投入占农业增加值的比重，建立投入稳定增长的长效机制。按照增加总量、扩大范围、完善机制的要求，继续加大农业补贴强度，新增补贴向主产区、种养大户、农民专业合作社倾斜。提高对种粮农民的直接补贴水平。落实农资综合补贴动态调整机制，适时增加补贴。加大良种补贴力度。扩大农机具购置补贴规模和范围，进一步完善补贴机制和管理办法。健全主产区利益补偿机制，增加产粮（油）大县奖励资金，加大生猪调出大县奖励力度。探索完善森林、草原、水土保持等生态补偿制度。研究建立公益林补偿标准动态调整机制，进一步加大湿地保护力度。加快转变草原畜牧业发展方式，加大对牧业、牧区、牧民的支持力度，草原生态保护补助奖励政策覆盖到国家确定的牧区半牧区县（市、旗）。

加大村级公益事业建设一事一议财政奖补力度，积极引导农民和社会资金投入“三农”。有效整合国家投入，提高资金使用效率。切实加强财政“三农”投入和补贴资金使用监管，坚决制止、严厉查处虚报冒领、截留挪用等违法违规行为。

（四）提升农村金融服务水平。加大农村金融政策支持力度，持续增加农村信贷投入，确保银行业金融机构涉农贷款增速高于全部贷款平均增速。完善涉农贷款税收激励政策，健全金融机构县域金融服务考核评价办法，引导县域银行业金融机构强化农村信贷服务。大力推进农村信用体系建设，完善农户信用评价机制。深化农村信用社改革，稳定县（市）农村信用社法人地位。发展多元化农村金融机构，鼓励民间资本进入农村金融服务领域，支持商业银行到中西部地区县域设立村镇银行。有序发展农村资金互助组织，引导农民专业合作社规范开展信用合作。完善符合农村银行业金融机构和业务特点的差别化监管政策，适当提高涉农贷款风险容忍度，实行适度宽松的市场准入、弹性存贷比政策。继续发展农户小额信贷业务，加大对种养大户、农民专业合作社、县域小型微型企业的信贷投放力度。加大对科技型农村企业、科技特派员下乡创业的信贷支持力度，积极探索农业科技专利质押融资业务。支持农业发展银行加大对农业科技的贷款力度。鼓励符合条件的涉农企业开展直接融资，积极发展涉农金融租赁业务。扩大农业保险险种和覆盖面，开展设施农业保费补贴试点，扩大森林保险保费补贴试点范围，扶持发展渔业互助保险，鼓励地方开展优势农产品生产保险。健全农业再保险体系，逐步建立中央财政支持下的农业大灾风险转移分散机制。

（五）稳定和完善农村土地政策。加快修改完善相关法律，落实现有土地承包关系保持稳定并长久不变的政策。按照依法自愿有偿原则，引导土地承包经营权流转，发展多种形式的适度规模经营，促进农业生产经营模式创新。加快推进农村地籍调查，2012 年基本完成覆盖农村集体各类土地的所有权确权登记颁证，推进包括农户宅基地在内的农村集体建设用地使用权确权登记颁证工作，稳步扩大农村土地承包经营权登记试点，财政适当补助工作经费。加强土地承包经营权流转管理和服务，健全土地承包经营纠纷调解仲裁制度。加快修改土地管理法，完善农村集体土地征收有关条款，健全严格规范的农村土地管理制度。加快推进牧区草原承包工作。深化集体林权制度改革，稳定林地家庭承包关系，2012 年基本完成明晰产权、承包到户的改革任务，完善相关配套政策。搞好国有林场、国有林区改革试点。深入推进农村综合改革，加强农村改革试验区工作。

二、依靠科技创新驱动，引领支撑现代农业建设

（六）明确农业科技创新方向。着眼长远发展，超前部署农业前沿技术和基础研究，力争在世界农业科技前沿领域占有重要位置。面向产业需求，着力突破农业重大关键技术和共性技术，切实解决科技与经济脱节问题。立足我国基本国情，遵循农业科技规律，把保障国家粮食安全作为首要任务，把提高土地产出率、资源利用率、劳动生产率作为主要目标，把增产增效并重、良种良法配套、农机农艺结合、生产生态协调作为基本要求，促进农业技术集成化、劳动过程机械化、生产经营信息化，构建适应高产、优质、高效、生态、安全农业发展要求的技术体系。

（七）突出农业科技创新重点。稳定支持农业基础性、前沿性、公益性科技研究。大力加强农业基础研究，在农业生物基因调控及分子育种、农林动植物抗逆机理、农田资源高效利用、农林生态修复、有害生物控制、生物安全和农产品安全等方面突破一批重大基础理论和方法。加快推进前沿技术研究，在农业生物技术、信息技术、新材料技术、先进制造技术、精准农业技术等方面取得一批重大自主创新成果，抢占现代农业科技制高点。着力突破农业技术瓶颈，在良种培育、节本降耗、节水灌溉、农机装备、新型肥药、疫病防控、加工贮运、循环农业、海洋农业、农村民生等方面取得一批重大实用技术成果。

（八）完善农业科技创新机制。打破部门、区域、学科界限，有效整合科技资源，建立协同创新机制，推动产学研、农科教紧密结合。按照事业单位分类改革的要求，深化农业科研院所改革，健全现代院所制度，扩大院所自主权，努力营造科研人员潜心研究的政策环境。完善农业科研立项机制，实行定向委托和自主选题相结合、稳定支持和适度竞争相结合。完善农业科研评价机制，坚持分类评价，注重解决实际问题，改变重论文轻发明、重数量轻质量、重成果轻应用的状况。大力推进现代农业产业技术体系建设，完善以产业需求为导向、以农产品为单元、以产业链为主线、以综合试验站为基点的新型农业科技资源组合模式，及时发现和解决生产中的技术难题，充分发挥技术创新、试验示范、辐射带动的积极作用。落实税收减免、企业研发费用加计扣除、高新技术优惠等政策，支持企业加强技术研发和升级，鼓励企业承担国家各类科技项目，增强自主创新能力。积极培育以企业为主导的农业产业技术创新战略联盟，发展涉农新兴产业。加快农业技术转移和成果转化，加强农业知识产权保护，稳步发展农业技术交易市场。

（九）改善农业科技创新条件。加大国家各类科技计划向农业领域倾斜支持力度，提高公益性科研机构运行经费保障水平。支持发展农业科技创新基金，积极引导和鼓励金融信贷、风险投资等社会资金参与农业科技创新创业。继续实施转基因生物新品种培育科技重大专项，加大涉农公益性行业科研专项实施力度。推进国家农业高新技术产业示范区和国家农业科技园区建设。按照统筹规划、共建共享的要求，增加涉农领域国家工程实验室、国家重点实验室、国家工程技术研究中心、科技资源共享平台的数量，支持部门开放实验室和试验示范基地建设。加强市地级涉农科研机构建设，鼓励有条件的地方纳入省级科研机构直接管理。加强国际农业科技交流与合作，加大力度引进消化吸收国外先进农业技术。加强农业气象研究和试验工作，强化人工影响天气基础设施和科技能力建设。

（十）着力抓好种业科技创新。科技兴农，良种先行。增加种业基础性、公益性研究投入，加强种质资源收集、保护、鉴定，创新育种理论方法和技术，创制改良育种材料，加快培育一批突破性新品种。重大育种科研项目要支持育繁推一体化种子企业，加快建立以企业为主体的商业化育种新机制。优化调整种子企业布局，提高市场准入门槛，推动种子企业兼并重组，鼓励大型企业通过并购、参股等方式进入种业。建立种业发展基金，培育一批育繁推一体化大型骨干企业，支持企业与优势科研单位建立育种平台，鼓励科研院所、高等学校科研人员与企业合作共享。加大动植物良种工程实施力度，加强西北、西南、海南等优势种子繁育基地建设，鼓励种子企业与农民专业合作社联合建立相对集中稳定的种子生产基地，在粮棉油生产大县建设新品种引进示范场。对符合条件的种子生产开展保险试点，加大种子储备财政补助力度。完善品种审定、保护、退出制度，强化种子生产经营行政许可管理，严厉打击制售假冒伪劣、套牌侵权、抢购套购等违法行为。

三、提升农业技术推广能力，大力发展农业社会化服务

（十一）强化基层公益性农技推广服务。充分发挥各级农技推广机构的作用，着力增强基层农技推广服务能力，推动家庭经营向采用先进科技和生产手段的方向转变。普遍健全乡镇或区域性农业技术推广、动植物疫病防控、农产品质量监管等公共服务机构，明确公益性定位，根据产业发展实际设立公共服务岗位。全面实行人员聘用制度，严格上岗条件，落实岗位责任，推行县主管部门、乡镇政府、农民三方考评办法。对扎根乡村、服务农民、艰苦奉献的农技推广人员，要切实提高待遇水平，落实工资倾斜和绩效工资政策，实现在岗人员工资收入与基层事业单位人员工资收入平均水平相衔接。进一步完善乡镇农业公共服务机构管理体制，加强对农技推广工作的管理和指导。切实改善基层农技推广工作条件，按种养规模和服务绩效安排推广工作经费。2012 年基层农业技术推广体系改革与建设示范县项目基本覆盖农业县（市、区、场）、农业技术推广机构条件建设项目覆盖全部乡镇。大幅度增加农业防灾减灾稳产增产关键技术良法补助。加快把基层农技推广机构的经营性职能分离出去，按市场化方式运作，探索公益性服务多种实现形式。改进基层农技推广服务手段，充分利用广播电视、报刊、互联网、手机等媒体和现代信息技术，为农民提供高效便捷、简明直观、双向互动的服务。加强乡镇或小流域水利、基层林业公共服务机构建设，健全农业标准化服务体系。扩大农业农村公共气象服务覆盖面，提高农业气象服务和农村气象灾害防御科技水平。

（十二）引导科研教育机构积极开展农技服务。引导高等学校、科研院所成为公益性农技推广的重要力量，强化服务“三农”职责，完善激励机制，鼓励科研教学人员深入基层从事农技推广服务。支持高等学校、科研院所承担农技推广项目，把农技推广服务绩效纳入专业技术职务评聘和工作考核，推行推广教授、推广型研究员制度。鼓励高等学校、科研院所建立农业试验示范基地，推行专家大院、校市联建、院县共建等服务模式，集成、熟化、推广农业技术成果。大力实施科技特派员农村科技创业行动，鼓励创办领办科技型企业和技术合作组织。

（十三）培育和支持新型农业社会化服务组织。通过政府订购、定向委托、招投标等方式，扶持农民专业合作社、供销合作社、专业技术协会、农民用水合作组织、涉农企业等社会力量广泛参与农业产前、产中、产后服务。充

分发挥农民专业合作社组织农民进入市场、应用先进技术、发展现代农业的积极作用，加大支持力度，加强辅导服务，推进示范社建设行动，促进农民专业合作社规范运行。支持农民专业合作社兴办农产品加工企业或参股龙头企业。壮大农村集体经济，探索有效实现形式，增强集体组织对农户生产经营的服务能力。鼓励有条件的基层站所创办农业服务型企业，推行科工贸一体化服务的企业化试点，由政府向其购买公共服务。支持发展农村综合服务中心。全面推进农业农村信息化，着力提高农业生产经营、质量安全控制、市场流通的信息服务水平。整合利用农村党员干部现代远程教育等网络资源，搭建三网融合的信息服务快速通道。加快国家农村信息化示范省建设，重点加强面向基层的涉农信息服务站点和信息示范村建设。继续实施星火计划，推进科技富民强县行动、科普惠农兴村计划等工作。

四、加强教育科技培训，全面造就新型农业农村人才队伍

（十四）振兴发展农业教育。推进部部共建、省部共建高等农业院校，实施卓越农林教育培养计划，办好一批涉农学科专业，加强农科教合作人才培养基地建设。进一步提高涉农学科（专业）生均拨款标准。加大国家励志奖学金和助学金对高等学校涉农专业学生倾斜力度，提高涉农专业生源质量。加大高等学校对农村特别是贫困地区的定向招生力度。鼓励和引导高等学校毕业生到农村基层工作，对符合条件的，实行学费补偿和国家助学贷款代偿政策。深入推进大学生“村官”计划，因地制宜实施“三支一扶”、大学生志愿服务西部等计划。加快中等职业教育免费进程，落实职业技能培训补贴政策，鼓励涉农行业兴办职业教育，努力使每一个农村后备劳动力都掌握一门技能。

（十五）加快培养农业科技人才。国家重大人才工程要向农业领域倾斜，继续实施创新人才推进计划和农业科研杰出人才培养计划，加快培养农业科技领军人才和创新团队。进一步完善农业科研人才激励机制、自主流动机制。制定以科研质量、创新能力和成果应用为导向的评价标准。广泛开展基层农技推广人员分层分类定期培训。完善基层农技推广人员职称评定标准，注重工作业绩和推广实效，评聘职数向乡镇和生产一线倾斜。开展农业技术推广服务特岗计划试点，选拔一批大学生到乡镇担任特岗人员。积极发挥农民技术人员示范带动作用，按承担任务量给予相应补助。

（十六）大力培训农村实用人才。以提高科技素质、职业技能、经营能力为核心，大规模开展农村实用人才培训。充分发挥各部门各行业作用，加大各类农村人才培养计划实施力度，扩大培训规模，提高补助标准。加快培养村干部、农民专业合作社负责人、到村任职大学生等农村发展带头人，农民植保员、防疫员、水利员、信息员、沼气工等农村技能服务型人才，种养大户、农机大户、经纪人等农村生产经营型人才。大力培育新型职业农民，对未升学的农村高初中毕业生免费提供农业技能培训，对符合条件的农村青年务农创业和农民工返乡创业项目给予补助和贷款支持。

五、改善设施装备条件，不断夯实农业发展物质基础

（十七）坚持不懈加强农田水利建设。加快推进水源工程建设、大江大河大湖和中小河流治理、病险水库水闸除险加固、山洪地质灾害防治，加大大中型灌区续建配套与节水改造、大中型灌溉排水泵站更新改造力度，在水土资源条件具备的地方新建一批灌区，努力扩大有效灌溉面积。继续增加中央财政小型农田水利设施建设补助专项资金，实现小型农田水利重点县建设基本覆盖农业大县。加大山丘区“五小水利”工程建设、农村河道综合整治、塘堰清淤力度，发展牧区水利。大力推广高效节水灌溉新技术、新设备，扩大设备购置补贴范围和贷款贴息规模，完善节水灌溉设备税收优惠政策。创新农田水利建设管理机制，加快推进土地出让收益用于农田水利建设资金的中央和省级统筹，落实农业灌排工程运行管理费用由财政适当补助政策。发展水利科技推广、防汛抗旱、灌溉试验等方面的专业化服务组织。

（十八）加强高标准农田建设。加快永久基本农田划定工作，启动耕地保护补偿试点。制定全国高标准农田建设总体规划和相关专项规划，多渠道筹集资金，增加农业综合开发投入，开展农村土地整治重大工程和示范建设，集中力量加快推进旱涝保收高产稳产农田建设，实施东北四省区高效节水农业灌溉工程，全面提升耕地持续增产能力。占用耕地建设重大工程，要积极推行“移土培肥”经验和做法。继续搞好农地质量调查和监测工作，深入推进测土配方施肥，扩大土壤有机质提升补贴规模，继续实施旱作农业工程。加强设施农业装备与技术示范基地建设。加快推进现代农业示范区建设，支持垦区率先发展现代农业。

（十九）加快农业机械化。充分发挥农业机械集成技术、节本增效、推动规模经营的重要作用，不断拓展农机作业领域，提高农机服务水平。着力解决水稻机插和玉米、油菜、甘蔗、棉花机收等突出难题，大力发展设施农业、畜牧水产养殖等机械装备，探索农业全程机械化生产模式。积极推广精量播种、化肥深施、保护性耕作等技术。加强农机关键零部件和重点产品研发，支持农机工业技术改造，提高产品适用性、便捷性、安全性。加大信贷支持力度，鼓励种养大户、农机大户、农机合作社购置大中型农机具。落实支持农机化发展的税费优惠政策，推动农机服务市场化和产业化。切实加强农机售后服务和农机安全监理工作。

（二十）搞好生态建设。巩固退耕还林成果，在江河源头、湖库周围等国家重点生态功能区适当扩大退耕还林规模。落实天然林资源保护工程二期实施方案，统筹解决就业困难的一次性安置职工社会保险补贴问题。逐步提高防护林造林投资中央补助标准，加强“三北”、沿海、长江等防护林体系工程建设。抓紧编制京津风沙源治理二期工程规划，扩大石漠化综合治理实施范围，开展沙化土地封禁保护补助试点。构建青藏高原生态安全屏障，启动区域性重点生态工程。适当扩大林木良种和造林补贴规模，完善森林抚育补贴政策。完善林权抵押贷款管理办法，增加贷款贴息规模。探索国家级公益林赎买机制。支持发展木本粮油、林下经济、森林旅游、竹藤等林产业。鼓励企业等社会力量运用产业化方式开展防沙治沙。扩大退牧还草工程实施范围，支持草原围栏、饲草基地、牲畜棚圈建设和重度退化草原改良。加强牧区半牧区草原监理工作。继续开展渔业增殖放流。加大国家水土保持重点建设工程实施力度，加快坡耕地整治步伐，推进清洁小流域建设，强化水土流失监测预报和生产建设项目水土保持监督管理。把农村环境整治作为环保工作的重点，完善以奖促治政策，逐步推行城乡同治。推进农业清洁生产，引导农民合理使用化肥农药，加强农村沼气工程和小水电代燃料生态保护工程建设，加快农业面源污染治理和农村污水、垃圾处理，改善农村人居环境。

六、提高市场流通效率，切实保障农产品稳定均衡供给

（二十一）加强农产品流通设施建设。统筹规划全国农产品流通设施布局，加快完善覆盖城乡的农产品流通网络。推进全国性、区域性骨干农产品批发市场建设和改造，重点支持交易场所、电子结算、信息处理、检验检测等设施建设。把农产品批发市场、城市社区菜市场、乡镇集贸市场建设纳入土地利用总体规划和城乡建设规划，研究制定支持农产品加工流通设施建设的用地政策。鼓励有条件的地方通过投资入股、产权置换、公建配套、回购回租等方式，建设一批非营利性农产品批发、零售市场。继续推进粮棉油糖等大宗农产品仓储物流设施建设，支持拥有全国性经营网络的供销合作社和邮政物流、粮食流通、大型商贸企业等参与农产品批发市场、仓储物流体系的建设经营。加快发展鲜活农产品连锁配送物流中心，支持建立一体化冷链物流体系。继续加强农村公路建设和管护。扶持产地农产品收集、加工、包装、贮存等配套设施建设，重点对农民专业合作社建设初加工和贮藏设施予以补助。

（二十二）创新农产品流通方式。充分利用现代信息技术手段，发展农产品电子商务等现代交易方式。探索建立生产与消费有效衔接、灵活多样的农产品产销模式，减少流通环节，降低流通成本。大力发展订单农业，推进生产者与批发市场、农贸市场、超市、宾馆饭店、学校和企业食堂等直接对接，支持生产基地、农民专业合作社在城市社区增加直供直销网点，形成稳定的农产品供求关系。扶持供销合作社、农民专业合作社等发展联通城乡市场的双向流通网络。开展“南菜北运”、“西果东送”现代流通综合试点。开展农村商务信息服务，举办多形式、多层次的农产品展销活动，培育具有全国性和地方特色的农产品展会品牌。充分发挥农产品期货市场引导生产、规避风险的积极作用。免除蔬菜批发和零售环节增值税，开展农产品进项税额核定扣除试点，落实和完善鲜活农产品运输绿色通道政策，清理和降低农产品批发市场、城市社区菜市场、乡镇集贸市场和超市的收费。

（二十三）完善农产品市场调控。准确把握国内外农产品市场变化，采取有针对性的调控措施，确保主要农产品有效供给和市场稳定，保持价格合理水平。稳步提高小麦、稻谷最低收购价，适时启动玉米、大豆、油菜籽、棉花、食糖等临时收储，健全粮棉油糖等农产品储备制度。抓紧完善鲜活农产品市场调控办法，健全生猪市场价格调控预案，探索建立主要蔬菜品种价格稳定机制。加强国内外农产品市场监测预警，综合运用进出口、吞吐调剂等手段，稳定国内农产品市场。完善农产品进口关税配额管理，严厉打击走私违法行为。抓紧建立全国性、区域性农产品信息共享平台，加强农业统计调查和预测分析，提高对农业生产大县的统计调查能力，推行重大信息及时披露和权威发布制度，防止各类虚假信息影响产业发展、损害农民利益。

各级党委和政府必须始终坚持把解决好“三农”问题作为重中之重，不断加强和改善对农业农村工作的领导，切实把各项政策措施落到实处，努力形成全社会关心支持“三农”的良好氛围。全面贯彻落实党的十七届六中全会精神，促进城乡文化一体化发展，增加农村文化服务总量，缩小城乡文化发展差距。加快推进社会主义新农村建设，切实保障和改善农村民生，大力发展农村公共事业，认真落实《中国农村扶贫开发纲要（2011—2020 年)》。推进以党组织为核心的农村基层组织建设，完善农村基层自治机制，健全农村法制，加强和创新农村社会管理，确保农村社会和谐稳定。

切实加强农业农村工作，加快推进农业科技创新，持续增强农产品供给保障能力，使命光荣、责任重大、任务艰巨。我们要紧密团结在以胡锦涛同志为总书记的党中央周围，坚定信心，真抓实干，以优异成绩迎接党的第十八次全国代表大会胜利召开!

三、2013 年中央一号文件

中共中央 国务院关于加快发展现代农业进一步增强农村发展活力的若干意见

全面贯彻落实党的十八大精神，坚定不移沿着中国特色社会主义道路前进，为全面建成小康社会而奋斗，必须固本强基，始终把解决好农业农村农民问题作为全党工作重中之重，把城乡发展一体化作为解决“三农”问题的根本途径；必须统筹协调，促进工业化、信息化、城镇化、农业现代化同步发展，着力强化现代农业基础支撑，深入推进社会主义新农村建设。

党的十六大以来，我们深入贯彻落实科学发展观，全面推进“三农”实践创新、理论创新、制度创新，全面确立重中之重、统筹城乡、“四化同步”等战略思想，全面制定一系列多予少取放活和工业反哺农业、城市支持农村的重大政策，全面构建农业生产经营、农业支持保护、农村社会保障、城乡协调发展的制度框架，农业生产得到很大发展、农村面貌得到很大改善、农民群众得到很大实惠，农业农村发展实现了历史性跨越，迎来了又一个黄金期，初步探索出一条中国特色农业现代化道路。粮食产量实现“九连增”，农业综合生产能力迈上新台阶。农民增收实现“九连快”，农村贫困人口生存和温饱问题基本解决。农村民生加速改善，办了许多深得民心的大事好事。农村综合改革和集体林权制度改革取得重大进展，城乡分割的体制障碍加快破除。农村党群干群关系明显改善，农村社会保持和谐稳定。农业农村形势好，为我国综合国力在国际风云变幻中大幅提升，为现代化建设在重重风险挑战中昂首迈进，为党和国家事业在各种困难考验中兴旺发达，注入了强劲动力，增添了应对底气，赢得了战略主动。实践证明，中央推动农村改革发展的大政方针完全正确，出台的强农惠农富农政策卓有成效。

伴随工业化、城镇化深入推进，我国农业农村发展正在进入新的阶段，呈现出农业综合生产成本上升、农产品供求结构性矛盾突出、农村社会结构加速转型、城乡发展加快融合的态势。人多地少水缺的矛盾加剧，农产品需求总量刚性增长、消费结构快速升级，农业对外依存度明显提高，保障国家粮食安全和重要农产品有效供给任务艰巨；农村劳动力大量流动，农户兼业化、村庄空心化、人口老龄化趋势明显，农民利益诉求多元，加强和创新农村社会管理势在必行；国民经济与农村发展的关联度显著增强，农业资源要素流失加快，建立城乡要素平等交换机制的要求更为迫切，缩小城乡区域发展差距和居民收入分配差距任重道远。我们必须顺应阶段变化，遵循发展规律，增强忧患意识，举全党全国之力持之以恒强化农业、惠及农村、富裕农民。

2013 年农业农村工作的总体要求是：全面贯彻党的十八大精神，以邓小平理论、“三个代表”重要思想、科学发展观为指导，落实“四化同步”的战略部署，按照保供增收惠民生、改革创新添活力的工作目标，加大农村改革力度、政策扶持力度、科技驱动力度，围绕现代农业建设，充分发挥农村基本经营制度的优越性，着力构建集约化、专业化、组织化、社会化相结合的新型农业经营体系，进一步解放和发展农村社会生产力，巩固和发展农业农村大好形势。

一、建立重要农产品供给保障机制，努力夯实现代农业物质基础

确保国家粮食安全，保障重要农产品有效供给，始终是发展现代农业的首要任务。必须毫不放松粮食生产，加快构建现代农业产业体系，着力强化农业物质技术支撑。

（一）稳定发展农业生产。粮食生产要坚持稳定面积、优化结构、主攻单产的总要求，确保丰产丰收。继续开展粮食稳定增产行动，着力加强 800 个产粮大县基础设施建设，推进东北四省区节水增粮行动、粮食丰产科技工程。支持优势产区棉花、油料、糖料生产基地建设。扩大粮棉油糖高产创建规模，在重点产区实行整建制推进，集成推广区域性、标准化高产高效模式。深入实施测土配方施肥，加强重大病虫害监测预警与联防联控能力建设。加大新一轮“菜篮子”工程实施力度，扩大园艺作物标准园和畜禽水产品标准化养殖示范场创建规模。以奖代补支持现代农业示范区建设试点。推进种养业良种工程，加快农作物制种基地和新品种引进示范场建设。加强渔船升级改造、渔政执法船艇建造和避风港建设，支持发展远洋渔业。

（二）强化农业物质技术装备。落实和完善最严格的耕地保护制度，加大力度推进高标准农田建设。加快大中型灌区配套改造、灌排泵站更新改造、中小河流治理，扩大小型农田水利重点县覆盖范围，大力发展高效节水灌溉，加大雨水集蓄利用、堰塘整治等工程建设力度，提高防汛抗旱减灾能力。加大财政对小型水库建设和除险加固支持力度。及时足额计提并管好用好从土地出让收益中提取的农田水利建设资金。加快落实农业灌排工程运行管理费用由财政适当补助的政策。加强农业科技创新能力条件建设和知识产权保护，继续实施种业发展等重点科技专项，加快粮棉油糖等农机装备、高效安全肥料农药兽药研发。推进国家农业科技园区和高新技术产业示范区建设。

（三）提高农产品流通效率。统筹规划农产品市场流通网络布局，重点支持重要农产品集散地、优势农产品产地市场建设，加强农产品期货市场建设，适时增加新的农产品期货品种，培育具有国内外影响力的农产品价格形成和交易中心。加快推进以城市标准化菜市场、生鲜超市、城乡集贸市场为主体的农产品零售市场建设。加强粮油仓储物流设施建设，发展农产品冷冻贮藏、分级包装、电子结算。健全覆盖农产品收集、加工、运输、销售各环节的冷链物流体系。大力培育现代流通方式和新型流通业态，发展农产品网上交易、连锁分销和农民网店。继续实施“北粮南运”、“南菜北运”、“西果东送”、万村千乡市场工程、新农村现代流通网络工程，启动农产品现代流通综合示范区创建。支持供销合作社、大型商贸集团、邮政系统开展农产品流通。深入实施商标富农工程，强化农产品地理标志和商标保护。

（四）完善农产品市场调控。充分发挥价格对农业生产和农民增收的激励作用，按照生产成本加合理利润的原则，继续提高小麦、稻谷最低收购价，适时启动玉米、大豆、油菜籽、棉花、食糖等农产品临时收储。优化粮食等大宗农产品储备品种结构和区域布局，完善粮棉油糖进口转储制度。健全重要农产品市场监测预警机制，认真执行生猪市场价格调控预案，改善鲜活农产品调控办法。完善农产品进出口税收调控政策，加强进口关税配额管理，健全大宗品种进口报告制度，强化敏感品种进口监测。推动进口来源多元化，规范进出口秩序，打击走私行为。加强和完善农产品信息统计发布制度，建立市场调控效果评估制度。扩大农资产品储备品种。

（五）提升食品安全水平。改革和健全食品安全监管体制，加强综合协调联动，落实从田头到餐桌的全程监管责任，加快形成符合国情、科学完善的食品安全体系。健全农产品质量安全和食品安全追溯体系。强化农业生产过程环境监测，严格农业投入品生产经营使用管理，积极开展农业面源污染和畜禽养殖污染防治。支持农产品批发市场食品安全检测室（站）建设，补助检验检测费用。健全基层食品安全工作体系，加大监管机构建设投入，全面提升监管能力和水平。

二、健全农业支持保护制度，不断加大强农惠农富农政策力度

适应农业进入高投入、高成本、高风险发展时期的客观要求，必须更加自觉、更加坚定地加强对农业的支持保护。要在稳定完善强化行之有效政策基础上，着力构建“三农”投入稳定增长长效机制，确保总量持续增加、比例稳步提高。

（一）加大农业补贴力度。按照增加总量、优化存量、用好增量、加强监管的要求，不断强化农业补贴政策，完善主产区利益补偿、耕地保护补偿、生态补偿办法，加快让农业获得合理利润、让主产区财力逐步达到全国或全省平均水平。继续增加农业补贴资金规模，新增补贴向主产区和优势产区集中，向专业大户、家庭农场、农民合作社等新型生产经营主体倾斜。落实好对种粮农民直接补贴、良种补贴政策，扩大农机具购置补贴规模，推进农机以旧换新试点。完善农资综合补贴动态调整机制，逐步扩大种粮大户补贴试点范围。继续实施农业防灾减灾稳产增产关键技术补助和土壤有机质提升补助，支持开展农作物病虫害专业化统防统治，启动低毒低残留农药和高效缓释肥料使用补助试点。完善畜牧业生产扶持政策，支持发展肉牛肉羊，落实远洋渔业补贴及税收减免政策。增加产粮（油）大县奖励资金，实施生猪调出大县奖励政策，研究制定粮食作物制种大县奖励政策。增加农业综合开发财政资金投入。现代农业生产发展资金重点支持粮食及地方优势特色产业加快发展。

（二）改善农村金融服务。加强国家对农村金融改革发展的扶持和引导，切实加大商业性金融支农力度，充分发挥政策性金融和合作性金融作用，确保持续加大涉农信贷投放。创新金融产品和服务，优先满足农户信贷需求，加大新型生产经营主体信贷支持力度。加强财税杠杆与金融政策的有效配合，落实县域金融机构涉农贷款增量奖励、农村金融机构定向费用补贴、农户贷款税收优惠、小额担保贷款贴息等政策。稳定县（市）农村信用社法人地位，继续深化农村信用社改革。探索农业银行服务“三农”新模式，强化农业发展银行政策性职能定位，鼓励国家开发银行推动现代农业和新农村建设。支持社会资本参与设立新型农村金融机构。改善农村支付服务条件，畅通支付结算渠道。加强涉农信贷与保险协作配合，创新符合农村特点的抵（质）押担保方式和融资工具，建立多层次、多形式的农业信用担保体系。扩大林权抵押贷款规模，完善林业贷款贴息政策。健全政策性农业保险制度，完善农业保险保费补贴政策，加大对中西部地区、生产大县农业保险保费补贴力度，适当提高部分险种的保费补贴比例。开展农作物制种、渔业、农机、农房保险和重点国有林区森林保险保费补贴试点。推进建立财政支持的农业保险大灾风险分散机制。支持符合条件的农业产业化龙头企业和各类农业相关企业通过多层次资本市场筹集发展资金。

（三）鼓励社会资本投向新农村建设。各行各业制定发展规划、安排项目、增加投资要主动向农村倾斜。引导国有企业参与和支持农业农村发展。鼓励企业和社会组织采取投资筹资、捐款捐助、人才和技术支持等方式在农村兴办医疗卫生、教育培训、社会福利、社会服务、文化旅游体育等各类事业，按规定享受税收优惠、管护费用补助等政策。落实公益性捐赠农村公益事业项目支出所得税前扣除政策。鼓励企业以多种投资方式建设农村生产生活基础设施。

三、创新农业生产经营体制，稳步提高农民组织化程度

农业生产经营组织创新是推进现代农业建设的核心和基础。要尊重和保障农户生产经营的主体地位，培育和壮大新型农业生产经营组织，充分激发农村生产要素潜能。

（一）稳定农村土地承包关系。抓紧研究现有土地承包关系保持稳定并长久不变的具体实现形式，完善相关法律制度。坚持依法自愿有偿原则，引导农村土地承包经营权有序流转，鼓励和支持承包土地向专业大户、家庭农场、农民合作社流转，发展多种形式的适度规模经营。结合农田基本建设，鼓励农民采取互利互换方式，解决承包地块细碎化问题。土地流转不得搞强迫命令，确保不损害农民权益、不改变土地用途、不破坏农业综合生产能力。探索建立严格的工商企业租赁农户承包耕地（林地、草原）准入和监管制度。规范土地流转程序，逐步健全县乡村三级服务网络，强化信息沟通、政策咨询、合同签订、价格评估等流转服务。加强农村土地承包经营纠纷调解仲裁体系建设。深化国有农垦管理体制改革，扩大国有农场办社会职能改革试点。稳步推进农村综合改革示范试点。

（二）努力提高农户集约经营水平。按照规模化、专业化、标准化发展要求，引导农户采用先进适用技术和现代生产要素，加快转变农业生产经营方式。创造良好的政策和法律环境，采取奖励补助等多种办法，扶持联户经营、专业大户、家庭农场。大力培育新型农民和农村实用人才，着力加强农业职业教育和职业培训。充分利用各类培训资源，加大专业大户、家庭农场经营者培训力度，提高他们的生产技能和经营管理水平。制定专门计划，对符合条件的中高等学校毕业生、退役军人、返乡农民工务农创业给予补助和贷款支持。

（三）大力支持发展多种形式的新型农民合作组织。农民合作社是带动农户进入市场的基本主体，是发展农村集体经济的新型实体，是创新农村社会管理的有效载体。按照积极发展、逐步规范、强化扶持、提升素质的要求，加大力度、加快步伐发展农民合作社，切实提高引领带动能力和市场竞争能力。鼓励农民兴办专业合作和股份合作等多元化、多类型合作社。实行部门联合评定示范社机制，分级建立示范社名录，把示范社作为政策扶持重点。安排部分财政投资项目直接投向符合条件的合作社，引导国家补助项目形成的资产移交合作社管护，指导合作社建立健全项目资产管护机制。增加农民合作社发展资金，支持合作社改善生产经营条件、增强发展能力。逐步扩大农村土地整理、农业综合开发、农田水利建设、农技推广等涉农项目由合作社承担的规模。对示范社建设鲜活农产品仓储物流设施、兴办农产品加工业给予补助。在信用评定基础上对示范社开展联合授信，有条件的地方予以贷款贴息，规范合作社开展信用合作。完善合作社税收优惠政策，把合作社纳入国民经济统计并作为单独纳税主体列入税务登记，做好合作社发票领用等工作。创新适合合作社生产经营特点的保险产品和服务。建立合作社带头人人才库和培训基地，广泛开展合作社带头人、经营管理人员和辅导员培训，引导高校毕业生到合作社工作。落实设施农用地政策，合作社生产设施用地和附属设施用地按农用地管理。引导农民合作社以产品和产业为纽带开展合作与联合，积极探索合作社联社登记管理办法。抓紧研究修订农民专业合作社法。

（四）培育壮大龙头企业。支持龙头企业通过兼并、重组、收购、控股等方式组建大型企业集团。创建农业产业化示范基地，促进龙头企业集群发展。推动龙头企业与农户建立紧密型利益联结机制，采取保底收购、股份分红、利润返还等方式，让农户更多分享加工销售收益。鼓励和引导城市工商资本到农村发展适合企业化经营的种养业。增加扶持农业产业化资金，支持龙头企业建设原料基地、节能减排、培育品牌。逐步扩大农产品加工增值税进项税额核定扣除试点行业范围。适当扩大农产品产地初加工补助项目试点范围。

四、构建农业社会化服务新机制，大力培育发展多元服务主体

建设中国特色现代农业，必须建立完善的农业社会化服务体系。要坚持主体多元化、服务专业化、运行市场化的方向，充分发挥公共服务机构作用，加快构建公益性服务与经营性服务相结合、专项服务与综合服务相协调的新型农业社会化服务体系。

（一）强化农业公益性服务体系。不断提升乡镇或区域性农业技术推广、动植物疫病防控、农产品质量监管等公共服务机构的服务能力。继续实施基层农技推广体系改革与建设项目，建立补助经费与服务绩效挂钩的激励机制。继续实施农业技术推广机构条件建设项目，不断改善推广条件。支持高等学校、职业院校、科研院所通过建设新农村发展研究院、农业综合服务示范基地等方式，面向农村开展农业技术推广。加强乡镇或小流域水利、基层林业公共服务机构和抗旱服务组织、防汛机动抢险队伍建设。充分发挥供销合作社在农业社会化服务中的重要作用。加快推进农村气象信息服务和人工影响天气工作体系与能力建设，提高农业气象服务和农村气象灾害防御水平。

（二）培育农业经营性服务组织。支持农民合作社、专业服务公司、专业技术协会、农民用水合作组织、农民经纪人、涉农企业等为农业生产经营提供低成本、便利化、全方位的服务，发挥经营性服务组织的生力军作用。采取政府订购、定向委托、奖励补助、招投标等方式，引导经营性服务组织参与公益性服务，大力开展病虫害统防统治、动物疫病防控、农田灌排、地膜覆盖和回收等生产性服务。推进科技特派员农村科技创业行动。培育会计审计、资产评估、政策法律咨询等涉农中介服务组织。对符合条件的农业经营性服务业务免征营业税。

（三）创新服务方式和手段。鼓励搭建区域性农业社会化服务综合平台。发展专家大院、院县共建、农村科技服务超市、庄稼医院、专业服务公司加合作社加农户、涉农企业加专家加农户等服务模式，积极推行技物结合、技术承包、全程托管服务，促进农业先进适用技术到田到户。开展农业社会化服务示范县创建。整合资源建设乡村综合服务社和服务中心。加快用信息化手段推进现代农业建设，启动金农工程二期，推动国家农村信息化试点省建设。发展农业信息服务，重点开发信息采集、精准作业、农村远程数字化和可视化、气象预测预报、灾害预警等技术。

五、改革农村集体产权制度，有效保障农民财产权利

建立归属清晰、权能完整、流转顺畅、保护严格的农村集体产权制度，是激发农业农村发展活力的内在要求。必须健全农村集体经济组织资金资产资源管理制度，依法保障农民的土地承包经营权、宅基地使用权、集体收益分配权。

（一）全面开展农村土地确权登记颁证工作。健全农村土地承包经营权登记制度，强化对农村耕地、林地等各类土地承包经营权的物权保护。用5年时间基本完成农村土地承包经营权确权登记颁证工作，妥善解决农户承包地块面积不准、四至不清等问题。加快包括农村宅基地在内的农村集体土地所有权和建设用地使用权地籍调查，尽快完成确权登记颁证工作。农村土地确权登记颁证工作经费纳入地方财政预算，中央财政予以补助。各级党委和政府要高度重视，有关部门要密切配合，确保按时完成农村土地确权登记颁证工作。深化集体林权制度改革，提高林权证发证率和到户率。推进国有林场改革试点，探索国有林区改革。加快推进牧区草原承包工作，启动牧区草原承包经营权确权登记颁证试点。

（二）加快推进征地制度改革。依法征收农民集体所有土地，要提高农民在土地增值收益中的分配比例，确保被征地农民生活水平有提高、长远生计有保障。加快修订土地管理法，尽快出台农民集体所有土地征收补偿条例。完善征地补偿办法，合理确定补偿标准，严格征地程序，约束征地行为，补偿资金不落实的不得批准和实施征地。改革和完善农村宅基地制度，加强管理，依法保障农户宅基地使用权。依法推进农村土地综合整治，严格规范城乡建设用地增减挂钩试点和集体经营性建设用地流转。农村集体非经营性建设用地不得进入市场。

（三）加强农村集体"三资"管理。因地制宜探索集体经济多种有效实现形式，不断壮大集体经济实力。以清产核资、资产量化、股权管理为主要内容，加快推进农村集体"三资"管理的制度化、规范化、信息化。健全农村集体财务预决算、收入管理、开支审批、资产台账和资源登记等制度，严格农村集体资产承包、租赁、处置和资源开发利用的民主程序，支持建设农村集体"三资"信息化监管平台。鼓励具备条件的地方推进农村集体产权股份合作制改革。探索集体经济组织成员资格界定的具体办法。

六、改进农村公共服务机制，积极推进城乡公共资源均衡配置

按照提高水平、完善机制、逐步并轨的要求，大力推动社会事业发展和基础设施建设向农村倾斜，努力缩小城乡差距，加快实现城乡基本公共服务均等化。

（一）加强农村基础设施建设。加大公共财政对农村基础设施建设的覆盖力度，逐步建立投入保障和运行管护机制。"十二五"期间基本解决农村饮水安全问题。农村电网升级改造要注重改善农村居民用电和农业生产经营供电设施，中央投资继续支持农村水电供电区电网改造和农村水电增效扩容改造。推进西部地区、连片特困地区乡镇、建制村通沥青（水泥）路建设和东中部地区县乡公路改造、连通工程建设，加大农村公路桥梁、安保工程建设和渡口改造力度，继续推进农村乡镇客运站网建设。加快宽带网络等农村信息基础设施建设。促进农村沼气可持续发展，优化项目结构，创新管理方式，鼓励新技术研发应用。加大力度推进农村危房改造和国有林区（场）棚户区、国有垦区危房改造，加快实施游牧民定居工程和以船为家渔民上岸安居工程。健全村级公益事业一事一议财政奖补机制，积极推进公益性乡村债务清理化解试点。科学规划村庄建设，严格规划管理，合理控制建设强度，注重方便农民生产生活，保持乡村功能和特色。制定专门规划，启动专项工程，加大力度保护有历史文化价值和民族、地域元素的传统村落和民居。农村居民点迁建和村庄撤并，必须尊重农民意愿，经村民会议同意。不提倡、不鼓励在城镇规划区外拆并村庄、建设大规模的农民集中居住区，不得强制农民搬迁和上楼居住。加强山洪、地质灾害防治，加大避灾移民搬迁投入。

（二）大力发展农村社会事业。完善农村中小学校舍建设改造长效机制。办好村小学和教学点，改善办学条件，配强师资力量，方便农村学生就近上学。设立专项资金，对在连片特困地区乡、村学校和教学点工作的教师给予生活补助。深入实施农村重点文化惠民工程，建立农村文化投入保障机制。健全农村三级医疗卫生服务网络，加强乡村医生队伍建设。继续提高新型农村合作医疗政府补助标准，积极推进异地结算。健全新型农村社会养老保险政策体系，建立科学合理的保障水平调整机制，研究探索与其他养老保险制度衔接整合的政策措施。加强农村最低生活保障的规范管理，有条件的地方研究制定城乡最低生活保障相对统一的标准。完善农村优抚制度，加快农村社会养老服务体系建设。加大扶贫开发投入，全面实施连片特困地区区域发展与扶贫攻坚规划。搞好农村人口和计划生育工作。

（三）有序推进农业转移人口市民化。把推进人口城镇化特别是农民工在城镇落户作为城镇化的重要任务。加快改革户籍制度，落实放宽中小城市和小城镇落户条件的政策。加强农民工职业培训、社会保障、权益保护，推动农民工平等享有劳动报酬、子女教育、公共卫生、计划生育、住房租购、文化服务等基本权益，努力实现城镇基本公共服务常住人口全覆盖。各级党委、政府和社会各界要高度重视农村留守儿童、留守妇女、留守老人问题，加强生产扶持、社会救助、人文关怀，切实保障他们的基本权益和人身安全。

（四）推进农村生态文明建设。加强农村生态建设、环境保护和综合整治，努力建设美丽乡村。加大三北防护林、天然林保护等重大生态修复工程实施力度，推进荒漠化、石漠化、水土流失综合治理。巩固退耕还林成果，统筹安排新的退耕还林任务。探索开展沙化土地封禁保护区建设试点工作。加强国家木材战略储备基地和林区基础设施建设，提高中央财政国家级公益林补偿标准，增加湿地保护投入，完善林木良种、造林、森林抚育等林业补贴政策，积极发展林下经济。继续实施草原生态保护补助奖励政策。加强农作物秸秆综合利用。搞好农村垃圾、污水处理和土壤环境治理，实施乡村清洁工程，加快农村河道、水环境综合整治。发展乡村旅游和休闲农业。创建生态文明示范县和示范村镇。开展宜居村镇建设综合技术集成示范。

七、完善乡村治理机制，切实加强以党组织为核心的农村基层组织建设

顺应农村经济社会结构、城乡利益格局、农民思想观念的深刻变化，加强农村基层党建工作，不断推进农村基层民主政治建设，提高农村社会管理科学化水平，建立健全符合国情、规范有序、充满活力的乡村治理机制。

（一）强化农村基层党组织建设。切实发挥基层党组织战斗堡垒作用，夯实党在农村的执政基础。扩大农村党组织和党的工作覆盖面，加强基层党组织带头人队伍建设。强化村干部"一定三有"政策，健全村级组织运转和基本公共服务经费保障机制，提升推动农村发展、服务农民群众能力。加强农民合作社党建工作，完善组织设置，理顺隶属关系，探索功能定位。加强农村党风廉政建设，强化农村基层干部教育、管理和监督，开展集中查办和预防涉农惠农领域贪污贿赂等职务犯罪专项工作，坚决查处发生在农民身边的腐败问题。

（二）加强农村基层民主管理。进一步健全村党组织领导的充满活力的村民自治机制，继续推广"四议两公开"等工作法。充分发挥村务监督委员会作用，逐步建立责权明晰、衔接配套、运转有效的村级民主监督机制。不断完善村务公开民主管理，以县（市、区）为单位统一公开目录和时间，丰富公开内容，规范公开程序，实现村务公开由事后公开向事前、事中延伸。深入推进乡镇政务公开，推行乡镇财政预算、公共资源配置、重大建设项目、社会公益事业等领域的信息公开。有序发展民事调解、文化娱乐、红白喜事理事会等社区性社会组织，发挥农民自我管理、自我服务、自我教育、自我监督的作用。

（三）维护农民群众合法权益。坚持党和政府主导，依法维护、统筹兼顾广大农民群众多种利益，畅通和规范诉求表达、利益协调、权益保障渠道，加强农村信访工作，引导群众依法理性维护自身权益。通过人民调解、行政调解、司法调解等有效途径，妥善处理农村各种矛盾纠纷。依法保障外出村民在本村、外来人口在居住村的民主权利和物质利益。推进和谐矿区建设。建立减轻农民负担长效机制。巩固乡镇机构改革成果，加强社会管理和公共服务职能，推动乡镇干部直接联系服务群众。

（四）保障农村社会公共安全。加强农村抗灾救灾、警务消防、疫病防控等设施建设，严格执行农村学校、医院等公共设施建筑质量标准，增强农村突发公共事件和自然灾害的应对处置能力。深化农村平安建设，完善立体化社会治安防控体系，落实在农村警务室连续工作一定年限人员的有关激励政策。加强农村交通安全管理，创建平安畅通县市。依法打击乡村黑恶势力、黄赌毒和各种刑事犯罪。切实加强农村精神文明建设，深入开展群众性精神文明创建活动，全面提高农民思想道德素质和科学文化素质。加强农村法制宣传教育，落实党的民族和宗教政策，树立健康文明、遵纪守法的社会新风尚。

各级党委和政府要切实加强和改善对“三农”工作的领导，确保劲头不松懈、力度不减弱、力量有加强。各级党政领导干部要把熟悉党的“三农”政策和国情农情作为必修课，把善于做好新时期“三农”工作当作基本功，切实转变工作作风，深入基层调查研究，不断提高“三农”工作水平。要坚持从实际出发，因地制宜、分类指导各地推动“三农”工作。各地区各部门要明确职责分工，加强监督检查，实施绩效评价，开展强农惠农富农政策执行情况“回头看”，确保不折不扣落到实处。尊重农民首创精神，鼓励各地积极探索、勇于改革、大胆创新，做好农村改革试验区工作，及时总结推广各地成功经验。

加快发展现代农业，进一步增强农村发展活力，意义重大、任务繁重。让我们紧密团结在以习近平同志为总书记的党中央周围，奋力拼搏，锐意进取，求真务实，再创农村改革发展新的辉煌！

四、2014年中央一号文件

关于全面深化农村改革加快推进农业现代化的若干意见

2013年，农业农村发展持续向好、稳中有进，粮食生产再创历史新高，城乡居民收入差距继续缩小，农村改革向纵深推进，农村民生有新的改善，农村社会保持和谐稳定。

我国经济社会发展正处在转型期，农村改革发展面临的环境更加复杂、困难挑战增多。工业化信息化城镇化快速发展对同步推进农业现代化的要求更为紧迫，保障粮食等重要农产品供给与资源环境承载能力的矛盾日益尖锐，经济社会结构深刻变化对创新农村社会管理提出了亟待破解的课题。必须全面贯彻落实党的十八大和十八届三中全会精神，进一步解放思想，稳中求进，改革创新，坚决破除体制机制弊端，坚持农业基础地位不动摇，加快推进农业现代化。

全面深化农村改革，要坚持社会主义市场经济改革方向，处理好政府和市场的关系，激发农村经济社会活力；要鼓励探索创新，在明确底线的前提下，支持地方先行先试，尊重农民群众实践创造；要因地制宜、循序渐进，不搞"一刀切"、不追求一步到位，允许采取差异性、过渡性的制度和政策安排；要城乡统筹联动，赋予农民更多财产权利，推进城乡要素平等交换和公共资源均衡配置，让农民平等参与现代化进程、共同分享现代化成果。

推进中国特色农业现代化，要始终把改革作为根本动力，立足国情农情，顺应时代要求，坚持家庭经营为基础与多种经营形式共同发展，传统精耕细作与现代物质技术装备相辅相成，实现高产高效与资源生态永续利用协调兼顾，加强政府支持保护与发挥市场配置资源决定性作用功能互补。要以解决好地怎么种为导向加快构建新型农业经营体系，以解决好地少水缺的资源环境约束为导向深入推进农业发展方式转变，以满足吃得好吃得安全为导向大力发展优质安全农产品，努力走出一条生产技术先进、经营规模适度、市场竞争力强、生态环境可持续的中国特色新型农业现代化道路。

2014年及今后一个时期，农业农村工作要以邓小平理论、"三个代表"重要思想、科学发展观为指导，按照稳定政策、改革创新、持续发展的总要求，力争在体制机制创新上取得新突破，在现代农业发展上取得新成就，在社会主义新农村建设上取得新进展，为保持经济社会持续健康发展提供有力支撑。

一、完善国家粮食安全保障体系

（一）抓紧构建新形势下的国家粮食安全战略。把饭碗牢牢端在自己手上，是治国理政必须长期坚持的基本方针。综合考虑国内资源环境条件、粮食供求格局和国际贸易环境变化，实施以我为主、立足国内、确保产能、适度进口、科技支撑的国家粮食安全战略。任何时候都不能放松国内粮食生产，严守耕地保护红线，划定永久基本农田，不断提升农业综合生产能力，确保谷物基本自给、口粮绝对安全。更加积极地利用国际农产品市场和农业资源，有效调剂和补充国内粮食供给。在重视粮食数量的同时，更加注重品质和质量安全；在保障当期供给的同时，更加注重农业可持续发展。加大力度落实“米袋子”省长负责制，进一步明确中央和地方的粮食安全责任与分工，主销区也要确立粮食面积底线、保证一定的口粮自给率。增强全社会节粮意识，在生产流通消费全程推广节粮减损设施和技术。

（二）完善粮食等重要农产品价格形成机制。继续坚持市场定价原则，探索推进农产品价格形成机制与政府补贴脱钩的改革，逐步建立农产品目标价格制度，在市场价格过高时补贴低收入消费者，在市场价格低于目标价格时按差价补贴生产者，切实保证农民收益。2014 年，启动东北和内蒙古大豆、新疆棉花目标价格补贴试点，探索粮食、生猪等农产品目标价格保险试点，开展粮食生产规模经营主体营销贷款试点。继续执行稻谷、小麦最低收购价政策和玉米、油菜籽、食糖临时收储政策。

（三）健全农产品市场调控制度。综合运用储备吞吐、进出口调节等手段，合理确定不同农产品价格波动调控区间，保障重要农产品市场基本稳定。科学确定重要农产品储备功能和规模，强化地方尤其是主销区的储备责任，优化区域布局和品种结构。完善中央储备粮管理体制，鼓励符合条件的多元市场主体参与大宗农产品政策性收储。健全“菜篮子”市长负责制考核激励机制，完善生猪市场价格调控体系，抓好牛羊肉生产供应。进一步开展国家对农业大县的直接统计调查。编制发布权威性的农产品价格指数。

（四）合理利用国际农产品市场。抓紧制定重要农产品国际贸易战略，加强进口农产品规划指导，优化进口来源地布局，建立稳定可靠的贸易关系。有关部门要密切配合，加强进出境动植物检验检疫，打击农产品进出口走私行为，保障进口农产品质量安全和国内产业安全。加快实施农业走出去战略，培育具有国际竞争力的粮棉油等大型企业。支持到境外特别是与周边国家开展互利共赢的农业生产和进出口合作。鼓励金融机构积极创新为农产品国际贸易和农业走出去服务的金融品种和方式。探索建立农产品国际贸易基金和海外农业发展基金。

（五）强化农产品质量和食品安全监管。建立最严格的覆盖全过程的食品安全监管制度，完善法律法规和标准体系，落实地方政府属地管理和生产经营主体责任。支持标准化生产、重点产品风险监测预警、食品追溯体系建设，加大批发市场质量安全检验检测费用补助力度。加快推进县乡食品、农产品质量安全检测体系和监管能力建设。严格农业投入品管理，大力开展园艺作物标准园、畜禽规模化养殖、水产健康养殖等创建活动。完善农产品质量和食品安全工作考核评价制度，开展示范市、县创建试点。

二、强化农业支持保护制度

（六）健全“三农”投入稳定增长机制。完善财政支农政策，增加“三农”支出。公共财政要坚持把“三农”作为支出重点，中央基建投资继续向“三农”倾斜，优先保证“三农”投入稳定增长。拓宽“三农”投入资金渠道，充分发挥财政资金引导作用，通过贴息、奖励、风险补偿、税费减免等措施，带动金融和社会资金更多投入农业农村。

（七）完善农业补贴政策。按照稳定存量、增加总量、完善方法、逐步调整的要求，积极开展改进农业补贴办法的试点试验。继续实行种粮农民直接补贴、良种补贴、农资综合补贴等政策，新增补贴向粮食等重要农产品、新型农业经营主体、主产区倾斜。在有条件的地方开展按实际粮食播种面积或产量对生产者补贴试点，提高补贴精准性、指向性。加大农机购置补贴力度，完善补贴办法，继续推进农机报废更新补贴试点。强化农业防灾减灾稳产增产关键技术补助。继续实施畜牧良种补贴政策。

（八）加快建立利益补偿机制。加大对粮食主产区的财政转移支付力度，增加对商品粮生产大省和粮油猪生产大县的奖励补助，鼓励主销区通过多种方式到主产区投资建设粮食生产基地，更多地承担国家粮食储备任务，完善粮食主产区利益补偿机制。支持粮食主产区发展粮食加工业。降低或取消产粮大县直接用于粮食生产等建设项目资金配套。完善森林、草原、湿地、水土保持等生态补偿制度，继续执行公益林补偿、草原生态保护补助奖励政策，建立江河源头区、重要水源地、重要水生态修复治理区和蓄滞洪区生态补偿机制。支持地方开展耕地保护补偿。

（九）整合和统筹使用涉农资金。稳步推进从财政预算编制环节清理和归并整合涉农资金。支持黑龙江省进行涉农资金整合试点，在认真总结经验基础上，推动符合条件的地方开展涉农资金整合试验。改革项目审批制度，创造条件逐步下放中央和省级涉农资金项目审批权限。改革项目管理办法，加快项目实施和预算执行，切实提高监管水平。加强专项扶贫资金监管，强化省、市两级政府对资金和项目的监督责任，县级政府切实管好用好扶贫资金。盘活农业结余资金和超规定期限的结转资金，由同级预算统筹限时用于农田水利等建设。

（十）完善农田水利建设管护机制。深化水利工程管理体制改革，加快落实灌排工程运行维护经费财政补助政策。开展农田水利设施产权制度改革和创新运行管护机制试点，落实小型水利工程管护主体、责任和经费。通过以奖代补、先建后补等方式，探索农田水利基本建设新机制。深入推进农业水价综合改革。加大各级政府水利建设投入，落实和完善土地出让收益计提农田水利资金政策，提高水资源费征收标准、加大征收力度。完善大中型水利工程建设征地补偿政策。谋划建设一批关系国计民生的重大水利工程，加强水源工程建设和雨洪水资源化利用，启动实施全国抗旱规划，提高农业抗御水旱灾害能力。实施全国高标准农田建设总体规划，加大投入力度，规范建设标准，探索监管维护机制。

（十一）推进农业科技创新。深化农业科技体制改革，对具备条件的项目，实施法人责任制和专员制，推行农业领域国家科技报告制度。明晰和保护财政资助科研成果产权，创新成果转化机制，发展农业科技成果托管中心和交易市场。采取多种方式，引导和支持科研机构与企业联合研发。加大农业科技创新平台基地建设和技术集成推广力度，推动发展国家农业科技园区协同创新战略联盟，支持现代农业产业技术体系建设。加强以分子育种为重点的基础研究和生物技术开发，建设以农业物联网和精准装备为重点的农业全程信息化和机械化技术体系，推进以设施农业和农产品精深加工为重点的新兴产业技术研发，组织重大农业科技攻关。继续开展高产创建，加大农业先进适用技术推广应用和农民技术培训力度。发挥现代农业示范区的引领作用。加强农用航空建设。将农业作为财政科技投入优先领域，引导金融信贷、风险投资等进入农业科技创新领域。推行科技特派员制度，发挥高校在农业科研和农技推广中的作用。

（十二）加快发展现代种业和农业机械化。建立以企业为主体的育种创新体系，推进种业人才、资源、技术向企业流动，做大做强育繁推一体化种子企业，培育推广一批高产、优质、抗逆、适应机械化生产的突破性新品种。推行种子企业委托经营制度，强化种子全程可追溯管理。加快推进大田作物生产全程机械化，主攻机插秧、机采棉、甘蔗机收等薄弱环节，实现作物品种、栽培技术和机械装备的集成配套。积极发展农机作业、维修、租赁等社会化服务，支持发展农机合作社等服务组织。

（十三）加强农产品市场体系建设。着力加强促进农产品公平交易和提高流通效率的制度建设，加快制定全国农产品市场发展规划，落实部门协调机制，加强以大型农产品批发市场为骨干、覆盖全国的市场流通网络建设，开展公益性农产品批发市场建设试点。健全大宗农产品期货交易品种体系。加快发展主产区大宗农产品现代化仓储物流设施，完善鲜活农产品冷链物流体系。支持产地小型农产品收集市场、集配中心建设。完善农村物流服务体系，推进农产品现代流通综合示范区创建，加快邮政系统服务“三农”综合平台建设。实施粮食收储、供应安全保障工程。启动农村流通设施和农产品批发市场信息化提升工程，加强农产品电子商务平台建设。加快清除农产品市场壁垒。

三、建立农业可持续发展长效机制

（十四）促进生态友好型农业发展。落实最严格的耕地保护制度、节约集约用地制度、水资源管理制度、环境保护制度，强化监督考核和激励约束。分区域规模化推进高效节水灌溉行动。大力推进机械化深松整地和秸秆还田等综合利用，加快实施土壤有机质提升补贴项目，支持开展病虫害绿色防控和病死畜禽无害化处理。加大农业面源污染防治力度，支持高效肥和低残留农药使用、规模养殖场畜禽粪便资源化利用、新型农业经营主体使用有机肥、推广高标准农膜和残膜回收等试点。

（十五）开展农业资源休养生息试点。抓紧编制农业环境突出问题治理总体规划和农业可持续发展规划。启动重金属污染耕地修复试点。从 2014 年开始，继续在陡坡耕地、严重沙化耕地、重要水源地实施退耕还林还草。开展华北地下水超采漏斗区综合治理、湿地生态效益补偿和退耕还湿试点。通过财政奖补、结构调整等综合措施，保证修复区农民总体收入水平不降低。

（十六）加大生态保护建设力度。抓紧划定生态保护红线。继续实施天然林保护、京津风沙源治理二期等林业重大工程。在东北、内蒙古重点国有林区，进行停止天然林商业性采伐试点。推进林区森林防火设施建设和矿区植被恢复。完善林木良种、造林、森林抚育等林业补贴政策。加强沙化土地封禁保护。加大天然草原退牧还草工程实施力度，启动南方草地开发利用和草原自然保护区建设工程。支持饲草料基地的品种改良、水利建设、鼠虫害和毒草防治。加大海洋生态保护力度，加强海岛基础设施建设。严格控制渔业捕捞强度，继续实施增殖放流和水产养殖生态环境修复补助政策。实施江河湖泊综合整治、水土保持重点建设工程，开展生态清洁小流域建设。

附录二　近几年国家关于农民福利改进的重要文件

国务院办公厅关于进一步加强乡村医生队伍建设的指导意见

各省、自治区、直辖市人民政府，国务院各部委、各直属机构：

乡村医生是具有中国特色、植根广大农村的卫生工作者，长期以来在维护广大农村居民健康方面发挥着难以替代的作用。随着农村经济体制改革和医改工作的深入推进，乡村医生队伍发展遇到了新的情况和问题。为确保农村医疗卫生服务“网底”不破，保障广大农村居民基本医疗和公共卫生服务的公平性、可及性，根据深化医药卫生体制改革的有关精神，经国务院同意，现就进一步加强乡村医生队伍建设提出以下指导意见：

一、总体要求

按照保基本、强基层、建机制的要求，从实际出发，明确乡村医生职责，改善执业场所，实现村卫生室和乡村医生全覆盖；将村卫生室纳入基本药物制度和新型农村合作医疗（以下简称新农合）门诊统筹实施范围，完善乡村医生补偿、养老政策，健全培养培训制度，规范执业行为，强化管理指导，提高乡村医生服务水平，为农村居民提供安全有效、方便价廉的基本医疗卫生服务。

二、明确乡村医生职责

乡村医生（包括在乡村执业的执业医师、执业助理医师，下同）主要为农村居民提供公共卫生和基本医疗服务，包括在专业公共卫生机构和乡镇卫生院的指导下，按照服务标准和规范开展基本公共卫生服务；协助专业公共卫生机构落实重大公共卫生服务项目，按规定及时报告传染病疫情和中毒事件，处置突发公共卫生事件等；使用适宜药物、适宜技术和中医药方法为农村居民提供常见病、多发病的一般诊治，将超出诊治能力的患者及时转诊到乡镇卫生院及县级医疗机构；受卫生行政部门委托填写统计报表，保管有关资料，开展宣传教育和协助新农合筹资等工作。

三、实现村卫生室和乡村医生全覆盖

（一）明确村卫生室规划设置和建设标准。县级卫生行政部门根据区域卫生规划和医疗机构设置规划，综合考虑服务人口、居民需求以及地理条件等因素，合理规划村卫生室设置。原则上每个行政村设置1所村卫生室，人口较多或者居住分散的行政村可酌情增设；乡镇卫生院所在地的行政村原则上不设村卫生室。

村卫生室可以由乡村医生联办、个体举办，或者由政府、集体或单位举办，经县级卫生行政部门批准后设立。村卫生室的用房和基本设备按照国家规定的标准配备。各地要采取公建民营、政府补助等多种方式，支持村卫生室的房屋建设和设备购置。

（二）合理配置乡村医生。乡村医生可在村医疗卫生机构执业（包括村卫生室及按照国家有关规定开办的诊所等其他医疗卫生机构）。在村卫生室执业的乡村医生由县级卫生行政部门会同有关部门考核确定，原则上每千人应有1名乡村医生，居住分散的行政村可适当增加；每所村卫生室至少有1名乡村医生执业。

各地要对村卫生室和乡村医生情况进行全面摸底，对目前没有村卫生室和乡村医生的行政村，政府要积极鼓励有资质人员举办村卫生室，或者由政府建设村卫生室；积极采取定向培养、委托培训、乡镇卫生院派人驻点等多种方式引导乡村医生到村卫生室执业，确保2011年年底前每个应设村卫生室的行政村都有1所村卫生室，每个村卫生室都有乡村医生。

四、加强乡村医生和村卫生室管理

（一）严格乡村医生执业资格。乡村医生必须具有乡村医生执业证书或执业（助理）医师证书，并在卫生行政部门注册并获得相关执业许可。在村卫生室从事护理等其他服务的人员也应具备相应的合法执业资格。县级卫生行政部门要严格按照执业医师法和《乡村医生从业管理条例》等有关法律法规，加强准入管理。新进入村卫生室从事预防、保健和医疗服务的人员原则上应当具备执业助理医师及以上资格。严禁并坚决打击不具备资格人员非法行医。

（二）强化县级卫生等部门的管理职责。县级卫生行政部门要将乡村医生和村卫生室纳入管理范围，对其服务行为和药品器械使用等进行监管。要建立健全符合村卫生室功能定位的规章制度和业务技术流程，组织乡村医生培训。要科学划分乡镇卫生院和村卫生室的职能分工，合理分配基本公共卫生服务任务量，加强绩效考核。考核结果在所在行政村公示，并作为财政补助经费核算和对在村卫生室执业的乡村医生进行动态调整的依据。县级卫生、财政、价格等部门要加强对乡村医生和村卫生室补助经费使用的监管，督促其规范会计核算和财务管理，公开医疗服务和药品收费项目及价格，做到收费有单据、账目有记录、支出有凭证。

（三）加强乡镇卫生院对村卫生室的业务指导和管理。鼓励各地在不改变乡村医生人员身份和村卫生室法人、财产关系的前提下，积极推进乡镇卫生院和村卫生室一体化管理，由县级卫生行政部门委托乡镇卫生院对乡村医生和村卫生室进行技术指导、业务和药品器械供应管理以及绩效考核。乡镇卫生院要通过业务讲座、例会等多种方式加强对乡村医生的业务指导，对乡村医生及村卫生室药品器械供应使用和财务管理进行日常监督，在县级卫生行政部门统一组织下对乡村医生及村卫生室的服务质量和数量进行考核。

（四）提高村卫生室信息化水平。将村卫生室纳入基层医疗卫生机构信息化建设和管理范围，充分利用信息技术对其服务行为、药品器械供应使用加强管理和绩效考核，提高乡村医生及村卫生室的服务能力和管理水平。根据村卫生室的功能定位设计有关软件，建立统一规范的居民电子健康档案，实行乡镇卫生院和村卫生室统一的电子票据和处方笺。

五、将村卫生室纳入相关制度实施范围

（一）在村卫生室实施基本药物制度。将村卫生室纳入基本药物制度实施范围，执行基本药物制度的各项政策，实行基本药物集中采购、配备使用和零差率销售。在村卫生室执业的乡村医生要全部使用基本药物，基本药物由乡镇卫生院负责供应。

（二）积极将村卫生室纳入新农合门诊统筹实施范围。将符合条件的村卫生室纳入新农合定点医疗机构管理，并将村卫生室收取的一般诊疗费和使用的基本药物纳入新农合支付范围，支付比例不低于在乡镇卫生院就医的支付比例。要充分发挥新农合对乡村医生、村卫生室医疗费用和服务行为的监管作用。鼓励地方结合推进新农合门诊统筹，同步开展新农合支付方式改革，探索按人头支付、总额预付等多种支付方式，利用支付政策引导乡村医生和村卫生室转变服务行为，提高服务质量。要加强对新农合支付村卫生室诊疗和药品费用的监管，防止虚开单据，骗取套取新农合资金。

六、完善乡村医生补偿和养老政策

（一）健全多渠道补偿政策。根据乡村医生提供服务的数量和质量多渠道予以补偿。

对乡村医生提供的基本公共卫生服务，主要通过政府购买服务的方式进行合理补助。县级卫生行政部门根据乡村医生的职责、服务能力及服务人口数量，明确应当由乡村医生提供的基本公共卫生服务具体内容，并合理核定其任务量，确保与其功能定位和服务能力相适应。根据实际工作量，将相应比例的国家基本公共卫生服务经费拨付给乡村医生，不得挤占、截留或挪用。

对乡村医生提供的基本医疗服务，主要由个人和新农合基金进行支付。各地要按照《国务院办公厅关于建立健全基层医疗卫生机构补偿机制的意见》（国办发〔2010〕62号）要求，合理制定村卫生室一般诊疗费标准以及新农合支付标准和办法。在综合考虑新农合基金承受能力和不增加群众个人负担的前提下，充分发挥新农合对乡村医生的补偿作用。

村卫生室实施基本药物制度后，为保证在村卫生室执业的乡村医生合理收入不降低，各地要综合考虑基本医疗和公共卫生服务补偿情况，采取专项补助的方式对在村卫生室执业的乡村医生给予定额补偿。可以按照服务人口数量或者核定后的乡村医生人数制定补助标准，补助水平与对当地村干部的补助水平相衔接。具体补偿政策由各省（区、市）政府结合实际制定。

鼓励有条件的地方进一步提高对服务年限长和在偏远、条件艰苦地区执业的乡村医生的补助水平。

（二）积极解决乡村医生的养老问题。各地要结合新型农村社会养老保险制度（以下简称新农保）的推进，积极引导符合条件的乡村医生参加新农保，对符合新农保待遇领取条件的乡村医生发放养老金。各地政府可以采取补助等多种形式，妥善解决好老年乡村医生的保障和生活困难问题，具体办法由当地政府结合实际制定。

七、健全乡村医生培养培训制度

（一）加强乡村医生的培训。各省（区、市）卫生行政部门要合理制定乡村医生培养培训规划，采取临床进修、集中培训、城乡对口支援等多种方式，选派乡村医生到县级医疗卫生机构或医学院校接受培训。县级卫生行政部门对在村卫生室执业的乡村医生每年免费培训不少于两次，累计培训时间不少于两周。

（二）加强乡村医生后备力量建设。县级卫生行政部门要摸清并动态掌握本行政区域内乡村医生执业情况，着眼长远，编制乡村医生队伍建设规划，建立乡村医生后备人才库，从本地选派人员进行定向培养，及时补充到村卫生室。有条件的地方要制定优惠政策，吸引城市退休医生、执业（助理）医师和医学院校毕业生到村卫生室工作。各地要结合探索建立全科医生团队和推进签约服务模式，积极做好乡村医生队伍建设和全科医生队伍建设的衔接。

八、切实做好组织实施工作

（一）加强组织领导。地方各级人民政府要高度重视乡村医生在基层医疗卫生服务体系中的重要作用，将乡村医生队伍建设作为医改的重要工作，列入议事日程，完善相关配套政策，确保顺利实施。各有关部门要认真履行职责，强化协作配合，加大督促指导力度，确保各项工作扎实推进。

（二）制定实施方案。各省（区、市）要结合本地实际，进一步细化、实化相关政策措施，在本意见出台 30 个工作日内，制定具体实施方案，并报国务院医改办公室、卫生部、财政部、人力资源社会保障部备案。

（三）落实资金投入。各地区要督促指导县级人民政府积极调整财政支出结构，将完善乡村医生补偿和养老政策以及村卫生室建设等方面所需资金纳入财政年度预算，并及时拨付到位，确保资金专款专用，不得挤占和挪用。省级人民政府要承担统筹责任，进一步加大对困难地区的转移支付力度。中央财政将通过转移支付加大对困难地区的支持力度，并对在村卫生室执业的乡村医生实施基本药物制度给予必要的补助。严禁以任何名义向乡村医生收取、摊派国家规定之外的费用，要为乡村医生创造良好的执业环境。

国务院办公厅
二〇一一年七月二日

国务院办公厅关于规范农村义务教育学校布局调整的意见

各省、自治区、直辖市人民政府，国务院各部委、各直属机构：

随着我国进城务工人员随迁子女逐年增加、农村人口出生率持续降低，农村学龄人口不断下降，各地对农村义务教育学校进行了布局调整和撤并，改善了办学条件，优化了教师队伍配置，提高了办学效益和办学质量。但同时，农村义务教育学校大幅减少，导致部分学生上学路途变远、交通安全隐患增加，学生家庭经济负担加重，并带来农村寄宿制学校不足、一些城镇学校班额过大等问题。有的地方在学校撤并过程中，规划方案不完善，操作程序不规范，保障措施不到位，影响了农村教育的健康发展。为进一步规范农村义务教育学校布局调整，努力办好人民满意的教育，经国务院同意，现提出如下意见。

一、农村义务教育学校布局的总体要求

保障适龄儿童少年就近入学是义务教育法的规定，是政府的法定责任，是基本公共服务的重要内容。农村义务教育学校布局，要适应城镇化深入发展和社会主义新农村建设的新形势，统筹考虑城乡人口流动、学龄人口变化，以及当地农村地理环境及交通状况、教育条件保障能力、学生家庭经济负担等因素，充分考虑学生的年龄特点和成长规律，处理好提高教育质量和方便学生就近上学的关系，努力满足农村适龄儿童少年就近接受良好义务教育需求。

二、科学制定农村义务教育学校布局规划

县级人民政府要制定农村义务教育学校布局专项规划，合理确定县域内教学点、村小学、中心小学、初中学校布局，以及寄宿制学校和非寄宿制学校的比例，保障学校布局与村镇建设和学龄人口居住分布相适应，明确学校布局调整的保障措施。专项规划经上一级人民政府审核后报省级人民政府批准，并由省级人民政府汇总后报国家教育体制改革领导小组备案。

农村义务教育学校布局要保障学生就近上学的需要。农村小学1至3年级学生原则上不寄宿，就近走读上学；小学高年级学生以走读为主，确有需要的可以寄宿；初中学生根据实际可以走读或寄宿。原则上每个乡镇都应设置初中，人口相对集中的村寨要设置村小学或教学点，人口稀少、地处偏远、交通不便的地方应保留或设置教学点。各地要根据不同年龄段学生的体力特征、道路条件、自然环境等因素，合理确定学校服务半径，尽量缩短学生上下学路途时间。

三、严格规范学校撤并程序和行为

规范农村义务教育学校撤并程序。确因生源减少需要撤并学校的，县级人民政府必须严格履行撤并方案的制定、论证、公示、报批等程序。要统筹考虑学生上下学交通安全、寄宿生学习生活设施等条件保障，并通过举行听证会等多种有效途径，广泛听取学生家长、学校师生、村民自治组织和乡镇人民政府的意见，保障群众充分参与并监督决策过程。学校撤并应先建后撤，保证平稳过渡。撤并方案要逐级上报省级人民政府审批。在完成农村义务教育学校布局专项规划备案之前，暂停农村义务教育学校撤并。要依法规范撤并后原有校园校舍再利用工作，优先保障当地教育事业需要。

坚决制止盲目撤并农村义务教育学校。多数学生家长反对或听证会多数代表反对，学校撤并后学生上学交通安全得不到保障，并入学校住宿和就餐条件不能满足需要，以及撤并后将造成学校超大规模或“大班额”问题突出的，均不得强行撤并现有学校或教学点。已经撤并的学校或教学点，确有必要的由当地人民政府进行规划、按程序予以恢复。

四、办好村小学和教学点

对保留和恢复的村小学和教学点，要采取多种措施改善办学条件，着力提高教学质量。提高村小学和教学点的生均公用经费标准，对学生规模不足100人的村小学和教学点按100人核定公用经费，保证其正常运转。研究完善符合村小学和教学点实际的职称评定标准，职称晋升和绩效工资分配向村小学和教学点专任教师倾斜，鼓励各地采取在绩效工资中设立岗位津贴等有效政策措施支持优秀教师到村小学和教学点工作。加快推进农村教育信息化建设，为村小学和教学点配置数字化优质课程教学资源。中心学校要发挥管理和指导作用，统筹安排课程，组织巡回教学，开展连片教研，推动教学资源共享，提高村小学和教学点教学质量。

五、解决学校撤并带来的突出问题

加强农村寄宿制学校建设和管理。学校撤并后学生需要寄宿的地方，要按照国家或省级标准加强农村寄宿制学校建设，为寄宿制学校配备教室、学生宿舍、食堂、饮用水设备、厕所、澡堂等设施和聘用必要的管理、服务、保安人员，寒冷地区要配备安全的取暖设施。有条件的地方应为学校配备心理健康教师。要科学管理学生作息时间，培养学生良好生活习惯，开展符合学生身心特点、有益于健康成长的校园活动，加强寄宿制学校安全管理和教育。

各地人民政府要认真落实《校车安全管理条例》，切实保障学生上下学交通安全。要通过增设农村客运班线及站点、增加班车班次、缩短发车间隔、设置学生专车等方式，满足学生的乘车需求。公共交通不能满足学生上学需要的，要组织提供校车服务。严厉查处接送学生车辆超速、超员和疲劳驾驶等违法行为，坚决制止采用低速货车、三轮汽车、拖拉机以及拼装车、报废车等车辆接送学生。

高度重视并逐步解决学校撤并带来的“大班额”问题。各地要通过新建、扩建、改建学校和合理分流学生等措施，使学校班额符合国家标准。班额超标学校不得再接收其他学校并入的学生。对教育资源较好学校的“大班额”问题，要通过实施学区管理、建立学校联盟、探索集团化办学等措施，扩大优质教育资源覆盖面，合理分流学生。

六、开展农村义务教育学校布局调整专项督查

省级人民政府教育督导机构要对农村义务教育学校布局是否制订专项规划、调整是否合理、保障措施是否到位、工作程序是否完善、村小学和教学点建设是否合格等进行专项督查，督查结果要向社会公布。对存在问题较多、社会反映强烈的地方，要责成其限期整改。对因学校撤并不当引起严重不良后果的，要依照法律和有关规定追究责任。县级人民政府要认真开展农村义务教育学校布局调整工作检查，及时发现并解决好存在的问题。教育部要会同有关部门加强对各地规范农村义务教育学校布局调整工作的督促指导。

国务院办公厅

2012年9月6日

国务院办公厅关于进一步做好减轻农民负担工作的意见

各省、自治区、直辖市人民政府，国务院各部委、各直属机构：

近年来，随着国家强农惠农富农政策实施力度的逐步加大和农民负担监管工作的不断加强，农民负担总体上保持在较低水平，由此引发的矛盾大幅减少，农村干群关系明显改善。但最近一个时期以来，一些地方对减轻农民负担工作重视程度有所下降，监管力度有所减弱，涉农乱收费问题不断出现，向农民集资摊派现象有所抬头，惠农补贴发放中乱收代扣问题时有发生，一事一议筹资筹劳实施不够规范，部分领域农民负担增长较快。为进一步做好减轻农民负担工作，切实防止农民负担反弹，经国务院同意，现提出如下意见：

一、明确减轻农民负担工作的总体要求

做好减轻农民负担工作，要全面贯彻落实科学发展观，以维护农民合法权益为中心，以规范涉农收费为重点，以强化监督检查为手段，将农民负担监管工作融入到统筹城乡发展、加强农村社会管理、落实强农惠农富农政策中，将农民负担监管领域向农村基础设施建设、农村公共服务、农业社会化服务等方面延伸，创新监管思路、拓展监管范围、强化工作措施、加强制度建设，严格禁止各种不合理收费和集资摊派，坚决纠正违反政策规定加重农民负担的行为，确保农民负担继续控制在较低水平，促进农村社会和谐稳定。

二、严格管理涉农收费和价格

面向农民的行政事业性收费必须严格按照法律法规和国务院相关规定收取，严禁向农民“搭车”收费或摊派各种费用。严格执行涉农收费文件“审核制”，防止出台加重农民负担的政策文件；全面推进涉农收费和价格“公示制”，及时更新公示内容、创新公示形式，提高收费透明度。加强对农村义务教育、计划生育、农民建房、婚姻登记、生猪屠宰等领域乱收费的重点监督，深入开展行业专项检查，解决农民反映的突出问题。对农村义务教育阶段的学校，要坚持学生自愿征订教辅资料的原则，不得突破“一教一辅”；突出学生食堂的公益性，合理控制饭菜价格，不得按学期或年度向就餐学生收取餐费；严禁以赞助、捐助的名义向村级组织摊派教师工资和活动经费。对不符合有关法律规定生育子女的农民，除依法征收社会抚养费外，严禁收取其他费用。对依法利用农村集体土地新建、翻建自用住房的农民，除收取土地和房屋权属证书工本费外，严禁收取其他费用。对办理婚姻登记的农民，除收取婚姻登记证书工本费外，严禁收取其他费用。对生猪养殖户，严禁在屠宰环节多收乱收费用。对农民的各种补贴补偿款，不得抵扣和代缴其他费用，不得“搭车”收费或配售商品。要在总结农业综合水价改革试点经验的基础上，进一步完善有关政策措施，降低农民水费支出。

三、规范实施村民一事一议筹资筹劳

开展一事一议筹资筹劳，要充分尊重农民意愿，严格规范议事程序，准确界定适用范围，合理确定限额标准。各省级人民政府要进一步完善本地区村民一事一议筹资筹劳实施办法。从2013年开始，一事一议筹资筹劳限额标准按绝对数额确定。一事一议项目不需农民投工或农民投工难以完成的，不得筹劳；确需农民投工的，要按实际需要合理确定筹劳数量；自愿以资代劳的，要严格控制数量、比例及工价标准，防止用自愿以资代劳名义变相向农民筹资。完善一事一议筹资筹劳操作程序，按照民主议事、方案审核、政府补助、验收检查等环节操作，规范组织实施。加大专项检查力度，坚决纠正层层下放限额标准权限，乡镇统筹使用、县级集中管理一事一议筹资筹劳资金以及套取、挪用政府补助资金等违规问题。全面推进村级公益事业建设一事一议财政奖补工作，加大奖补力度，扩大奖补覆盖面，完善制度办法，促进村级公益事业健康发展。

四、深入治理加重村级组织和农民专业合作社负担问题

加强对向村级组织收费事项的日常审核监管，防止乱收费和各种摊派行为。严禁将应由政府承担的建设和服务费用、部门工作经费转由村级组织承担，严禁地方有关部门或单位委托村级组织向农民收取费用。村级组织不得擅自设立项目向农民收费，严禁用罚款和违规收取押金、违约金等方式来管理村务。严格执行村级组织公费订阅报刊“限额制”，禁止任何组织和个人向村级组织摊派发行报刊、图书和音像制品等出版物，逐步加大主要党报党刊向村级组织免费赠阅力度。加强农民专业合作社负担监管，深入治理乱收费、乱罚款和集资摊派等问题，加大动态监管和跟踪督查力度，推动落实各项优惠扶持政策。

五、建立和完善农民负担监管制度

抓紧建立健全涉及农民负担政策文件会签、信息公开和备案制度，各级有关部门出台涉及农民负担的政策文件必须会签同级人民政府农民负担监管部门。全面推行农村基础设施建设项目审核制度，对各级部门实施的建设项目，应由政府投入的，要及时足额到位，不得向农民和村级组织摊派；需要农民筹资筹劳的，必须经过同级人民政府农民负担监管部门审核，防止向村级组织和农民转嫁负担。建立农民参与农村基础设施建设项目管理机制，提高农民民主议事能力和管理水平。进一步完善农民负担监督卡制度，及时更新内容，标明举报电话，便于农民监督和反映问题。建立和完善农民负担监测制度，扩大监测范围，提高监测质量，为政府决策提供科学依据。

六、加强涉及农民负担事项的检查监督

地方各级人民政府要对减轻农民负担政策落实情况和强农惠农富农政策落实中涉及农民负担情况进行年度检查，检查结果在适当范围内通报，对发现的问题要跟踪督办。要结合实际，选择突出问题和重点领域开展专项治理，强化治理措施，确保治理成效。有关部门要严格执行谁主管、谁负责的部门责任制，深入开展自查自纠，切实解决本系统、本部门加重农民负担问题。中央和省级有关部门要选择问题较多的市（地）、县，省级和市级有关部门也要选择问题较多的县、乡，联合开展农民负担综合治理，督促制定治理方案，排查突出问题，限期整改到位，切实防止区域性、行业性农民负担反弹。加大对涉及农民筹资筹劳事项的专项审计力度，及时公布审计结果，接受农民群众监督。进一步畅通农民负担信访渠道，加强综合协调，推动解决信访反映的重点难点问题。

七、严肃查处涉及农民利益的违规违纪行为

加大对涉及农民利益违规违纪问题的查处力度，对向农民、村级组织和农民专业合作社违规违纪收取的各种款项，坚决予以退还；对违规使用的农民劳务，按当地工价标准给予农民合理补偿；对擅自出台、设立涉及加重农民负担的文件和收费项目、建设项目，坚决予以撤销；对擅自提高的收费标准，坚决予以降低。严格实行农民负担责任追究制度，对违反政策规定，加重农民负担或影响强农惠农富农政策落实的相关责任人员，要依照有关规定予以严肃处理。

八、加强减轻农民负担工作的组织领导

地方各级人民政府要坚持主要领导亲自抓、负总责的工作制度，加强组织领导，层层落实责任，坚持实行减轻农民负担“一票否决”制度，继续保持减轻农民负担的高压态势，绝不能因为农业税的取消而思想麻痹，绝不能因为农民收入增加和农民负担水平下降而工作松懈。要健全减轻农民负担工作领导机构，加强队伍建设，保证工作经费，确保农民负担监管工作的顺利开展。要加强调查研究，及时掌握并妥善解决统筹城乡发展中涉农负担出现的新情况新问题，防止苗头性、局部性问题演变成趋势性、全局性问题。要加大对基层干部的宣传培训力度，不断提高其农村政策水平，增强服务能力。有关部门要加强对各地减轻农民负担工作情况的督导，及时通报结果。各省级人民政府要根据本意见的要求，结合本地实际，抓紧制定具体实施意见。

国务院办公厅
二〇一二年四月十七日

国务院关于支持农业产业化龙头企业发展的意见

各省、自治区、直辖市人民政府，国务院各部委、各直属机构：

农业产业化是我国农业经营体制机制的创新，是现代农业发展的方向。农业产业化龙头企业（以下简称龙头企业）集成利用资本、技术、人才等生产要素，带动农户发展专业化、标准化、规模化、集约化生产，是构建现代农业产业体系的重要主体，是推进农业产业化经营的关键。支持龙头企业发展，对于提高农业组织化程度、加快转变农业发展方式、促进现代农业建设和农民就业增收具有十分重要的作用。为加快发展农业产业化经营，做大做强龙头企业，现提出如下意见：

一、总体思路、基本原则和主要目标

（一）总体思路。坚持为农民服务的方向，以加快转变经济发展方式为主线，以科技进步为先导，以市场需求为坐标，加强标准化生产基地建设，大力发展农产品加工，创新流通方式，不断拓展产业链条，推动龙头企业集群集聚，完善扶持政策，强化指导服务，增强龙头企业辐射带动能力，全面提高农业产业化经营水平。

（二）基本原则。坚持家庭承包经营制度，充分尊重农民的土地承包经营权，健全土地承包经营权流转市场，引导发展适度规模经营；坚持遵循市场经济规律，充分发挥市场配置资源的基础性作用，尊重企业与农户的市场主体地位和经营决策权，不搞行政干预；坚持因地制宜，实行分类指导，探索适合不同地区的农业产业化发展途径；坚持机制创新，大力发展龙头企业联结农民专业合作社、带动农户的组织模式，与农户建立紧密型利益联结机制。

（三）主要目标。培育壮大龙头企业，打造一批自主创新能力强、加工水平高、处于行业领先地位的大型龙头企业；引导龙头企业向优势产区集中，形成一批相互配套、功能互补、联系紧密的龙头企业集群；推进农业生产经营专业化、标准化、规模化、集约化，建设一批与龙头企业有效对接的生产基地；强化农产品质量安全管理，培育一批产品竞争力强、市场占有率高、影响范围广的知名品牌；加强产业链建设，构建一批科技水平高、生产加工能力强、上中下游相互承接的优势产业体系；强化龙头企业社会责任，提升辐射带动能力和区域经济发展实力。

二、加强标准化生产基地建设，保障农产品有效供给和质量安全

（四）强化基础设施建设。切实加大资金投入，强化龙头企业原料生产基地基础设施建设。支持符合条件的龙头企业开展中低产田改造、高标准基本农田、土地整治、粮食生产基地、标准化规模养殖基地等项目建设，切实改善生产设施条件。国家用于农业农村的生态环境等建设项目，要对符合条件的龙头企业原料生产基地予以适当支持。

（五）推动规模化集约化发展。支持龙头企业带动农户发展设施农业和规模养殖，开展多种形式的适度规模经营，充分发挥龙头企业示范引领作用。深入实施“一村一品”强村富民工程，支持专业示范村镇建设，为龙头企业提供优质、专用原料。支持符合条件的龙头企业申请“菜篮子”产品生产扶持资金。龙头企业直接用于或者服务于农业生产的设施用地，按农用地管理。鼓励龙头企业使用先进适用的农机具，提升农业机械化水平。

（六）实施标准化生产。龙头企业要大力推进标准化生产，建立健全投入品登记使用管理制度和生产操作规程，完善农产品质量安全全程控制和可追溯制度，提高农产品质量安全水平。鼓励龙头企业开展粮棉油糖示范基地、园艺作物标准园、畜禽养殖标准化示范场、水产健康养殖示范场等标准化生产基地建设。支持龙头企业开展质量管理体系和无公害农产品、绿色食品、有机农产品认证。有关部门要建立健全农产品标准体系，鼓励龙头企业参与相关标准制订，推动行业健康有序发展。

三、大力发展农产品加工，促进产业优化升级

（七）改善加工设施装备条件。鼓励龙头企业引进先进适用的生产加工设备，改造升级贮藏、保鲜、烘干、清选分级、包装等设施装备。对龙头企业符合条件的固定资产，按照法律法规规定，缩短折旧年限或者采取加速折旧的方法折旧。对龙头企业从事国家鼓励发展的农产品加工项目且进口具有国际先进水平的自用设备，在现行规定范围内免征进口关税。对龙头企业购置符合条件的环境保护、节能节水等专用设备，依法享受相关税收优惠政策。对龙头企业带动农户与农民专业合作社进行产地农产品初加工的设施建设和设备购置给予扶持。

（八）统筹协调发展农产品加工。鼓励龙头企业合理发展农产品精深加工，延长产业链条，提高产品附加值。在确保口粮、饲料用粮和种子用粮的前提下，适度发展粮食深加工。认真落实国家有关农产品初加工企业所得税优惠政策。保障龙头企业开展农产品加工的合理用地需求。

（九）发展农业循环经济。支持龙头企业以农林剩余物为原料的综合利用和开展农林废弃物资源化利用、节能、节水等项目建设，积极发展循环经济。研发和应用餐厨废弃物安全资源化利用技术。加大畜禽粪便集中资源化力度，发挥龙头企业在构建循环经济产业链中的作用。

四、创新流通方式，完善农产品市场体系

（十）强化市场营销。支持大型农产品批发市场改造升级，鼓励和引导龙头企业参与农产品交易公共信息平台、现代物流中心建设，支持龙头企业建立健全农产品营销网络，促进高效畅通安全的现代流通体系建设。大力发展农超对接，积极开展直营直供。支持龙头企业参加各种形式的展示展销活动，促进产销有效对接。规范和降低超市和集贸市场收费，落实鲜活农产品运输“绿色通道”政策，结合实际完善适用品种范围，降低农产品物流成本。铁道、交通运输部门要优先安排龙头企业大宗农产品和种子等农业生产资料运输。

（十一）发展新型流通业态。鼓励龙头企业大力发展连锁店、直营店、配送中心和电子商务，研发和应用农产品物联网，推广流通标准化，提高流通效率。支持龙头企业改善农产品贮藏、加工、运输和配送等冷链设施与设备。支持符合条件的国家和省级重点龙头企业承担重要农产品收储业务。探索发展生猪等大宗农产品期货市场。鼓励龙头企业利用农产品期货市场开展套期保值，进行风险管理。

（十二）加强品牌建设。鼓励和引导龙头企业创建知名品牌，提高企业竞争力。支持龙头企业申报和推介驰名商标、名牌产品、原产地标记、农产品地理标志，并给予适当奖励。整合同区域、同类产品的不同品牌，加强区域品牌的宣传和保护，严厉打击仿冒伪造品牌行为。

五、推动龙头企业集聚，增强区域经济发展实力

（十三）培育壮大龙头企业。龙头企业要完善法人治理结构，建立现代企业制度。落实《国务院关于促进企业兼并重组的意见》（国发〔2010〕27 号）的相关优惠政策，支持龙头企业通过兼并、重组、收购、控股等方式，组建大型企业集团。支持符合条件的国家重点龙头企业上市融资、发行债券、在境外发行股票并上市，增强企业发展实力。积极有效利用外资，在符合世贸组织规则前提下加强对外商投资的管理，按照《国务院办公厅关于建立外国投资者并购境内企业安全审查制度的通知》（国办发〔2011〕6 号）的规定，对外资并购境内龙头企业做好安全审查。

（十四）推动龙头企业集群发展。积极创建农业产业化示范基地，支持农业产业化示范基地开展物流信息、质量检验检测等公共服务平台建设。引导龙头企业向优势产区集中，推动企业集群集聚，培育壮大区域主导产业，增强区域经济发展实力。

六、加快技术创新，增强农业整体竞争力

（十五）提高技术创新能力。鼓励龙头企业加大科技投入，建立研发机构，加强与科研院所和大专院校合作，培育一批市场竞争力强的科技型龙头企业。通过国家科技计划和专项等支持龙头企业开展农产品加工关键和共性技术研发。鼓励龙头企业开展新品种新技术新工艺研发，落实自主创新的各项税收优惠政策。鼓励龙头企业引进国外先进技术和设备，消化吸收关键技术和核心工艺，开展集成创新。发挥龙头企业在现代农业产业技术体系、国家农产品加工技术研发体系中的主体作用，承担相应创新和推广项目。

（十六）加强技术推广应用。健全农业技术市场，建立多元化的农业科技成果转化机制，为龙头企业搭建技术转让和推广应用平台。农业技术推广机构要积极为龙头企业开展技术服务，引导龙头企业为农民开展技术指导、技术培训等服务。各类农业技术推广项目要将龙头企业作为重要的实施主体。

（十七）强化人才培养。落实《国家中长期人才发展规划纲要（2010—2020年）》的要求，培养一大批具有世界眼光、经营管理水平高、熟悉农业产业政策、热心服务“三农”的新型龙头企业家。鼓励龙头企业采取多种形式培养业务骨干，积极引进高层次人才，并享受当地政府人才引进待遇。有关部门要加强对龙头企业经营管理和生产基地服务人员的培训，组织业务骨干到科研院所学习进修。鼓励和引导高校毕业生到龙头企业就业，对符合基层就业条件的，按规定享受学费补偿和国家助学贷款代偿等政策。

七、完善利益联结机制，带动农户增收致富

（十八）大力发展订单农业。龙头企业要在平等互利的基础上，与农户、农民专业合作社签订农产品购销合同，协商合理的收购价格，确定合同收购底价，形成稳定的购销关系。规范合同文本，明确双方权责关系。要加强对订单农业的监管与服务，强化企业与农户的诚信意识，切实履行合同约定。鼓励龙头企业采取承贷承还、信贷担保等方式，缓解生产基地农户资金困难。鼓励龙头企业资助订单农户参加农业保险。支持龙头企业与农户建立风险保障机制，对龙头企业提取的风险保障金在实际发生支出时，依法在计算企业所得税前扣除。

（十九）引导龙头企业与合作组织有效对接。引导龙头企业创办或领办各类专业合作组织，支持农民专业合作社和农户入股龙头企业，支持农民专业合作社兴办龙头企业，实现龙头企业与农民专业合作社深度融合。鼓励龙头企业采取股份分红、利润返还等形式，将加工、销售环节的部分收益让利给农户，共享农业产业化发展成果。

（二十）开展社会化服务。充分发挥龙头企业在构建新型农业社会化服务体系中的重要作用，支持龙头企业围绕产前、产中、产后各环节，为基地农户积极开展农资供应、农机作业、技术指导、疫病防治、市场信息、产品营销等各类服务。

（二十一）强化社会责任意识。逐步建立龙头企业社会责任报告制度。龙头企业要依法经营，诚实守信，自觉维护市场秩序，保障农产品供应。强化生产全过程管理，确保产品质量安全。积极稳定农民工就业，大力开展农民工培训，引导企业建立人性化企业文化和营造良好的工作生活环境，保障农民工合法权益。加强节能减排，保护资源环境。积极参与农村教育、文化、卫生、基础设施等公益事业建设。龙头企业用于公益事业的捐赠支出，对符合法律法规规定的，在计算企业所得税前扣除。

八、开拓国际市场，提高农业对外开放水平

（二十二）扩大农产品出口。积极引导和帮助龙头企业利用普惠制和区域性优惠贸易政策，增强出口农产品的竞争力。加强农产品外贸转型升级示范基地建设，扩大优势农产品出口。在有效控制风险的前提下，鼓励利用出口信用保险为农产品出口提供风险保障。提高通关效率，为农产品出口提供便利。支持龙头企业申请商标国际注册，积极培育出口产品品牌。

（二十三）开展境外投资合作。引导龙头企业充分利用国际国内两个市场、两种资源，拓宽发展空间。扩大农业对外合作，创新合作方式。完善农产品进出口税收政策，积极对外谈判签署避免双重征税协议。对龙头企业境外投资项目所需的国内生产物资和设备，提供通关便利。

（二十四）完善国际贸易投资服务。切实做好龙头企业开拓国际市场的指导和服务工作，加强国际农产品贸易投资的法律政策研究，及时发布市场预警信息和投资指南。完善农产品贸易摩擦应诉机制，积极应对各类贸易投资纠纷。进一步完善农产品出口检验检疫制度，继续对出口活畜、活禽、水生动物以及免检农产品全额免收出入境检验检疫费，对其他出口农产品减半收取检验检疫费。

九、狠抓落实，健全农业产业化工作推进机制

（二十五）强化组织领导。各地区、有关部门要深刻认识新形势下支持龙头企业发展加快推进农业产业化经营的重要意义，牢固树立扶持农业产业化就是扶持农业、扶持龙头企业就是扶持农民的观念，把发展农业产业化作为我国农业农村工作中一件全局性、方向性的大事来抓。各地区、有关部门要按照本意见精神，结合本地区、本部门实际，抓紧研究制定贯彻落实意见。强化各级农业部门的农业产业化工作职能，明确负责农业产业化工作机构，保障工作经费，加强队伍建设。完善农业产业化部门间协商工作机制，强化协作配合，落实责任分工，形成工作合力。

（二十六）落实政策措施。各级财政要多渠道整合和统筹支农资金，在现有基础上增加扶持农业产业化发展的相关资金，切实加大对农业产业化和龙头企业的支持力度。中小企业发展专项资金要将中小型龙头企业纳入重点支持范围，国家农业综合开发产业化经营项目要向龙头企业倾斜。农业发展银行、进出口银行等政策性金融机构要加强信贷结构调整，在各自业务范围内采取授信等多种形式，加大对龙头企业固定资产投资、农产品收购的支持力度。鼓励农业银行等商业性金融机构根据龙头企业生产经营的特点合理确定贷款期限、利率和偿还方式，扩大有效担保物范围，积极创新金融产品和服务方式，有效满足龙头企业的资金需求。大力发展基于订单农业的信贷、保险产品和服务创新。鼓励融资性担保机构积极为龙头企业提供担保服务，缓解龙头企业融资难问题。中小企业信用担保资金要将中小型龙头企业纳入重点支持范围。全面清理取消涉及龙头企业的不合理收费项目，切实减轻企业负担，优化发展环境。

（二十七）加强指导服务。健全农业产业化调查分析制度，建立省级以上重点龙头企业经济运行调查体系，加强行业发展跟踪分析。完善重点龙头企业认定监测制度，实行动态管理。建立健全主要农产品生产信息收集和发布平台，无偿为龙头企业的生产经营决策提供所需信息。发挥龙头企业协会的作用，加强行业自律，规范企业行为，服务会员和农户。认真总结龙头企业带动农户增收致富、发展现代农业的好经验好做法，大力宣传农业产业化发展成就，对发展农业产业化成绩突出的单位和个人按照国家有关规定给予表彰奖励，营造全社会关心支持农业产业化和龙头企业发展的良好氛围。

国务院

2012 年 3 月 6 日

关于加快实施信息惠民工程有关工作的通知

各省、自治区、直辖市及计划单列市、新疆生产建设兵团发展改革委、编办、工业和信息化主管部门、财政厅、教育厅、教委、教育局、公安厅、民政厅、人力资源社会保障厅、卫生计生委、审计厅、食品药品监管局、质量技术监督局：

为贯彻落实《国务院关于促进信息消费扩大内需的若干意见》（国发〔2013〕32号）、《国务院关于印发“十二五”国家战略性新兴产业发展规划的通知》（国发〔2012〕28号）关于实施信息惠民工程的工作部署，增强民生领域信息服务能力，提升公共服务均等普惠水平，现就加快实施信息惠民工程的有关事项通知如下：

一、充分认识实施信息惠民工程的重要意义

当前是我国全面建设小康社会的关键时期，也是在重大民生问题和民生需求上实现突破的重要战略机遇期，既面临社会流动性和开放性日益增强，以及民生诉求多样化、利益多元化、服务个性化、方式便利化的新形势，又迫切需要有效破解民生领域公共服务资源短缺失衡、区域城乡差距扩大、均等化普惠化水平不高等老问题。实施信息惠民工程，拉消费、促发展、惠民生，是以信息化带动和促进民生领域跨越发展的战略选择，是提供广覆盖、多层次、差异化、高品质公共服务的有效途径，有助于优化社会资源配置、创新公共服务供给模式、提升均等化普惠化水平，也将有助于培育新型业态和新的经济增长点，对促进信息消费、提升基本公共服务水平、加强和创新社会管理、构建和谐社会等具有重要意义。

二、推进信息惠民工程实施的总体要求

（一）总体思路

我国信息化是在工业化尚未完成、城镇化快速发展的背景下推进的，面临人口多且流动性强、资源相对短缺、城乡发展不平衡、基本公共服务供给不足等客观矛盾。信息惠民工程实施要以解决当前体制机制和传统环境下民生服务的突出难题为核心，改变以往技术导向、项目驱动的信息化建设模式，有效整合孤立、分散的公共服务资源，强化多部门联合监管和协同服务，鼓励市场参与，创新服务模式，拓宽服务渠道，构建方便快捷、公平普惠、优质高效的公共服务信息体系，全面提升各级政府公共服务水平和社会管理能力。

信息惠民工程实施的重点是解决社保、医疗、教育、养老、就业、公共安全、食品药品安全、社区服务、家庭服务等九大领域突出问题，各行业主管部门要发挥业务指导作用，要围绕解决各领域民生服务存在的突出矛盾和制约因素，注重体制机制和政策制度创新，要以推动跨层级、跨部门信息共享和业务协同为抓手，促进公共服务的多方协同合作、资源共享、制度对接。

各地方在实施信息惠民工程中，要注重资源整合，在已有资源基础上集中构建政府公共服务平台，原则上在地市层级建设部署，在街道社区统一应用，要实现基础信息集中采集、多方利用，逐步实现公共服务事项和社会信息服务的全人群覆盖、全天候受理和“一站式”办理。要坚决避免区县以下层级分散建设同类信息平台，避免重复投资、重复建设，避免形成新的信息孤岛。

（二）基本原则

围绕民生，突出重点。围绕当前群众广泛关注和亟待解决的医疗、教育、社保、就业、养老服务等民生问题，选择信息化手段成效高、社会效益好、示范意义大、带动效应强的内容作为工作重点，着力解决薄弱环节、关键问题，增强信息服务的有效供给能力，提升信息便民惠民利民水平。

统筹发展，分步实施。要将信息惠民工程建设与经济社会信息化发展相结合，充分利用已有资源，做好工程推进与全局工作的统筹衔接，保障工作落到实处。把以服务公众、提高社会满意度作为中心任务，选择基础好、需求紧迫、条件成熟的工作领域作为切入点和突破口，设定合理的分阶段发展目标和分步骤实施方案，切实保障信息惠民工程取得实效。

政府引导，市场主导。充分发挥政府推进信息惠民工程的导向性作用和市场配置资源的基础性作用，政府部门着重提供基础性、公益性的服务内容，引导社会力量开展专业化、多元化、个性化的服务，鼓励和支持各类市场主体共同培育信息惠民可持续发展模式，形成优势互补、多元参与、开放竞争的发展格局。

试点先行，因地制宜。按照先行先试、地方试点为主的思路推进专项实施，要将探索体制机制、服务模式创新作为试点的重点。结合不同地方的需求和工作基础，因地制宜，推动基本公共服务向基层延伸，缩小城乡、区域和不同群体之间的数字鸿沟，加快促进基本公共服务均等化。

条块结合，协同共享。充分调动中央和地方两个层面的积极性，强化中央部门的业务指导和政策支持，形成跨部门联合推进机制，充分发挥地方政府的积极性和主动性，引导地方做好示范应用，推动信息资源跨层级、跨部门的共享，切实发挥信息共享在促进多部门合力解决社会难题的关键作用和综合效能，形成上下互动、协同推进的工作格局。

（三）总体目标

通过实施信息惠民工程，实现信息化与民生领域应用的深度融合，进一步发挥信息化对保障和改善民生的支撑性和带动性作用，信息惠民应用取得显著成效。教育、医疗、社保等基本公共服务有效供给逐步增多优化，均等化程度明显增强。养老、就业等公共服务模式不断创新多元，一体化服务能力逐步加强。社会信用、城市和社区管理、食品药品安全监管等社会管理的模式不断创新优化，多部门联合、传统方法与现代手段结合的综合化管理体系初步建立。公共安全、城市管理等科技支撑手段不断升级完善，智能化水平稳步提高。城乡、区域信息基础条件差距逐步缩小，普惠化水平全面提升。教育、医疗、养老、社保等领域新型信息服务更加活跃，信息消费需求进一步释放。

三、实施信息惠民工程的重点任务

（一）开展信息惠民国家示范省市创建工作

由国家发展改革委牵头会同中央编办、工业和信息化部、财政部、教育部、公安部、民政部、人力资源社会保障部、国家卫生计生委、审计署、食品药品监管总局、国家标准委等部门共同组织，结合政务信息共享国家示范省市建设（不再另行组织），开展信息惠民国家示范省市建设。一方面促进信息化优化公共资源配置，创新社会管理和公共服务模式，拓宽公共服务和公众参与渠道，提升公共服务水平和均等普惠程度，提高社会管理效能，促进政务公开和依法行政。另一方面推进民生领域信息化深度应用，培育传统服务业的信息消费新热点，提升消费保障和服务水平，以信息服务促进信息消费。

（二）社会保障信息惠民行动计划

由人力资源社会保障部牵头会同财政部、国家卫生计生委等部门组织实施。以建立更加便民快捷的一体化社会保障公共服务体系为目标，加快推进社会保障一卡通，到2015年社会保障卡持卡人数达到8亿，推动社会保障卡在人力资源社会保障以及居民健康、惠民待遇发放等公共服务领域的集成应用。建设跨地区医保费用中央和省级结算信息平台，制定跨地区医保联网结算标准规范，在全国范围实现公民的合规异地就医费用医保持卡即时结算。先期在15个省份100个地市开展跨省医保即时结算试点，服务城乡居民超3亿人，跨地区医保即时结算模式和协作机制逐步建立，跨地区一体化服务初见成效。

（三）健康医疗信息惠民行动计划

由国家卫生计生委牵头会同人力资源社会保障部等部门组织实施。围绕解决看病就医难题，以便利医疗服务、惠及城乡居民、壮大健康产业为目标，以医疗服务信息标准化、检查检验结果全国互认为基础，推广远程医疗，建立和完善重大公共卫生、传染病等健康信息监测预警体系，促进优质资源共享和卫生服务普惠，建立完善电子病历、电子健康档案，逐步实现全国范围跨机构、跨区域、跨卫生业务的健康信息、就诊信息共享和一卡通用，积极推进应用居民健康卡与社会保障卡、金融 IC 卡、市民服务卡等公共服务卡的应用集成。先期在 15 个省份、45 所大型医院开展示范，逐步建立居民健康医疗信息跨机构、跨区域共享机制，实现就医一卡通。

（四）优质教育信息惠民行动计划

由教育部牵头会同人力资源社会保障部等部门组织实施。以促进教育公平，提高教育质量，加快缩小区域、城乡、校际之间的教育差距为目标，推进优质教育资源共享，深化信息技术在教育教学中的应用。建设完善教育信息基础设施，缩小中西部地区学校数字鸿沟。建立扩大优质教育资源覆盖面的有效机制，继续推进国家精品开放课程共享，加快建立教育资源公共服务体系。初期在职业教育领域委托有条件的职业院校及相关机构，建设 1 个职业教育数字资源管理中心、20 个开发应用基地和 100 个应用推广试点学校，向职业教育全体学生和社会成员提供开放服务。

（五）养老服务信息惠民行动计划

由民政部牵头会同国家卫生计生委、人力资源社会保障部、工业和信息化部等部门组织实施。以满足养老服务需求、释放养老消费潜力、促进养老服务业发展为目标，建立养老服务机构、医疗护理机构等网络互联、信息共享的服务机制，重点推进养老服务机构信息化建设，推广远程健康监测，拓展养老机构专业化服务的惠及面，推进养老、保健、医疗服务一体化发展。先期在 200 个养老服务机构开展试点，大幅提升养老信息服务水平。

（六）就业服务信息惠民行动计划

由人力资源社会保障部牵头会同有关部门组织实施。以建立更加方便快捷、覆盖全国的公共就业信息服务平台为目标，建设高校毕业生、农村转移劳动者、就业困难人员数据库，制定就业信息服务标准，鼓励职业中介机构和相关人力资源服务企业广泛参加，推动就业信息全国联网，面向各类劳动者和用人单位开展政策咨询、信息发布、职业指导、就业失业登记和享受政府网上经办服务，创造平等就业机会，促进社会就业更加充分。

（七）食品药品安全信息惠民行动计划

由食品药品监管总局牵头会同有关部门组织实施。以形成社会综合治理格局，切实提高食品药品安全保障水平为目标，利用物联网技术、溯源技术、防伪技术、条码技术、云计算等技术，加快食品药品安全信息系统建设，强化食品药品电子追溯，方便信息公开查询。规范互联网食品药品交易行为，试点药品网上阳光直购。

（八）公共安全信息惠民行动计划

由公安部牵头会同有关部门组织实施。在公共安全信息惠民行动计划中先期启动公共安全视频信息应用试点，以构建立体化公共综合防控及社会安全服务为目标，构建跨区域公共安全视频图像信息处理平台，整合各类视频图像信息资源，研究建立公共安全视频信息安全管理、授权共享机制，拓展政府、民众对视频图像信息的综合应用，形成公共安全信息化支撑、服务体系。先期在4省（区）20余城市实现重要公共视频资源共享应用，公共安全跨部门、跨地区视频图像信息采集共享体系逐步健全，立体化综合防控效能显著增强，民众在公共区域安全感、满意度得到提升。

（九）社区服务信息惠民行动计划

由民政部牵头会同工业和信息化部、公安部等部门组织实施。以创新基层社会管理方式、增强社区服务群众能力、扩大社会力量参与、完善社区信息消费环境为目标，以社区养老为切入点，推进社区信息化建设。以为公众提供便利化服务为导向，以街道（乡镇）或社区为基本单元，应用城市统一政府公共服务信息平台，避免社区、街道、区（县）单独建设。重点依托城市统一政府公共服务信息平台拓展直接面向社区的信息化应用系统，实现公共服务一站式受理和基础信息资源集中采集，避免重复采集、多头采集。同时，要统筹推进基层一体化公共服务设施建设，积极推进通过服务网站和集中服务大厅为公众提供“一站式”服务，减少各行业、各部门单独建设服务设施，避免重复投资、重复建设。积极吸纳社区志愿服务和商业服务资源，制定系统接入和信息共享标准，优先支持居家和社区养老服务项目，健全社区服务需求表达和反馈机制。先期在450个社区开展试点，社区养老服务能力显著增强，公共服务、志愿服务和商业服务衔接配套的社区服务体系初步建立。

（十）家庭服务信息惠民行动计划

由工业和信息化部牵头会同人力资源社会保障部、公安部等部门组织实施。以进一步丰富家庭信息服务，促进和引导居民信息消费为目标。建设智慧家庭综合应用平台，整合生活服务信息、公共安全服务信息和新农村综合服务信息等，面向城乡个人和家庭，提供优质、多样、便捷的信息服务。先期在10个城市开展智慧家庭信息服务试点，选择100万家庭，提供超过100项家庭信息服务。

（十一）信息惠民综合试点行动计划

由国家发展改革委牵头会同有关部门共同组织，各地人民政府实施。依托信息惠民国家示范省市，实施信息惠民综合试点，以创新社会管理、方便百姓服务为目标，统筹建立政府公共服务信息平台。通过政府公共服务信息平台，整合教育、卫生计生、人力资源社会保障、民政、工商、税务等多部门信息资源，发挥企业积极性，引入优质社会服务资源，提供多渠道、多形式的信息服务，满足居民多样化需求，逐步实现公共服务事项和社会信息服务的全人群覆盖、全天候受理和“一站式”办理。促进政府数据对社会公众的开放共享和创新应用，引导带动社会增值开发，促进信息服务业发展，促进信息内容消费。

四、推进信息惠民工程的主要措施

（一）建立跨部门协调推进机制

国家发展改革委、中央编办、工业和信息化部、财政部、教育部、公安部、民政部、人力资源社会保障部、国家卫生计生委、审计署、食品药品监管总局、国家标准委等部门建立信息惠民工程协调推进机制，协调解决推进工作中的难点问题，督促检查工作落实情况，适时组织阶段评估和绩效评价。

（二）强化国家政策引导支持

国务院有关部门继续通过现有资金渠道对信息惠民工程相关示范项目给予必要支持。教育部、公安部、民政部、人力资源社会保障部、国家卫生计生委、食品药品监管总局、工业和信息化部对示范项目建设中有关业务管理模式创新、业务流程优化等方面加强业务指导和专家咨询，加强政策支持。中央编办强化对政府转变职能、强化服务及多部门间协同共享的指导和支持。国家发展改革委、财政部、审计署加强对信息惠民工程的绩效评价和监督检查。国家标准委强化对信息共享关键技术标准、跨地区医保费用结算标准、电子病历互认共享标准等信息惠民工程有关标准规范的指导，健全完善有关管理和服务国家标准，协调推动各领域标准在示范项目中的实施应用。

（三）突出信息惠民工程的重点

各牵头组织部门要结合行业实际和工作需要，从解决保障和改善民生的共性与突出问题入手，组织编制示范工程实施方案，在充分调研和论证、广泛听取基层、公众意见基础上，研究确定工程的发展目标、建设重点和保障措施。

（四）确保信息惠民工程的落实

各地方要本着实事求是、因地制宜、统筹资源、模式创新的基本思路，合理选择本地信息惠民工程的重点内容，制定具体的实施方案，坚持业务主导，明确工作分工，完善工作机制，落实工作责任，保障资金投入，合理配置资源，营造良好政策环境，扎实推进各项工作的落实，切实取得实效。

（五）积极推进信息惠民工程的实施

率先启动信息惠民国家示范城市创建工作（具体要求见附件），在认真总结和评估示范城市创建经验的基础上，条件成熟后，再行启动信息惠民国家示范省创建工作。其他行动计划及有关试点专项具体实施时间和要求，由各牵头组织部门会同国家发展改革委、工业和信息化部、财政部另行通知，国家发展改革委将会同有关部门按照“成熟一项、启动一项”的原则，组织有关部门和专家对试点示范专项工程的工作方案进行论证。

国务院办公厅关于改善农村人居环境的指导意见

各省、自治区、直辖市人民政府，国务院各部委、各直属机构：

近年来，各地区、各部门认真贯彻落实党中央和国务院的决策部署，推进农村基础设施建设和城乡基本公共服务均等化，农村人居环境逐步得到改善。但也要看到，目前我国农村人居环境总体水平仍然较低，在居住条件、公共设施和环境卫生等方面与全面建成小康社会的目标要求还有较大差距。为进一步改善农村人居环境，经国务院同意，现提出以下意见：

一、总体要求

（一）指导思想。以邓小平理论、“三个代表”重要思想、科学发展观为指导，深入学习领会党的十八大和十八届二中、三中全会精神，贯彻落实党中央和国务院的各项决策部署，按照全面建成小康社会和建设社会主义新农村的总体要求，以保障农民基本生活条件为底线，以村庄环境整治为重点，以建设宜居村庄为导向，从实际出发，循序渐进，通过长期艰苦努力，全面改善农村生产生活条件。

（二）基本原则。

——因地制宜、分类指导。按照改善农村人居环境的总体要求，根据各地经济社会发展实际，科学确定不同地区的具体目标、重点、方法和标准。充分发挥地方自主性和创造性，防止生搬硬套和“一刀切”。

——量力而行、循序渐进。按照农村人居环境治理的阶段性规律，立足现有条件和财力可能，区分轻重缓急，优先安排保障农民基本生活条件的项目，有序推进农村人居环境治理，防止大拆大建。

——城乡统筹、突出特色。逐步实现城乡基本公共服务均等化，推进城乡互补，协调发展。慎砍树、禁挖山、不填湖、少拆房，保护乡情美景，弘扬传统文化，突出农村特色和田园风貌。

——坚持农民主体地位。尊重农民意愿，方便生产生活，与促进农民创业就业和增收相结合，不搞形象工程。广泛动员农民参与项目组织实施，保障农民决策权、参与权和监督权，防止政府大包大揽，不得强制或变相摊派，增加农民负担。

（三）目标任务。到2020年，全国农村居民住房、饮水和出行等基本生活条件明显改善，人居环境基本实现干净、整洁、便捷，建成一批各具特色的美丽宜居村庄。

二、规划先行，分类指导农村人居环境治理

（一）加快编制村庄规划。编制和完善县域村镇体系规划，根据镇、村人口变化等情况，科学论证，明确重点镇和一般镇、中心村和一般村的布局；合理确定基础设施和公共服务设施的项目与建设标准，明确不同区位、不同类型村庄人居环境改善的重点和时序。依据县域村镇体系规划，加快编制建设活动较多以及需要加强保护村庄的规划。

（二）提高村庄规划可实施性。村庄规划要符合农村实际，满足农民需求，体现乡村特色。规划编制要深入实地调查，坚持问题导向，保障农民参与，并做好与土地利用总体规划等规划的衔接，防止强行拆并村庄。规划内容要明确公共项目的实施方案，提出加强村民建房质量和风貌管控的要求；充分结合发展现代农业的需要，合理区分生产生活区域，统筹安排生产性基础设施。规划成果要通俗易懂，主要项目要达到可实施的深度，相关要求可纳入村规民约。

（三）合理确定整治重点。根据不同村庄人居环境现状，规划编制要兼顾中长期发展需要，分类确定整治重点，分步实施。基本生活条件尚未完善的村庄要以水电路气房等基础设施建设为重点，基本生活条件比较完善的村庄要以环境整治为重点，全面提升人居环境质量。

三、突出重点，循序渐进改善农村人居环境

（一）全力保障基本生活条件。加快推进农村危房改造，到 2020 年基本完成现有危房改造任务，建立健全农村基本住房安全保障长效机制。加强农房建设质量安全监管，做好农村建筑工匠培训和管理，落实农房抗震安全基本要求，提升农房节能性能。继续推进农村饮水安全工程，因地制宜推行城乡区域供水，完成全国农村饮水安全工程“十二五”规划任务。实施村内道路硬化工程，基本解决村民行路难问题。大力推进水电新农村电气化县建设，实施新一轮农村电网升级改造工程，促进可再生能源供电，全面解决不通电农村居民用电问题。加强地质灾害防治，完善消防、防洪等防灾减灾设施。

（二）大力开展村庄环境整治。加快农村环境综合整治，重点治理农村垃圾和污水。推行县域农村垃圾和污水治理的统一规划、统一建设、统一管理，有条件的地方推进城镇垃圾污水处理设施和服务向农村延伸。建立村庄保洁制度，推行垃圾就地分类减量和资源回收利用。深入开展全国城乡环境卫生整洁行动。交通便利且转运距离较近的村庄，生活垃圾可按照“户分类、村收集、镇转运、县处理”的方式处理；其他村庄的生活垃圾可通过适当方式就近处理。离城镇较远且人口较多的村庄，可建设村级污水集中处理设施，人口较少的村庄可建设户用污水处理设施。大力开展生态清洁型小流域建设，整乡整村推进农村河道综合治理。

推进规模化畜禽养殖区和居民生活区的科学分离，引导养殖业规模化发展，支持规模化养殖场畜禽粪污综合治理与利用。引导农民开展秸秆还田和秸秆养畜，支持秸秆能源化利用设施建设。逐步建立农村病死动物无害化收集和处理系统，加快无害化处理场所建设。合理处置农药包装物、农膜等废弃物，加快废弃物回收设施建设。推进农村清洁工程，因地制宜发展规模化沼气和户用沼气。推动农村家庭改厕，全面完成无害化卫生厕所改造任务。考虑种养大户等新型农业经营主体规模化生产需求，统筹建设晾晒场、农机棚等生产性公用设施，整治占用乡村道路晾晒、堆放等现象。

积极稳妥推进农村土地整治，节约集约使用土地。加强村庄公共空间整治，清理乱堆乱放，拆除私搭乱建，疏浚坑塘河道，推进村庄公共照明设施建设。统筹利用闲置土地、现有房屋及设施等，改造、建设村庄公共活动场所。

（三）稳步推进宜居乡村建设。加强对村域的规划管理，保持村庄整体风貌与自然环境相协调。结合水土保持等工程，保护和修复自然景观与田园景观。开展农房及院落风貌整治和村庄绿化美化，保护和修复水塘、沟渠等乡村设施。发展休闲农业、乡村旅游、文化创意等产业。制定传统村落保护发展规划，完善历史文化名村、传统村落和民居名录，建立健全保护和监管机制。继续实施“宽带中国”战略，加快农村互联网基础设施建设，推进宽带网络全面覆盖。利用小城镇基础设施以及商业服务设施，整体带动提升农村人居环境质量。

四、完善机制，持续推进农村人居环境改善

（一）创新投入方式。建立政府主导、村民参与、社会支持的投入机制。中央政府投资要重点向中西部和贫困地区倾斜。以县级为主加强涉农资金整合，做到渠道不乱、用途不变、统筹安排、形成合力。完善村级公益事业建设一事一议财政奖补机制，调动农民参与农村人居环境建设的积极性；建立引导激励机制，鼓励社会资本参与建设。推动政府通过委托、承包、采购等方式向社会购买村庄规划建设、垃圾收运处理、污水处理、河道管护等公共服务。

（二）建立管护长效机制。建立村庄道路、供排水、垃圾和污水处理、沼气、河道等公用设施的长效管护制度，逐步实现城乡管理一体化。培育市场化的专业管护队伍，提高管护人员素质。加强基层管理能力建设，逐步将村镇规划建设、环境保护、河道管护等管理责任落实到人。

（三）强化农民主体地位。建立农村人居环境治理自下而上的民主决策机制，以多数群众的共同需求为导向，推行村内事“村民议村民定、村民建村民管”的实施机制。发挥村务监督委员会、村民理事会等村民组织的作用，引导村民全过程参与项目规划、建设、管理和监督。完善村务公开制度，推行项目公开、合同公开、投资额公开，接受村民监督和评议。

（四）加强组织领导。各地区、各部门要充分认识改善农村人居环境的重要意义，切实加强对有关工作的组织领导。省级人民政府对本地区改善农村人居环境工作负总责，要科学编制规划，建立部门联动、分工明确的协调推进机制，统筹安排年度建设任务，规划及年度工作情况要及时报住房城乡建设部、环境保护部、农业部备案。各有关部门要认真履行职责，强化协调配合，加强对各地改善农村人居环境工作的指导。住房城乡建设部、环境保护部、农业部要组织开展监督检查，研究建立农村人居环境统计和评价机制，工作进展情况及时报告国务院。

国务院办公厅
2014 年 5 月 16 日

国务院办公厅关于落实中共中央国务院关于全面深化农村改革加快推进农业现代化若干意见有关政策措施分工的通知

国务院各部委、各直属机构：

为贯彻落实《中共中央国务院关于全面深化农村改革加快推进农业现代化的若干意见》（中发〔2014〕1 号）提出的一系列政策措施，需要有关部门研究提出具体实施意见并认真加以落实。经国务院同意，现就有关事项通知如下：

一、工作分工

（一）关于“实施以我为主、立足国内、确保产能、适度进口、科技支撑的国家粮食安全战略”和“确保谷物基本自给、口粮绝对安全”的问题，由发展改革委会同中央农办、农业部、财政部、科技部、国土资源部、水利部、商务部、统计局、粮食局等部门研究提出落实意见。

（二）关于“严守耕地保护红线，划定永久基本农田”的问题，由国土资源部会同农业部等部门负责落实。

（三）关于“加大力度落实‘米袋子’省长负责制，进一步明确中央和地方的粮食安全责任与分工，主销区也要确立粮食面积底线、保证一定的口粮自给率”的问题，由发展改革委会同中央组织部、财政部、农业部、粮食局等部门负责落实。

（四）关于“增强全社会节粮意识，在生产流通消费全程推广节粮减损设施和技术”的问题，由发展改革委会同中央宣传部、教育部、科技部、农业部、工业和信息化部、商务部、粮食局等部门负责落实。

（五）关于“继续坚持市场定价原则，探索推进农产品价格形成机制与政府补贴脱钩的改革，逐步建立农产品目标价格制度，在市场价格过高时补贴低收入消费者，在市场价格低于目标价格时按差价补贴生产者，切实保证农民收益”的问题，由发展改革委会同中央农办、财政部、农业部、民政部、人力资源社会保障部、统计局、粮食局、商务部等部门负责落实。

（六）关于“2014 年，启动东北和内蒙古大豆、新疆棉花目标价格补贴试点，探索粮食、生猪等农产品目标价格保险试点，开展粮食生产规模经营主体营销贷款试点”的问题，由财政部、发展改革委会同中央农办、农业部、人民银行、银监会、保监会、统计局、粮食局、商务部、供销合作总社等部门负责落实。

（七）关于“科学确定重要农产品储备功能和规模，强化地方尤其是主销区的储备责任，优化区域布局和品种结构”和“完善中央储备粮管理体制，鼓励符合条件的多元市场主体参与大宗农产品政策性收储”的问题，由发展改革委会同财政部、农业部、商务部、工业和信息化部、粮食局、国资委、农业发展银行、中储粮总公司等部门和单位负责落实。

（八）关于“进一步开展国家对农业大县的直接统计调查”和“编制发布权威性的农产品价格指数”的问题，由统计局、发展改革委会同财政部、农业部、商务部、粮食局等部门负责落实。

（九）关于“抓紧制定重要农产品国际贸易战略，加强进口农产品规划指导，优化进口来源地布局，建立稳定可靠的贸易关系”的问题，由发展改革委、商务部会同农业部、财政部、外交部、质检总局、海关总署、粮食局等部门负责落实。

（十）关于“加快实施农业走出去战略，培育具有国际竞争力的粮棉油等大型企业”的问题，由发展改革委、商务部会同农业部、财政部、国资委、外交部、科技部、人民银行、税务总局、质检总局、银监会、保监会、林业局、粮食局、开发银行、进出口银行、中投公司等部门和单位负责落实。

（十一）关于“探索建立农产品国际贸易基金和海外农业发展基金”的问题，由财政部会同发展改革委、商务部、农业部、外交部、中投公司等部门和单位负责落实。

（十二）关于“落实地方政府属地管理和生产经营主体责任”、“支持标准化生产、重点产品风险监测预警、食品追溯体系建设，加大批发市场质量安全检验检测费用补助力度”、“加快推进县乡食品、农产品质量安全检测体系和监管能力建设”和“完善农产品质量和食品安全工作考核评价制度，开展示范市、县创建试点”的问题，由农业部、食品药品监管总局、食品安全办会同中央编办、发展改革委、财政部、科技部、商务部、质检总局等部门负责落实。

（十三）关于“拓宽‘三农’投入资金渠道，充分发挥财政资金引导作用，通过贴息、奖励、风险补偿、税费减免等措施，带动金融和社会资金更多投入农业农村”的问题，由财政部会同发展改革委、人民银行、税务总局、银监会、证监会、保监会、农业部、水利部、林业局、开发银行等部门和单位研究提出落实意见。

（十四）关于“按照稳定存量、增加总量、完善方法、逐步调整的要求，积极开展改进农业补贴办法的试点试验”、“新增补贴向粮食等重要农产品、新型农业经营主体、主产区倾斜”和“在有条件的地方开展按实际粮食播种面积或产量对生产者补贴试点，提高补贴精准性、指向性”的问题，由财政部会同发展改革委、农业部、林业局、统计局、粮食局、商务部等部门负责落实。

（十五）关于“加大农机购置补贴力度，完善补贴办法，继续推进农机报废更新补贴试点”的问题，由财政部会同农业部、工业和信息化部、水利部、林业局等部门负责落实。

（十六）关于“加大对粮食主产区的财政转移支付力度，增加对商品粮生产大省和粮油猪生产大县的奖励补助，鼓励主销区通过多种方式到主产区投资建设粮食生产基地，更多地承担国家粮食储备任务，完善粮食主产区利益补偿机制”的问题，由财政部会同发展改革委、农业部、粮食局等部门负责落实。

（十七）关于“降低或取消产粮大县直接用于粮食生产等建设项目资金配套”的问题，由发展改革委会同财政部、农业部、水利部等部门负责落实。

（十八）关于“建立江河源头区、重要水源地、重要水生态修复治理区和蓄滞洪区生态补偿机制”的问题，由发展改革委、财政部会同环境保护部、农业部、水利部、林业局等部门负责落实。

（十九）关于“稳步推进从财政预算编制环节清理和归并整合涉农资金”和“支持黑龙江省进行涉农资金整合试点，在认真总结经验基础上，推动符合条件的地方开展涉农资金整合试验”的问题，由财政部会同发展改革委、国土资源部、农业部、水利部、林业局、扶贫办、审计署等部门负责落实。

（二十）关于“改革项目审批制度，创造条件逐步下放中央和省级涉农资金项目审批权限”的问题，由发展改革委会同财政部、国土资源部、农业部、水利部、林业局、扶贫办等部门负责落实。

（二十一）关于“改革项目管理办法，加快项目实施和预算执行，切实提高监管水平”的问题，由发展改革委、财政部会同国土资源部、农业部、水利部、林业局、扶贫办等部门负责落实。

（二十二）关于“加强专项扶贫资金监管，强化省、市两级政府对资金和项目的监督责任，县级政府切实管好用好扶贫资金”的问题，由财政部会同扶贫办、发展改革委、国家民委、农业部、审计署、林业局、中国残联等部门和单位负责落实。

（二十三）关于“深化水利工程管理体制改革，加快落实灌排工程运行维护经费财政补助政策”、“开展农田水利设施产权制度改革和创新运行管护机制试点，落实小型水利工程管护主体、责任和经费”和“通过以奖代补、先建后补等方式，探索农田水利基本建设新机制”的问题，由水利部会同发展改革委、财政部等部门负责落实。

（二十四）关于“加大各级政府水利建设投入，落实和完善土地出让收益计提农田水利资金政策，提高水资源费征收标准、加大征收力度”的问题，由发展改革委、财政部、水利部会同国土资源部等部门负责落实。

（二十五）关于“谋划建设一批关系国计民生的重大水利工程，加强水源工程建设和雨洪水资源化利用，启动实施全国抗旱规划，提高农业抗御水旱灾害能力”的问题，由水利部会同发展改革委、财政部、国土资源部、农业部、气象局等部门负责落实。

（二十六）关于“深化农业科技体制改革，对具备条件的项目，实施法人责任制和专员制，推行农业领域国家科技报告制度”、“明晰和保护财政资助科研成果产权，创新成果转化机制，发展农业科技成果托管中心和交易市场”、“推动发展国家农业科技园区协同创新战略联盟”和“推行科技特派员制度”的问题，由科技部会同财政部、农业部、水利部、林业局等部门负责落实。

（二十七）关于“发挥现代农业示范区的引领作用”的问题，由农业部会同财政部、发展改革委、银监会等部门负责落实。

（二十八）关于“建立以企业为主体的育种创新体系，推进种业人才、资源、技术向企业流动，做大做强育繁推一体化种子企业”的问题，由农业部、科技部会同教育部、发展改革委、财政部、人力资源社会保障部、商务部、国资委、林业局等部门负责落实。

（二十九）关于“着力加强促进农产品公平交易和提高流通效率的制度建设，加快制定全国农产品市场发展规划，落实部门协调机制，加强以大型农产品批发市场为骨干、覆盖全国的市场流通网络建设，开展公益性农产品批发市场建设试点”的问题，由商务部会同中央农办、发展改革委、农业部、财政部、交通运输部、公安部、工商总局、供销合作总社等部门负责落实。

（三十）关于“实施粮食收储、供应安全保障工程”的问题，由粮食局会同发展改革委、财政部等部门负责落实。

（三十一）关于“启动农村流通设施和农产品批发市场信息化提升工程，加强农产品电子商务平台建设”的问题，由商务部会同发展改革委、农业部、财政部、工业和信息化部、供销合作总社等部门负责落实。

（三十二）关于“大力推进机械化深松整地和秸秆还田等综合利用，加快实施土壤有机质提升补贴项目，支持开展病虫害绿色防控和病死畜禽无害化处理”和“加大农业面源污染防治力度，支持高效肥和低残留农药使用、规模养殖场畜禽粪便资源化利用、新型农业经营主体使用有机肥、推广高标准农膜和残膜回收等试点”的问题，由财政部、农业部会同发展改革委、环境保护部、工业和信息化部、林业局、供销合作总社等部门负责落实。

（三十三）关于“抓紧编制农业环境突出问题治理总体规划和农业可持续发展规划”的问题，由发展改革委、农业部会同环境保护部、财政部、水利部、国土资源部、林业局、科技部等部门负责落实。

（三十四）关于“启动重金属污染耕地修复试点”、“从 2014 年开始，继续在陡坡耕地、严重沙化耕地、重要水源地实施退耕还林还草”和“开展华北地下水超采漏斗区综合治理、湿地生态效益补偿和退耕还湿试点”的问题，由发展改革委、财政部会同中央农办、国土资源部、环境保护部、水利部、农业部、林业局等部门负责落实。

（三十五）关于“在东北、内蒙古重点国有林区，进行停止天然林商业性采伐试点”的问题，由财政部、林业局会同发展改革委等部门负责落实。

（三十六）关于“加大天然草原退牧还草工程实施力度，启动南方草地开发利用和草原自然保护区建设工程”的问题，由农业部会同发展改革委、财政部等部门负责落实。

（三十七）关于“稳定农村土地承包关系并保持长久不变”的问题，由农业部、林业局会同中央农办、法制办、国土资源部等部门研究提出落实意见。

（三十八）关于“赋予农民对承包地占有、使用、收益、流转及承包经营权抵押、担保权能”、“允许承包土地的经营权向金融机构抵押融资”和“有关部门要抓紧研究提出规范的实施办法，建立配套的抵押资产处置机制，推动修订相关法律法规”的问题，由人民银行会同中央农办、法制办、农业部、林业局、民政部、银监会等部门研究提出落实意见。

（三十九）关于“切实加强组织领导，抓紧抓实农村土地承包经营权确权登记颁证工作，充分依靠农民群众自主协商解决工作中遇到的矛盾和问题，可以确权确地，也可以确权确股不确地，确权登记颁证工作经费纳入地方财政预算，中央财政给予补助”的问题，由农业部、林业局会同财政部、国土资源部等部门负责落实。

（四十）关于“完善集体林权制度改革，健全国有林区经营管理体制”的问题，由发展改革委、林业局会同中央编办、财政部、人力资源社会保障部等部门负责落实。

（四十一）关于“在符合规划和用途管制的前提下，允许农村集体经营性建设用地出让、租赁、入股，实行与国有土地同等入市、同权同价，加快建立农村集体经营性建设用地产权流转和增值收益分配制度”和“有关部门要尽快提出具体指导意见，并推动修订相关法律法规”的问题，由国土资源部会同中央农办、财政部、住房城乡建设部、农业部、税务总局、林业局、法制办等部门研究提出落实意见。

（四十二）关于“改革农村宅基地制度，完善农村宅基地分配政策，在保障农户宅基地用益物权前提下，选择若干试点，慎重稳妥推进农民住房财产权抵押、担保、转让”和“有关部门要抓紧提出具体试点方案”的问题，由国土资源部、人民银行会同中央农办、发展改革委、财政部、住房城乡建设部、农业部、法制办、民政部、银监会、税务总局等部门负责落实。

（四十三）关于“加快包括农村宅基地在内的农村地籍调查和农村集体建设用地使用权确权登记颁证工作”的问题，由国土资源部会同财政部、住房城乡建设部、农业部、林业局等部门负责落实。

（四十四）关于“抓紧修订有关法律法规，保障农民公平分享土地增值收益，改变对被征地农民的补偿办法，除补偿农民被征收的集体土地外，还必须对农民的住房、社保、就业培训给予合理保障”的问题，由法制办、国土资源部会同中央农办、发展改革委、财政部、人力资源社会保障部、住房城乡建设部、农业部、水利部、税务总局、林业局等部门负责落实。

（四十五）关于“提高森林植被恢复费征收标准”的问题，由财政部、林业局会同有关部门负责落实。

（四十六）关于“鼓励有条件的农户流转承包土地的经营权，加快健全土地经营权流转市场，完善县乡村三级服务和管理网络”的问题，由中央农办会同农业部、国土资源部、林业局等部门负责落实。

（四十七）关于“探索建立工商企业流转农业用地风险保障金制度，严禁农用地非农化”的问题，由农业部、林业局会同财政部、工商总局、法制办、国土资源部等部门研究提出落实意见。

（四十八）关于“允许财政项目资金直接投向符合条件的合作社，允许财政补助形成的资产转交合作社持有和管护，有关部门要建立规范透明的管理制度”的问题，由财政部、发展改革委、农业部会同水利部、林业局、供销合作总社等部门负责落实。

（四十九）关于“推进财政支持农民合作社创新试点，引导发展农民专业合作社联合社”的问题，由财政部会同工商总局、农业部、水利部、林业局、供销合作总社、法制办等部门研究提出落实意见。

（五十）关于“按照自愿原则开展家庭农场登记”的问题，由工商总局、农业部会同有关部门负责落实。

（五十一）关于“在国家年度建设用地指标中单列一定比例专门用于新型农业经营主体建设配套辅助设施”的问题，由国土资源部会同农业部等部门负责落实。

（五十二）关于“落实和完善相关税收优惠政策，支持农民合作社发展农产品加工流通”的问题，由财政部、税务总局会同农业部、商务部、林业局、供销合作总社等部门负责落实。

（五十三）关于“采取财政扶持、税费优惠、信贷支持等措施，大力发展主体多元、形式多样、竞争充分的社会化服务，推行合作式、订单式、托管式等服务模式，扩大农业生产全程社会化服务试点范围”和“通过政府购买服务等方式，支持具有资质的经营性服务组织从事农业公益性服务”的问题，由财政部、农业部会同水利部、林业局、人民银行、银监会、税务总局、供销合作总社、工业和信息化部、商务部等部门负责落实。

（五十四）关于“完善农村基层气象防灾减灾组织体系，开展面向新型农业经营主体的直通式气象服务”的问题，由气象局会同中央编办、发展改革委、财政部、民政部、国土资源部、水利部、农业部、林业局等部门负责落实。

（五十五）关于“发挥供销合作社扎根农村、联系农民、点多面广的优势，积极稳妥开展供销合作社综合改革试点”和“按照改造自我、服务农民的要求，创新组织体系和服务机制，努力把供销合作社打造成为农民生产生活服务的生力军和综合平台”的问题，由供销合作总社会同中央农办、发展改革委、财政部、商务部、农业部、人民银行、银监会等部门负责落实。

（五十六）关于“强化商业金融对‘三农’和县域小微企业的服务能力，扩大县域分支机构业务授权，不断提高存贷比和涉农贷款比例，将涉农信贷投放情况纳入信贷政策导向效果评估和综合考评体系”的问题，由银监会、人民银行会同财政部等部门负责落实。

（五十七）关于“支持农业发展银行开展农业开发和农村基础设施建设中长期贷款业务，建立差别监管体制”的问题，由人民银行会同银监会、财政部、农业发展银行等部门和单位研究提出落实意见。

（五十八）关于“积极发展村镇银行，逐步实现县市全覆盖，符合条件的适当调整主发起行与其他股东的持股比例”和“支持由社会资本发起设立服务‘三农’的县域中小型银行和金融租赁公司”的问题，由银监会会同人民银行、财政部等部门研究提出落实意见。

（五十九）关于“支持符合条件的农业企业在主板、创业板发行上市，督促上市农业企业改善治理结构，引导暂不具备上市条件的高成长性、创新型农业企业到全国中小企业股份转让系统进行股权公开挂牌与转让，推动证券期货经营机构开发适合‘三农’的个性化产品”的问题，由证监会会同农业部、水利部、林业局等部门负责落实。

（六十）关于“坚持社员制、封闭性原则，在不对外吸储放贷、不支付固定回报的前提下，推动社区性农村资金互助组织发展”的问题，由银监会会同人民银行、农业部、扶贫办、供销合作总社等部门负责落实。

（六十一）关于“完善地方农村金融管理体制，明确地方政府对新型农村合作金融监管职责，鼓励地方建立风险补偿基金，有效防范金融风险”和“适时制定农村合作金融发展管理办法”的问题，由中央编办、银监会、人民银行会同财政部、农业部等部门负责落实。

（六十二）关于“提高中央、省级财政对主要粮食作物保险的保费补贴比例，逐步减少或取消产粮大县县级保费补贴，不断提高稻谷、小麦、玉米三大粮食品种保险的覆盖面和风险保障水平”、“鼓励保险机构开展特色优势农产品保险，有条件的地方提供保费补贴，中央财政通过以奖代补等方式予以支持”、“扩大畜产品及森林保险范围和覆盖区域”和“鼓励开展多种形式的互助合作保险”的问题，由财政部、保监会会同发展改革委、农业部、林业局等部门负责落实。

（六十三）关于“规范农业保险大灾风险准备金管理，加快建立财政支持的农业保险大灾风险分散机制”的问题，由财政部会同保监会、农业部、林业局等部门研究提出落实意见。

（六十四）关于“加快编制村庄规划，推行以奖促治政策，以治理垃圾、污水为重点，改善村庄人居环境”的问题，由住房城乡建设部、环境保护部会同发展改革委、财政部、国土资源部、农业部、民政部、水利部、旅游局等部门负责落实。

（六十五）关于“实施村内道路硬化工程，加强村内道路、供排水等公用设施的运行管护，有条件的地方建立住户付费、村集体补贴、财政补助相结合的管护经费保障制度”的问题，由住房城乡建设部会同发展改革委、财政部、交通运输部、水利部等部门负责落实。

（六十六）关于“制定传统村落保护发展规划，抓紧把有历史文化等价值的传统村落和民居列入保护名录，切实加大投入和保护力度”的问题，由住房城乡建设部会同发展改革委、财政部、国土资源部、农业部、文化部、文物局等部门负责落实。

（六十七）关于“加快改善农村义务教育薄弱学校基本办学条件，适当提高农村义务教育生均公用经费标准”的问题，由教育部会同发展改革委、财政部负责落实。

（六十八）关于“落实中等职业教育国家助学政策，紧密结合市场需求，加强农村职业教育和技能培训”和“提高重点高校招收农村学生比例”的问题，由教育部会同财政部、发展改革委、人力资源社会保障部、农业部、扶贫办等部门负责落实。

（六十九）关于“继续提高新型农村合作医疗的筹资标准和保障水平，完善重大疾病保险和救助制度，推动基本医疗保险制度城乡统筹”的问题，由卫生计生委、人力资源社会保障部会同财政部、民政部、中央编办等部门负责落实。

（七十）关于“整合城乡居民基本养老保险制度，逐步建立基础养老金标准正常调整机制”的问题，由人力资源社会保障部会同财政部负责落实。

（七十一）关于“开展农村公共服务标准化试点工作”的问题，由财政部、国家标准委会同有关部门负责落实。

（七十二）关于“着力创新扶贫开发工作机制，改进对国家扶贫开发工作重点县的考核办法，提高扶贫精准度，抓紧落实扶贫开发重点工作”的问题，由扶贫办、中央组织部会同发展改革委、财政部、人民银行、交通运输部、水利部、住房城乡建设部、农业部、教育部、科技部、卫生计生委、文化部、工业和信息化部、林业局、旅游局、中国残联等部门和单位负责落实。

（七十三）关于“全面实行流动人口居住证制度，逐步推进居住证持有人享有与居住地居民相同的基本公共服务，保障农民工同工同酬”的问题，由公安部、发展改革委会同法制办、财政部、民政部、人力资源社会保障部、住房城乡建设部、教育部、卫生计生委、农业部等部门负责落实。

（七十四）关于“进一步加强农民合作社、专业技术协会等的党建工作，创新和完善组织设置，理顺隶属关系”的问题，由中央组织部会同民政部、农业部、林业局、供销合作总社等部门负责落实。

（七十五）关于“探索不同情况下村民自治的有效实现形式，农村社区建设试点单位和集体土地所有权在村民小组的地方，可开展以社区、村民小组为基本单元的村民自治试点”的问题，由民政部会同中央组织部、农业部、国土资源部等部门负责落实。

（七十六）关于“推动农村集体产权股份合作制改革，保障农民集体经济组织成员权利，赋予农民对落实到户的集体资产股份占有、收益、有偿退出及抵押、担保、继承权，建立农村产权流转交易市场，加强农村集体资金、资产、资源管理，提高集体经济组织资产运营管理水平，发展壮大农村集体经济”的问题，由中央农办、农业部会同发展改革委、财政部、国土资源部、住房城乡建设部、人民银行、银监会、税务总局、水利部、林业局等部门负责落实。

（七十七）关于“扩大小城镇对农村基本公共服务供给的有效覆盖，统筹推进农村基层公共服务资源有效整合和设施共建共享，有条件的地方稳步推进农村社区化管理服务”的问题，由发展改革委、民政部会同住房城乡建设部、财政部、科技部、教育部、文化部、卫生计生委、人力资源社会保障部、水利部、交通运输部、农业部、林业局、能源局等部门负责落实。

（七十八）关于“加强对农村改革试验区工作的指导，加大改革放权和政策支持力度，充实试验内容，完善工作机制，及时总结推广成功经验”的问题，由农业部会同中央农办、发展改革委、财政部、国土资源部、民政部、水利部、林业局、人民银行、银监会等部门负责落实。

二、工作要求

（一）各有关部门要切实按照中共中央和国务院的部署，高度重视，精心组织，认真落实好相关任务。牵头部门对分工任务负总责，其他部门要根据各自职能分工，大力配合、积极支持。落实相关政策需要增加参与单位的，请牵头部门商有关单位确定。对未列入本通知的任务，请各有关部门按照职责分工，认真抓好落实。

（二）分工任务中，属于制度建设的，要抓紧研究，提出方案；属于项目实施的，要尽快制定具体落实方案和进度安排；属于原则性要求的，要认真调查研究，提出加强和推进有关工作的意见和措施。

（三）各牵头部门要在2014年6月底和10月底将各项分解任务落实情况报送中央农办，并抄送国务院办公厅。中央农办要及时对分工方案落实情况进行跟踪督促，在2014年7月和11月将落实情况向中共中央、国务院报告。

国务院办公厅
2014年2月23日

国务院办公厅关于金融服务“三农”发展的若干意见

各省、自治区、直辖市人民政府，国务院各部委、各直属机构：

农村金融是我国金融体系的重要组成部分，是支持服务“三农”发展的重要力量。近年来，我国农村金融取得长足发展，初步形成了多层次、较完善的农村金融体系，服务覆盖面不断扩大，服务水平不断提高。但总体上看，农村金融仍是整个金融体系中最为薄弱的环节。为贯彻落实党的十八大、十八届三中全会精神和国务院的决策部署，积极顺应农业适度规模经营、城乡一体化发展等新情况新趋势新要求，进一步提升农村金融服务的能力和水平，实现农村金融与“三农”的共赢发展，经国务院同意，现提出以下意见。

一、深化农村金融体制机制改革

（一）分类推进金融机构改革。在稳定县域法人地位、维护体系完整、坚持服务“三农”的前提下，进一步深化农村信用社改革，积极稳妥组建农村商业银行，培育合格的市场主体，更好地发挥支农主力军作用。完善农村信用社管理体制，省联社要加快淡出行政管理，强化服务功能，优化协调指导，整合放大服务“三农”的能力。研究制定农业发展银行改革实施总体方案，强化政策性职能定位，明确政策性业务的范围和监管标准，补充资本金，建立健全治理结构，加大对农业开发和农村基础设施建设的中长期信贷支持。鼓励大中型银行根据农村市场需求变化，优化发展战略，加强对“三农”发展的金融支持。深化农业银行“三农金融事业部”改革试点，探索商业金融服务“三农”的可持续模式。鼓励邮政储蓄银行拓展农村金融业务，逐步扩大涉农业务范围。稳步培育发展村镇银行，提高民营资本持股比例，开展面向“三农”的差异化、特色化服务。各涉农金融机构要进一步下沉服务重心，切实做到不脱农、多惠农。（银监会、人民银行、发展改革委、财政部、农业部等按职责分工分别负责）

（二）丰富农村金融服务主体。鼓励建立农业产业投资基金、农业私募股权投资基金和农业科技创业投资基金。支持组建主要服务“三农”的金融租赁公司。鼓励组建政府出资为主、重点开展涉农担保业务的县域融资性担保机构或担保基金，支持其他融资性担保机构为农业生产经营主体提供融资担保服务。规范发展小额贷款公司，建立正向激励机制，拓宽融资渠道，加快接入征信系统，完善管理政策。（财政部、发展改革委、银监会、人民银行、证监会、农业部等按职责分工分别负责）

（三）规范发展农村合作金融。坚持社员制、封闭性、民主管理原则，在不对外吸储放贷、不支付固定回报的前提下，发展农村合作金融。支持农民合作社开展信用合作，积极稳妥组织试点，抓紧制定相关管理办法。在符合条件的农民合作社和供销合作社基础上培育发展农村合作金融组织。有条件的地方，可探索建立合作性的村级融资担保基金。（银监会、人民银行、财政部、农业部、供销合作总社等按职责分工分别负责）

二、大力发展农村普惠金融

（四）优化县域金融机构网点布局。稳定大中型商业银行县域网点，增强网点服务功能。按照强化支农、总量控制原则，对农业发展银行分支机构布局进行调整，重点向中西部及经济落后地区倾斜。加快在农业大县、小微企业集

中地区设立村镇银行，支持其在乡镇布设网点。（银监会、人民银行、财政部等按职责分工分别负责）

（五）推动农村基础金融服务全覆盖。在完善财政补贴政策、合理补偿成本风险的基础上，继续推动偏远乡镇基础金融服务全覆盖工作。在具备条件的行政村，开展金融服务"村村通"工程，采取定时定点服务、自助服务终端，以及深化助农取款、汇款、转账服务和手机支付等多种形式，提供简易便民金融服务。（银监会、人民银行、财政部等按职责分工分别负责）

（六）加大金融扶贫力度。进一步发挥政策性金融、商业性金融和合作性金融的互补优势，切实改进对农民工、农村妇女、少数民族等弱势群体的金融服务。完善扶贫贴息贷款政策，引导金融机构全面做好支持农村贫困地区扶贫攻坚的金融服务工作。（人民银行、财政部、银监会等按职责分工分别负责）

三、引导加大涉农资金投放

（七）拓展资金来源。优化支农再贷款投放机制，向农村商业银行、农村合作银行、村镇银行发放支小再贷款，主要用于支持"三农"和农村地区小微企业发展。支持银行业金融机构发行专项用于"三农"的金融债。开展涉农资产证券化试点。对符合"三农"金融服务要求的县域农村商业银行和农村合作银行，适当降低存款准备金率。（人民银行、银监会、证监会等按职责分工分别负责）

（八）强化政策引导。切实落实县域银行业法人机构一定比例存款投放当地的政策。探索建立商业银行新设县域分支机构信贷投放承诺制度。支持符合监管要求的县域银行业金融机构扩大信贷投放，持续提高存贷比。（人民银行、银监会、财政部等按职责分工分别负责）

（九）完善信贷机制。在强化涉农业务全面风险管理的基础上，鼓励商业银行单列涉农信贷计划，下放贷款审批权限，优化绩效考核机制，推行尽职免责制度，调动"三农"信贷投放的内在积极性。（银监会、人民银行等按职责分工分别负责）

四、创新农村金融产品和服务方式

（十）创新农村金融产品。推行"一次核定、随用随贷、余额控制、周转使用、动态调整"的农户信贷模式，合理确定贷款额度、放款进度和回收期限。加快在农村地区推广应用微贷技术。推广产业链金融模式。大力发展农村电话银行、网上银行业务。创新和推广专营机构、信贷工厂等服务模式。鼓励开展农业机械等方面的金融租赁业务。（银监会、人民银行、农业部、工业和信息化部、发展改革委等按职责分工分别负责）

（十一）创新农村抵（质）押担保方式。制定农村土地承包经营权抵押贷款试点管理办法，在经批准的地区开展试点。慎重稳妥地开展农民住房财产权抵押试点。健全完善林权抵押登记系统，扩大林权抵押贷款规模。推广以农业机械设备、运输工具、水域滩涂养殖权、承包土地收益权等为标的的新型抵押担保方式。加强涉农信贷与涉农保险合作，将涉农保险投保情况作为授信要素，探索拓宽涉农保险保单质押范围。（人民银行、银监会、保监会、国土资源部、农业部、林业局等按职责分工分别负责）

（十二）改进服务方式。进一步简化金融服务手续，推行通俗易懂的合同文本，优化审批流程，规范服务收费，严禁在提供金融服务时附加不合理条件和额外费用，切实维护农民利益。（银监会、证监会、保监会、发展改革委、人民银行等按职责分工分别负责）

五、加大对重点领域的金融支持

（十三）支持农业经营方式创新。在部分地区开展金融支持农业规模化生产和集约化经营试点。积极推动金融产品、利率、期限、额度、流程、风险控制等方面创新，进一步满足家庭农场、专业大户、农民合作社和农业产业化龙头企业等新型农业经营主体的金融需求。继续加大对农民扩大再生产、消费升级和自主创业的金融支持力度。（银监会、人民银行、农业部、证监会、保监会、发展改革委等按职责分工分别负责）

（十四）支持提升农业综合生产能力。加大对耕地整理、农田水利、粮棉油糖高产创建、畜禽水产品标准化养殖、种养业良种生产等经营项目的信贷支持力度。重点支持农业科技进步、现代种业、农机装备制造、设施农业、农产品精深加工等现代农业项目和高科技农业项目。（银监会、人民银行、发展改革委、农业部等按职责分工分别负责）

（十五）支持农业社会化服务产业发展。支持农产品产地批发市场、零售市场、仓储物流设施、连锁零售等服务设施建设。（银监会、人民银行、发展改革委、财政部、农业部、商务部、供销合作总社等按职责分工分别负责）

（十六）支持农业发展方式转变。大力发展绿色金融，促进节水农业、循环农业和生态友好型农业发展。（人民银行、银监会、农业部、林业局、发展改革委等按职责分工分别负责）

（十七）探索支持新型城镇化发展的有效方式。创新适应新型城镇化发展的金融服务机制，重点发挥政策性金融作用，稳步拓宽城镇建设融资渠道，着力做好农业转移人口的综合性金融服务。（人民银行、发展改革委、财政部、银监会等按职责分工分别负责）

六、拓展农业保险的广度和深度

（十八）扩大农业保险覆盖面。重点发展关系国计民生和国家粮食安全的农作物保险、主要畜产品保险、重要“菜篮子”品种保险和森林保险。推广农房、农机具、设施农业、渔业、制种保险等业务。（保监会、财政部、农业部、林业局等按职责分工分别负责）

（十九）创新农业保险产品。稳步开展主要粮食作物、生猪和蔬菜价格保险试点，鼓励各地区因地制宜开展特色优势农产品保险试点。创新研发天气指数、农村小额信贷保证保险等新型险种。（保监会、财政部、农业部、林业局、银监会、发展改革委等按职责分工分别负责）

（二十）完善保费补贴政策。提高中央、省级财政对主要粮食作物保险的保费补贴比例，逐步减少或取消产粮大县的县级保费补贴。（财政部、保监会、农业部等按职责分工分别负责）

（二十一）加快建立财政支持的农业保险大灾风险分散机制，增强对重大自然灾害风险的抵御能力。（财政部、保监会、农业部等按职责分工分别负责）

（二十二）加强农业保险基层服务体系建设，不断提高农业保险服务水平。（保监会、财政部、农业部、林业局等按职责分工分别负责）

七、稳步培育发展农村资本市场

（二十三）大力发展农村直接融资。支持符合条件的涉农企业在多层次资本市场上进行融资，鼓励发行企业债、公司债和中小企业私募债。逐步扩大涉农企业发行中小企业集合票据、短期融资券等非金融企业债务融资工具的规模。支持符合条件的农村金融机构发行优先股和二级资本工具。（证监会、人民银行、发展改革委、银监会等按职责分工分别负责）

（二十四）发挥农产品期货市场的价格发现和风险规避功能。积极推动农产品期货新品种开发，拓展农产品期货业务。完善商品期货交易机制，加强信息服务，推动农民合作社等农村经济组织参与期货交易，鼓励农产品生产经营企业进入期货市场开展套期保值业务。（证监会负责）

（二十五）谨慎稳妥地发展农村地区证券期货服务。根据农村地区特点，有针对性地提升证券期货机构的专业能力，探索建立农村地区证券期货服务模式，支持农户、农业企业和农村经济组织进行风险管理，加强对投资者的风险意识教育和风险管理培训，切实保护投资者合法权益。（证监会负责）

八、完善农村金融基础设施

（二十六）推进农村信用体系建设。继续组织开展信用户、信用村、信用乡（镇）创建活动，加强征信宣传教育，坚决打击骗贷、骗保和恶意逃债行为。（人民银行、银监会、保监会、公安部、发展改革委等按职责分工分别负责）

（二十七）发展农村交易市场和中介组织。在严格遵守《国务院关于清理整顿各类交易场所切实防范金融风险的决定》（国发〔2011〕38 号）的前提下，探索推进农村产权交易市场建设，积极培育土地评估、资产评估等中介组织，建设具有国内外影响力的农产品交易中心。（证监会、发展改革委、国土资源部、农业部、财政部等按职责分工分别负责）

（二十八）改善农村支付服务环境。推广非现金支付工具和支付清算系统，稳步推广农村移动便捷支付，不断提高农村地区支付服务水平。（人民银行、工业和信息化部、银监会等按职责分工分别负责）

（二十九）保护农村金融消费者权益。畅通农村金融消费者诉求渠道，妥善处理金融消费纠纷。继续开展送金融知识下乡、入社区、进校园活动，提高金融知识普及教育的有效性和针对性，增强广大农民风险识别、自我保护的意识和能力。（银监会、证监会、保监会、人民银行、公安部等按职责分工分别负责）

九、加大对“三农”金融服务的政策支持

（三十）健全政策扶持体系。完善政策协调机制，加快建立导向明确、激励有效、约束严格、协调配套的长期化、制度化农村金融政策扶持体系，为金融机构开展“三农”业务提供稳定的政策预期。（财政部、人民银行、银监会、税务总局、证监会、保监会等按职责分工分别负责）

（三十一）加大政策支持力度。按照“政府引导、市场运作”原则，综合运用奖励、补贴、税收优惠等政策工具，重点支持金融机构开展农户小额贷款、新型农业经营主体贷款、农业种植业养殖业贷款、大宗农产品保险，以及银行卡助农取款、汇款、转账等支农惠农政策性支付业务。按照“鼓励增量，兼顾存量”原则，完善涉农贷款财政奖励制度。优化农村金融税收政策，完善农户小额贷款税收优惠政策。落实对新型农村金融机构和基础金融服务薄弱地区的银行业金融机构（网点）的定向费用补贴政策。完善农村信贷损失补偿机制，探索建立地方财政出资的涉农信贷风险补偿基金。对涉农贷款占比高的县域银行业法人机构实行弹性存贷比，优先支持开展“三农”金融产品创新。（财政部、人民银行、税务总局、银监会、保监会等按职责分工分别负责）

（三十二）完善涉农贷款统计制度。全面、及时、准确反映农林牧渔业贷款、农户贷款、农村小微企业贷款以及农民合作社贷款情况，依据涉农贷款统计的多维口径制定金融政策和差别化监管措施，提高政策支持的针对性和有效性。（人民银行、银监会等按职责分工分别负责）

（三十三）开展政策效果评估，不断完善相关政策措施，更好地引导带动金融机构支持“三农”发展。（财政部、人民银行、银监会、农业部、税务总局、证监会、保监会等按职责分工分别负责）

（三十四）防范金融风险。金融管理部门要按照职责分工，加强金融监管，着力做好风险识别、监测、评估、预警和控制工作，进一步发挥金融监管协调部际联席会议制度的作用，不断健全新形势下的风险处置机制，切实维护金融稳定。各金融机构要进一步健全制度，完善风险管理。地方人民政府要按照监管规则和要求，切实担负起对小额贷款公司、担保公司、典当行、农村资金互助合作组织的监管责任，层层落实突发金融风险事件处置的组织职责，制定完善风险应对预案，守住底线。（银监会、证监会、保监会、人民银行等按职责分工分别负责）

（三十五）加强督促检查。各地区、各有关部门和各金融机构要按照国务院统一部署，增强做好“三农”金融服务工作的责任感和使命感，各司其职，协调配合，扎实推动各项工作。地方各级人民政府要结合本地区实际，抓紧研究制定扶持政策，加大对农村金融改革发展的政策支持力度。各省、自治区、直辖市人民政府要按年度对本地区金融支持“三农”发展工作进行全面总结，提出政策意见和建议，于次年1月底前报国务院。各有关部门要按照职责分工精心组织，切实抓好贯彻落实工作，银监会要牵头做好督促检查和各地区工作情况的汇总工作，确保各项政策措施落实到位。

国务院办公厅
2014年4月20日

附录三　中部六省近几年关于农民福利改进的重要文件

一、安徽省

安徽省农业生态环境保护第十二个五年规划

为推进全省农业生态环境建设，促进农业、农村经济可持续发展，特制订本规划。

一、“十一五”工作成就

“十一五”期间，全省农业生态环境保护工作进展顺利，取得了显著成效。

1. 生态农业稳步发展。组织起草的《关于加快发展生态农业的报告》被省政府办公厅转发给各地、各有关部门执行，生态农业建设正式纳入政府行为；制定了《安徽省生态农业试点县建设实施方案》，使生态农业建设步入规范化管理；编制的《安徽省生态农业发展规划》纳入安徽生态省建设总体规划。稳步推进生态农业示范建设，总结推广了一批典型、适用的生态农业模式及其技术。目前，全省建立不同类型、不同规模的生态农业试点250多个，试点面积3000多万亩。

2. 农业污染防治多措并举。制定了《安徽省农业环境污染突发事件应急预案》。组织34个县（区）开展淮河、巢湖流域农业面源污染调查，开展了重点流域农业面源污染定点监测，编制了调查报告及污染治理工程规划。完成了第一次全省农业污染源普查工作任务，农业源普查对象96910个，农业源中主要水污染物排放（流失）量：化学需氧量43.01万吨，总氮12.24万吨，总磷1.07万吨，铜80.72吨，锌197.82吨。在居巢、金寨等县（区）重点流域，建立了农业面源综合防治示范区。

3. 外来生物防控初见成效。组织开展了全省农业外来入侵生物普查，初步掌握了其分布区域、危害面积等情况，建立了信息数据库和监测预警系统，颁布了《农业重大有害生物及外来生物入侵突发事件应急预案》，预防和处理突发事件。每年组织10多个县（市、区）参与农业部“十省百县”灭毒除害行动。建立水花生生化防治示范区2.5万亩，一枝黄花监控点3个，铲除外来有害生物31万亩。与中国农科院等单位合作完成《长江中下游地区水花生综合防治技术研究与应用》项目，获省科技进步三等奖。

4. 农业野生植物资源保护有序推进。制定了《安徽省国家Ⅱ级保护农业野生植物采集、出售、收购行政审批办公办事指南》，规范行政审批行为；组织开展大别山区、巢湖姥山岛农业野生植物资源调查，了解农业部门管理的3类13科19种野生植物资源状况及保护措施等，采集样本5000多个、图片8000多张、标本3500件，发现国家重点保护的珍贵植物40多种；组织完成了国家重点保护农业野生植物资源调查。建成野生大豆等8个农业野生植物原生境保护示范点。

5. 农村清洁工程建设进展顺利。印发了《全省新农村建设示范村镇实施乡村清洁工程的指导意见》，制定了《安徽省农村清洁工程建设规划》和《安徽省农村清洁工程建设技术规范》（DB34/T 906—2009）地方标准。在全省13个市29个县（市、区）建设了57个农村清洁工程示范村，每年处理生活污水174889.75吨，收集处理固体生活垃圾4371.55吨，综合利用作物秸秆4140.3吨，回收废旧农用地膜160吨。

6. 农产品产地环境监管扎实推进。一是以发展无公害农产品为措施，推动产地环境监管。全省认证无公害农产品1208个，年产量382.4万吨；认定无公害农产品产地714个，总面积615万亩；认证企业661家。建立了健全的无公害农产品认证工作机制和质量安全监管制度，形成了无公害农产品开发技术模式、生产技术规程及组织管理措施。完成了《无公害稻米生产与开发》项目，获全国农牧渔业丰收计划奖三等奖。二是以产地环境监测为手段，实施农产品产地分类监管。组织开展了全省农产品产地可疑污染区分类划分调查，初步掌握了产地环境可疑污染区域分布。建立了全省农产品产地可疑污染区分类划分数据库，绘制了可疑污染区分布图，编制了分类划分调查报告。完成了淮南、滁州2个市农产品产地环境及重金属污染监测与评价工作。

二、“十二五”面临的挑战和机遇

（一）挑战。当前，农业生态环境形势仍然十分严峻，点源污染与面源污染共存，生活污染和工业污染叠加，各种新旧污染相互交织，已经成为危害人身健康和食品安全的重要因素，制约了农村经济社会的可持续发展。

1. 农业环境污染形势严峻。工业“三废”对农业环境的污染正由局部向整体蔓延，农业面源污染不容乐观。全省农药用量4～5万吨（商品量），利用率仅30%左右；化肥用量310万吨，利用率也只有35%左右；每年农作物秸秆产生量4910.54万吨，综合利用率仅53%；畜禽养殖业粪便产生量878.54万吨，尿液产生量323.36万吨。废弃农膜、农药及化肥的流失、秸秆资源的废弃、畜禽粪便及水产养殖的污染等，给农业生态环境建设造成了巨大压力。

2. 农业生态环境和农产品质量安全不容乐观。近年来，农村生活污水、垃圾、农业生产及畜禽养殖废弃物排放量逐年增大，农村“脏、乱、差”现象普遍，农村地区环境状况恶化，直接威胁着广大农民群众的生存环境与身体健康。局部地区农业生态环境恶化、污染加剧，农产品产地环境不容乐观，影响了农业生态和农产品质量安全，威胁了人身健康。

3. 生物多样性保护日益紧迫。近年来，我省农业野生植物资源破坏严重，分布范围和面积不断萎缩。随着国际贸易的不断扩大和全球旅游业的迅速发展，外来有害生物入侵问题日趋严重。据统计，入侵我省的外来物种有100多种，给农业造成巨大的经济损失。

4. 农业环保综合能力有待提高。农业生态环境保护能力建设滞后，队伍建设、监测手段和执法能力相对落后；农业生态建设与环境保护的考核、奖惩机制不健全，责任难以落实；相关部门之间缺乏有效协调，综合决策机制有待健全。

（二）机遇。“十二五”期间，国家实行节能减排、保护环境等强制性措施，省委、省政府实施全面转型、加速崛起、兴皖富民等发展战略，为加快推进农业生态环境保护提供了难得的机遇。

1. 政府重视和社会关注为农业生态环境保护创造了有利环境。近年来，农业生态环境保护工作得到了中央和地方各级政府的高度重视，得到了社会各界的广泛关注。党中央提出建设生态文明，基本形成节约能源资源和保护生态环境的产业结构、增长方式、消费模式，为农业生态环境保护工作提供了有力的政治保障。

2. 经济发展方式转变为农业生态环境保护提供了难得的历史机遇。转变经济发展方式，建设资源节约型、环境友好型社会的战略思想，发展低碳经济、循环经济的时代潮流，发展现代农业，建设社会主义新农村的重大任务，为农业生态环境保护工作参与综合决策，服务农业和农村经济发展提供了难得的历史机遇。

3. 生态环境和农产品质量需求为农业生态环境保护搭建了广阔平台。随着经济的发展和人民生活水平的日益提高，全民生态环境意识和安全意识不断提高，人们对生态环境安全和农产品质量安全的要求越来越高，这些都为推行农业标准化生产、畜牧业规模化养殖、渔业健康养殖等科学种养技术的推广提供了积极条件，也为农业生态建设和环境保护搭建了广阔平台。

三、指导思想、原则和目标

（一）指导思想

以科学发展观为统领，按照构建资源节约型、环境友好型社会的总体要求，以促进农业发展方式转变、加快农业全面转型升级为主线，以保护和改善农业生态环境、保障农产品质量安全、增强农业综合生产能力为着力点，以提高农业生态环境保护能力建设为基础，以强化农业生态环境监测监管为手段，以防治农业面源污染、发展生态农业、保护生物多样性为重点，建立以资源高效利用和生态环境保护为基础的可持续农业发展体系，推进农业和农村经济又好又快发展。

（二）原则

——因地制宜，统筹规划。按照农业生态环境建设的现状和特点，遵循自然规律和经济规律，统筹安排，因地制宜，分类指导。

——突出重点，分步实施。立足当前，着眼长远，优先安排在重点区域，选择重点对象，实施重点工程，尽快见效。

——科技先导，合力推进。依靠科技创新，强化技术支撑。实行科研、生产、管理相结合，生产、生态、生活相结合，寓生态建设于富民之中。

——循序渐进，稳步发展。根据国情和省情，按照轻重缓急，有计划、分步组织实施农业生态环境保护项目。

（三）目标

1. 总体目标

到2015年，农业面源污染和农业生态环境恶化趋势得到基本遏制，农业生态环境质量有所改善；生物多样性得到有效保护；全省农业生态环境动态数据库基本建立，并初步建立农业生态环境监测预警体系；全省农业生态环境保护体系基本健全，农产品产地安全监管能力进一步加强；公众生态保护意识进一步提高。

2. 具体目标

（1）农业污染物排放水平降低5%；化肥利用率提高2.5个百分点；农药利用率提高10个百分点；秸秆综合利用率达到80%；畜牧规模化养殖比重达到70%以上；控制水库、湖泊网箱养殖规模。

（2）巢湖、淮河等重点领域农业面源污染区域综合治理率达到15%。

（3）无公害农产品认证达2200个以上，无公害农产品产地认定达1200个以上。初步建立无公害农产品全程监管制度以及可追溯制度。

四、主要任务

1. 抓好农业面源污染防治。一是源头控制。推广农业废弃物循环综合利用技术，减少废弃物污染；采用配方施肥、化肥深施、施用有机肥等适用技术，减少化肥使用量；选用高效、低毒、低残留农药、生物农药，减少农药使用量和残留量；推进畜牧业、渔业健康养殖，实施养殖业废弃物减量化、资源化和无害化处理和污染监管，减少畜禽粪便和水产养殖污染。二是强化监测。在第一次全国农业污染源普查的基础上，利用现有的农业面源污染定位监测点，重点开展巢湖、淮河等重点区域农业面源污染定点监测，掌握农业面源污染变化趋势。三是末端治理。推广秸秆还田、氨化、青贮技术，提高秸秆综合利用率；鼓励农户和企业采用清洁生产、健康生活方式，控制和治理农村生产生活污染；实行农业生态补偿制度，对种植业实施化肥、农药减量控害工程，畜禽养殖业实施畜禽粪便资源化、无害化处理工程，水产养殖业实施健康养殖工程等给予适当的经济补偿，从而保证农业减排各项指标任务顺利完成，有效控制农业面源污染蔓延的态势。

2. 推进生态农业建设。一是优化配置农业资源。因地制宜，推进农业结构调整，优化养殖业发展布局，引导养殖业向适度规模、相对集中方向发展，种养结合，推行标准化、清洁化、健康化生产。依托特有的水文、气候和自然景观资源优势，大力发展旅游农业、观光农业和“农家乐”产业。二是推广生态农业模式和技术。完善农田灌溉设施，推广节水农业和旱地模式化栽培技术，实施坡耕地和中低产田改造，大力推广“猪—沼—果（菜、鱼）”等生态农业模式，推广科学施肥、农作物病虫害绿色防控等技术，控制和减少农药、化肥施用量，推进农作物秸秆等农业废弃资源的综合利用，实行农用地膜回收利用，促进生态农业、循环农业和有机农业发展。加快推进无公害农产品、绿色食品和有机农产品基地建设，实现品种优质化、生产集约化、产品安全化和管理科学化。

3. 保护农业野生植物资源。一是开展资源调查。在大别山区、皖南山区等重点区域，对列入《国家重点保护野生植物名录》的农业野生植物物种，开展系统调查，查清每个物种的分布范围、地理位置、种群数量、生态环境和濒危状况，利用全球卫星定位系统（GPS）对所有调查的种群进行定位，全面掌握我省农业野生植物资源状况。二是推进资源保护。对处于濒危状态、亟需保护的重点农业野生植物，建立原生境保护区，在大别山区、皖南山区建设主要农业野生植物资源异位保存圃，开展农业野生植物资源抢救性收集，并对有重要经济价值的功能基因进行标记和开发利用，实行农业野生植物资源专利保护。

4. 防治外来生物入侵。组织开展外来入侵生物现状调查，摸清我省主要外来入侵生物种类、数量、分布和危害等情况，建立信息数据库。建立外来入侵生物风险评估与监测预警网络，强化监测预警，争取做到早发现、早扑灭，最大限度地减轻危害程度。对新传入、发生面积较大、危害严重的外来入侵生物，及时启动突发事件应急处理机制，组织实施灭毒除害行动。广泛发动群众，采取化学、物理、生物等措施，对外来入侵生物进行综合治理，防止进一步扩散和蔓延。积极研制、筛选防治外来入侵生物的化学和生物药剂、施药器械等技术与设备，为外来入侵生物防治提供技术支撑。同时，加大外来入侵生物变废为宝、化害为利等综合利用技术研究力度，探索外来入侵生物防治新途径。

5. 保护农产品产地环境。一是开展产地环境监测。加大农产品产地环境安全监测力度，集中力量对优势农产品区域、大中城市郊区“菜篮子”基地等重要农产品产地以及工矿企业区周边、污水灌区、大中城市郊区等重点区域，采用大尺度网格布点方式，进行产地环境安全状况调查监测，摸清底数，建立农产品产地环境监测数据档案，对农产品产地实行分级分类管理。二是推进无公害农产品认证和监管。在全省17个市开展无公害农产品生产（加工）示范基地建设。加快推进无公害农产品认证和产地认定，初步形成无公害农产品认证、产地认定标准体系和工作体系，建立无公害农产品质量安全监管机构，尽快形成政府主导、部门配合、上下联动、共同参与的无公害农产品质量安全监管工作机制，全面提高监管能力和水平。

6. 建立农业生态环境监测预警体系。一是建立监测网络。在全省建立农业面源污染、农产品产地环境等监测网络，定期开展动态监测，及时掌握面源污染及产地环境安全变化动态，建立动态监管机制。二是建立农业生态环境信息网络。运用信息化手段，建立农业生态环境属性数据库和空间数据库，对调查、监测数据实行实时更新、汇总和分析。三是建立风险评估和预警系统。建立重点区域、重点流域农业生态环境质量评价模型，开展生态环境质量评价，科学预警监测和报告，为领导决策提供参考。

五、重点项目

1. 农村清洁工程。在全省开展农村清洁工程示范村建设。以自然村为单元，建设田园清洁设施、家园清洁设施和水源清洁设施等，对农作物秸秆、人畜粪便、生活垃圾和污水等生产生活废弃物进行资源化利用，配套推广节肥、节药、节水等环境友好型生产技术，实现农业生产无害化，农产品产地环境安全得到有效保障。建设农村物业服务站，构建农村自我服务、自我管理的长效运行机制。通过实施农村清洁工程，项目村实现生活垃圾和污水的处理利用率达到90%以上，农作物秸秆综合利用率达到90%以上，人畜粪便处理利用率达到90%以上。

2. 农业面源污染防治。配合实施粮食生产能力提升项目，建设农田生态拦截工程、入湖（河）口人工湿地和县域农业环境监测体系。在重点流域开展农业面源污染综合防治示范区建设，投资建设巢湖、淮河、新安江、长江等重点流域农业面源污染综合防治示范区，建设农田废弃物资源综合利用设施

（农田有毒有害废弃物收集池）、农田灌溉水生物净化设施（农田生物拦截沟）。加强农业污染源产排污监测和农产品产地环境质量安全监测评估，逐步建立农业面源污染和农产品产地环境质量安全定点监测网络和相关数据库。

3. 生态农业示范建设。巩固完善14个国家和省级生态农业试点县，新建不同自然生态类型的乡、村、农场生态农业试点和节能减排技术示范点。选择适宜区域的20个县市区，大力推广应用适用性生态农业模式及其技术，促进示范区内农业增效、农民增收。

4. 生物多样性保护。完成大别山区农业野生植物资源和重点保护植物资源调查任务，建立健全国家重点保护农业野生植物资源数据库，建设农业野生植物原生境保护区、异位保存圃，协助有关部门抢救性收集农业野生植物资源。组织开展外来入侵生物调查，摸清底数，建立农业外来入侵生物信息数据库，建设全国区域性外来物种风险评估监测中心、综合防治技术试验基地和野外观测试验站，建设外来入侵生物防控基地，构建科学完善的预防与防治体系。

5. 农业生态环境信息管理系统。构建省、市、县上下联通的信息网络系统，在以GIS（地理信息系统）为基础的系统平台上，建立农业生态环境属性数据库和空间数据库，通过对调查、监测数据的动态管理，实现适时更新和校正，收集、整理、汇总、分析、处理有关信息，定期发布信息，建立农业生态环境预警系统，开展生态环境评估分析，为农业生产决策提供参考。

6. 农产品生产基地环境安全质量普查与监测。每年在全省选择1～3个市，开展农产品生产基地环境安全质量普查，进行动态监测，及时提出分区管理意见。

六、保障措施

1. 组织保障。进一步加强农业生态环境工作的组织领导，建立科学咨询和综合决策机制、专家会审制、定期协商会商制、信息发布制等，促进农业生态环境决策和管理的科学决策民主化；建立农业生态环境建设和保护目标责任制、问责制、行政责任追究制和行政监察制度；严格考核，定期检查和监督；逐步形成统筹协调、分工负责、齐抓共管的农业生态环境保护机制。

2. 政策保障。充分发挥公共财政在农业生态环境建设和保护方面的引导作用，积极争取国家投入，建立无偿和有偿扶持相结合的农业生态环境建设和保护的政府投入机制；建立和完善资源补偿制度和生态环境补偿制度。

3. 科技保障。组织科研教学单位和科技人员，加强科技创新研发，着力对水、土、肥和生物资源节约与合理利用，农业面源污染防治，生态恢复与重建，外来入侵生物风险评估与防治，无公害农产品重大质量安全事件应急处置等关键技术，进行科技攻关。加速科技成果转化与推广应用，充分发挥科技在农业生态环境保护中的支撑作用。

4. 体系保障。建立健全农业生态环境管理和技术服务体系，重点建立健全县级农业生态环境保护工作机构，充实人员力量，加强基础设施建设，提高装备水平，强化培训，提高队伍素质，提高服务能力和水平。

5. 资金保障。积极争取省和地方财政加大农业生态环境保护资金投入力度，在预算中安排本级农业生态环境保护专项补助资金。整合相关涉农项目资金，重点解决农业和农村存在的突出环境问题。按照“谁投资、谁受益”的原则，运用市场机制，吸引社会、企业和农民投资，参与农业和农村环境保护设施建设。采取有效措施，引导国际组织和外国政府对我省农业生态环境保护事业投资。

6. 舆论保障。充分利用各种媒体，广泛宣传农业生态环境保护工作重要性，采取农民易于接受的形式，传播各种典型模式和先进经验，营造有利于农业生态保护和建设的良好社会氛围，发动群众参与农业生态环境建设。重点利用广播、电视、网络等现代媒体与技术，结合宣传卡片、村务公开栏、科技入户等形式，对广大技术人员、农民示范户，开展培训与教育活动，提高民众的环境保护意识。

二、湖北省

湖北省农业厅关于深入推进农业依法行政的意见

近年来，全省各级农业部门认真贯彻落实《国务院全面推进依法行政实施纲要》，农业依法行政取得了积极进展，农业领域基本实现有法可依，农业执法体制改革取得较大成效，农业部门依法行政意识明显增强。根据《法治湖北建设纲要》和《农业部关于深入推进农业依法行政的意见》（农政发

〔2011〕1号）文件精神，为深入推进我省农业依法行政，现提出如下实施意见：

一、坚持依法科学民主决策

1. 规范行政决策程序。加强行政决策程序建设，健全重大行政决策规则，将公众参与、专家咨询、风险评估、合法性审查和集体讨论决定，作为重大决策的必经程序。凡是涉及农业农村经济发展和人民群众切身利益的重大政策、重大项目等决策事项，都要进行合法性、合理性、可行性和可控性评估。把民主集中制和行政首长负责制有机结合起来。完善《省农业厅决策重大事项议事规则》，健全集体决策制度，重大项目资金安排、干部提拔任用等都要集体研究决定。

2. 完善重大决策跟踪反馈机制和责任追究制度。建立健全农业部门绩效考核制度，围绕重大决策和重要工作部署抓落实。加大督查督办力度，跟踪决策的实施情况，及时了解相关方和社会公众对决策实施的意见和建议，全面评估决策执行效果，并根据评估结果决定是否对决策予以调整或者完善。对不按法定权限、法定程序决策的行为，特别是给国家财产、公共利益和公民、法人或其他组织合法权益造成重大损害的，依法追究失职、渎职责任，实现决策权和决策责任相统一。

二、完善制度建设

3. 提高农业立法质量。严格遵守立法权限和程序，坚持科学立法、民主立法。要建立健全农业立法专家咨询论证制度，探索建立农业立法后评估制度，根据评估结果提出完善立法、加强执法的建议和措施。

4. 完善规范性文件制定程序。各类规范性文件不得设定行政许可、行政处罚、行政强制等事项，不得违法增加公民、法人和其他组织的义务。制定对公民、法人或者其他组织的权利义务产生直接影响的规范性文件，要公开征求意见，由法制机构进行合法性审查，并经领导班子会议集体讨论决定；未经公开征求意见、合法性审查、集体讨论的，不得发布施行。未按规程公开发布的规范性文件不得作为实施行政管理的依据，对行政管理相对人没有约束力。建立规范性文件定期清理制度，每隔2年清理一次，清理结果要向社会公布；未列入继续有效目录的规范性文件，不得作为行政管理的依据。

5. 深入推进行政审批制度改革。要按照“精简、高效、规范”的原则，继续深化行政审批制度改革，坚决做到该取消的一律取消，该调整的必须调整；对保留的行政审批事项，进一步完善优化工作流程和管理规范；实行农业行政审批一站式办公，建立和完善相对集中行政许可权制度、重大行政许可决定备案制度、行政许可听证制度。

6. 深入推进政务公开。认真实施政府信息公开条例，对依法应当主动公开的信息，要及时、准确、具体地向社会公开，重点推进财政预算、农业重大建设项目批准和实施等领域的信息公开；对人民群众申请公开的信息，要依法在规定时限内予以答复，并做好相应服务工作。全面推进办事公开，依法公开办事依据、条件、要求、过程和结果，充分告知办事项目有关信息。创新政务公开方式，进一步加强电子政务建设，深入推进行政审批综合办公改革，积极推行网上受理、网上办理、网上审批和网上监督等方式，提高行政效能，降低办事成本，推动行政权力公开透明运行。

三、加强农业执法

7. 全面推进农业综合执法。各级农业部门要以加强和改善农业执法为重点，进一步加强农业法制建设，提高农业执法水平。要进一步深化对农业综合执法重要意义的认识，从源头上解决多头执法、执法力量分散薄弱、执法缺位等问题。大力加强综合执法规范化建设，重点解决“有机构、无人员”、“有人员、无手段”、“综合职能范围不到位”或“形式上综合、实际上未综合”等问题。要将综合执法作为农业部门依法行政的重要内容，纳入依法行政考核指标体系。

8. 完善执法工作机制。健全执法协调协作机制，对重大执法活动，上级农业部门要统筹协调和统一部署，并加大对重大案件的组织协调和督办力度；对涉嫌犯罪案件，要及时移送司法机关追究刑事责任，不得以罚代刑。健全检打联动机制，抽检单位要第一时间向执法机构通报检测结果，执法机构要参与抽检工作并根据检测结果及时启动立案程序。各级农业部门要在当地党委、政府的统一领导和指挥下，切实发挥好牵头和协调作用，完善农资打假部门联席会议制度。促进执法信息交流和资源共享。

9. 强化农业执法能力建设。各级农业部门要积极争取当地财政和有关部门的支持，将农业执法经费纳入财政预算，并逐步加大投入力度，切实解决执法检查、案件查处、人员培训、听证和行政复议等所需经费，积极探索建立农业执法人员激励与保障机制，确保执法队伍稳定。

四、依法化解涉农矛盾纠纷

10. 增强调解为民促和谐。坚持改进执法方式方法，实现教育与处罚相结合、强制与说服相结合；坚持执法与调处并重，采取调解、协调等多种方式调处纠纷，实现法律效果与社会效果的统一。

11. 加强行政复议工作。完善农业行政复议工作规定，充分发挥行政复议在解决矛盾纠纷中的作用。提高行政复议质量，办理复议案件要深入调查，充分听取各方意见，注重运用调解、和解方式解决纠纷。

12. 畅通农民反映渠道。利用 12316 举报投诉平台，充分收集社情民意、反映群众诉求，做到有诉必接，调解有果，双方满意。

五、强化组织领导和监督

13. 健全农业依法行政领导机制。各级农业部门要按照省委省政府和当地党委政府的统一部署，使依法行政工作有部署、有落实、有考核。建立健全由主要负责人牵头的依法行政领导协调机制，统一领导本部门推进依法行政工作，定期研究部署推进依法行政的具体任务和措施，及时解决本部门依法行政中存在的突出问题，把各项任务落到实处，同时要加强农业法制机构，配备专人负责。

14. 加强行政监督。各级农业部门要自觉接受人大、政协、司法机关和监察、审计部门的监督，加强与同级政府法制机构的工作协调配合。高度重视群众监督和舆论监督，对群众举报投诉、新闻媒体反映的涉农问题，要认真调查处理并及时公布处理结果。上级农业部门要切实加强对下级农业部门的监督，及时纠正违法或者不当的行政行为。

三、湖南省

湖南省农业厅办公室关于做好《中华人民共和国农业技术推广法》贯彻实施工作的通知

为切实做好新法的贯彻实施工作，根据《农业部关于贯彻实施〈农业技术推广法〉的意见》，结合我省实际，现将有关事项通知如下。

一、深刻领会新法精神

《中华人民共和国农业技术推广法》实施20年后重新修订并颁布实施，这是我国农技推广发展史上具有里程碑意义的一件大事。新法首次明确国家农技推广机构为公益性事业单位，对机构设置、管理体制、人员编制、岗位比例、上岗条件、考评制度等提出具体要求；明确了多元化农技推广服务组织的法律地位，将农业科研单位、有关学校、农民专业合作社、涉农企业、群众性科技组织、农民技术人员确定为农技推广体系的重要组成部分；加强了农技推广投入保障，建立推广资金稳定增长机制，规定中央财政对重大农业技术推广给予补助，明确基层农技推广机构工作经费的测算方式与承担责任，要求改善基层农技人员的待遇和工作条件；强化了法律责任，明确与农技推广有关的行政责任、民事责任和刑事责任。新法的针对性、约束性、可操作性显著增强，为进一步加强农技推广工作、促进农业科技成果转化与应用提供了有力的法制保障。各地农业、畜牧水产、农机部门要深刻领会新农技推广法精神，紧紧抓住贯彻实施的重大机遇，采取有效措施，加大工作力度，依法完善农技推广机构改革，稳定推广队伍，规范服务行为，提升服务效果。

二、迅速掀起贯彻实施新法的高潮

一是组织集中学习。各地要立足现代农业发展形势，精心组织农业技术推广机构、农业科研机构、有关学校和广大农业科技人员进行集中学习，重点组织学习新法各项新规定。

二是广泛开展宣传。要充分利用报刊、电视、网络等新闻媒体，并结合“科技下乡”、“科技入户”等活动，以宣传手册、技术培训等多种形式加强社会宣传。2013年2月16—22日定为我省宣传新推广法的活动周，省、市、县、乡四级联动。各级农业、畜牧水产、农机部门及农技推广机构要在单位、公共场所、交通要道，制挂宣传贯彻落实新农技推广法的标语、横幅，利用宣传车进行巡回宣讲。着力宣传农技推广法的精神，宣传农技推广工作成效，宣传长期扎根农村、推广技术、服务农民的农技人员典型，在全社会营造关心、支持农技推广工作的良好氛围。

三是设立咨询服务点。宣传活动周期间，各市州、县市区农业、畜牧水产、农机部门要设立咨询服务点，配备专业技术人员及大量宣传资料，方便农技人员随时上门咨询学习。

三、依法完善基层农技推广机构改革

近年来，我省各县市区都出台了乡镇农技推广机构改革实施方案，基层农技推广体系改革任务基本完成，成效明显。但是，与中央决策部署和现代农业发展的新要求，以及新农技推广法的新规定相比，还有需要完善的地方。各地要在4月底前，认真开展“回头看”，严格对照新农技推广法和湘政办发〔2010〕71号文件的规定要求，采取有效措施，依法完善基层农技推广机构改革。

一是要依法明确机构定位。要将基层农技推广机构定性为全额拨款公益性事业单位，全面落实农技人员工资福利待遇，解决养老保险、医疗保险等后顾之忧。

二是要依法确定人员编制。根据新法规定，结合种养规模、服务范围和工作任务等合理确定人员编制，人员配置要能充分保证公益性职能的履行。三是要依法理顺管理体制。要进一步明确县、乡管理职责，强化县级农业、畜牧水产、农机部门的管理与指导职能，实现管人与管事的有机统一。四是要完善工作制度。要建立健全岗位责任制度、人员聘用制度、绩效考评制度、人员培训制度和多元推广制度，形成用制度管人、靠制度管事的良好机制。五是要加速培育新型农业社会化服务体系。

四、扎实开展农技推广服务

加快农业科技成果转化与应用是农技推广工作的出发点与落脚点，也是农业技术推广法的立法目的。各地农业部门要以新农技推广法颁布实施为契机，以农业科技入户为抓手，按照“四化同步”的部署，围绕“三农”工作的重点和核心，组织农业科研、教学和推广单位专家和农技人员，深入开展大联合、大协作，为现代农业发展提供强有力的技术支撑。要根据农业区域布局，分产业遴选主导品种、主推技术，并向社会推介发布，引导农民选择优良品种和先进适用技术。全面推行“包村联户”的工作机制和“专家—农技人员—科技示范户—辐射带动户”的技术服务模式，构建“科技人员直接到户、良种良法直接到田（舍、池）、技术要领直接到人”的科技成果转化应用新通道。要充分利用广播、电视、网络、农技110、手机短信等现代服务手段，推进农业服务信息化，提高服务质量和服务效率。

五、切实加强对新农技推广法贯彻实施工作的领导

各级农业、畜牧水产、农机部门作为农业技术推广工作主管部门，要切实发挥牵头作用，把贯彻实施农技推广法摆上更加突出的位置，加强组织领导，组建工作班子，制定工作方案，明确目标任务，落实工作责任，统筹安排农技推广法贯彻实施工作。要依靠和运用法律手段加快推进农技推广各项工作，全力维护农技推广单位、农技人员和农民群众的合法权益。各市州、县市区农业局、畜牧水产局、农机局要积极配合各级人大、政府，以基层农技推广机构建设、公益性职责履行、保障措施落实等为重点，加强对贯彻实施新农技推广法的指导，对发现不符合法律规定的行为依法予以查处和纠正，着力打造学法知法、懂法用法、依法行政、依法推广的良好局面。省农业厅将适时对各市州、县市区农业、畜牧水产、农机部门贯彻实施新农技推广法的情况进行督导检查。

湖南省农业厅办公室
2013 年 2 月 5 日

四、江西省

江西省农民合作社示范社认定及监测管理办法

第一章　总则

第一条　为进一步规范省级农民合作社示范社的评定及监测工作，加强对农民合作社示范社的指导、扶持与服务，促进农民合作社快速健康发展，特制定本办法。

第二条　省级农民合作社示范社（以下简称“省级示范社”）是指按照《中华人民共和国农民专业合作社法》、《农民专业合作社登记管理条例》和《江西省农民专业合作社条例》等法律法规规定成立，达到规定标准，并经省农业厅评定的农民合作社。

第三条　对省级示范社的评定和监测工作要遵循市场经济规律，引进竞争淘汰机制，发挥中介组织和专家的作用，坚持公开、公平、公正原则，不干预农民合作社的经营自主权。

第二章　认定条件

第四条　申报省级示范社的农民合作社原则上应是市级示范社，并符合以下标准：

（一）依法登记设立

1. 依照《中华人民共和国农民专业合作社法》登记设立，取得法人营业执照，运行2年以上。

2. 组织机构代码证、税务登记证齐全。有固定的办公场所和独立的银行账号。

3. 根据本社实际情况制订章程，并严格执行农业部《农民专业合作社示范章程》的有关规定。

（二）实行民主管理

1. 机构健全。成员（代表）大会、理事会、监事会等组织机构健全，运转有效，各自职责和作用得到充分发挥。

2. 制度完善。建立完善的财务管理、财务公开、社务公开、议事决策记录等制度，并认真执行。

3. 管理民主。每年至少召开一次成员（代表）大会，所有出席成员在会议记录上签名。涉及重大财产处置和重要生产经营活动等事项由成员（代表）大会决议通过。成员（代表）大会选举和表决实行一人一票制，或采取一人一票制加附加表决权的办法，其中，附加表决权总票数不超过本社成员基本表决权总票数的20%。

（三）财务管理规范

1. 岗位设置和人员配置规范。会计、出纳、财务主管实行分设。聘用具备会计从业资格，并与农民合作社相关人员没有直系亲属关系的财务人员。

2. 日常核算规范。按照农民合作社财务会计制度规定设置核算程序，明确核算手续，做到收支有预算，报账有审批，记账能及时，资产核算日清月结。会计报表编报时间及时、内容完整、记录数据真实准确、文字说明简洁易懂。

3. 成员账户健全。每个成员都有独立的账户，成员出资额、公积金量化份额、与本社的交易量（额）和返还盈余等记载事项准确无误，社员查阅方便。政府财政给予农民合作社的扶持资金和他人捐赠所形成的财产，用于合作社的建设和发展，平均量化到每个成员。

4. 盈余分配规范。盈余分配方案符合法律规定，事先经过成员大会讨论通过。可分配盈余按成员与本社的交易量（额）比例返还，返还总额不低于可分配盈余的60%，或者按照章程规定确定。

5. 内审制度健全。监事履职到位，做到及时核查、定期审计、实时报告，对合作社生产经营状况、盈余分配方案、财务会计报告及其他财务有关情况，实行全过程监督。监督结果按照法律或章程规定，在适当时间、适当地点进行公开，接受全体社员查询和质询。

（四）经济实力较强

1. 成员有一定的现金入股，出资总额100万元以上。

2. 固定资产在100万元以上。

3. 年销售收入300万元以上，或服务收入200万元以上。

4. 生产鲜活农产品的农民合作社参与"农超对接"、"农校对接"、"农社对接"比率达到60%以上，销售渠道稳定畅通。

5. 生产经营、财务管理、社务管理广泛采用现代信息技术。

（五）服务成效明显

1. 坚持服务成员的宗旨，以本社成员为主要服务对象。

2. 入社成员数量高于本地区同行业农民合作社平均水平，其中，种养业和服务类合作社成员数量达到100户以上。农民成员占本社成员总数的80%以上，企业、事业单位和社会团体成员不超过成员总数的5%。

3. 成员主要生产资料（初入社自带固定资产除外）统一购买率、主要产品（服务）统一销售（提供）率超过80%，标准化生产率达到100%，新品种、新技术普及推广。

4. 带动农民增收作用突出，成员收入高于当地同行业非成员农户收入25%以上。

（六）产品质量安全

1. 广泛推行标准化，建立完善的生产、包装、储藏、加工、运输、销售等记录制度，实现产品质量可追溯。

2. 在同行业农民合作社中产品质量、科技含量处于领先水平，有注册商标和品牌，获得无公害产品以上认证的。

3. 农民合作社所生产的农产品，在省级以上农产品质量安全监测抽样中，合格率达到100%。

（七）社会声誉良好

1. 遵纪守法，社风清明，诚实守信，在当地反响好、示范带动作用强。

2. 没有发生生产（质量）安全事故、环境污染、损害成员利益等不良事件，没有行业通报批评、媒体曝光等不良记录。

第三章　认定程序

第五条　申报省级示范社的农民合作社应提交本社基本情况，填写省级示范社推荐评定审批表（附后）。具体申报程序：

（一）农民合作社向所在地县级农业部门提出书面申请；

（二）县级农业部门负责对申报材料进行真实性审查，将初审入围名单报设区市农业部门；

（三）设区市农业部门将上报名单及材料进行复核并汇总报省级农业部门。

第六条　由农业经济、农业有关行业和财政、金融、税收、工商管理等领域的专家组成省级示范社评定、监测工作专家库。

第七条　成立厅省级示范社评定及监测领导小组（以下简称"厅省级示范社领导小组"），由厅分管领导为组长，厅农村经济体制与经营管理处、厅市场涉外处、省农产品质量安全监管局、省粮油作物局、省经济作物局、省农业机械化管理局、省渔业局、省畜牧兽医局、省植保植检局、省农村社会事业发展局等相关业务处局负责人为成员。厅省级示范社领导小组办公室设在农村经济体制与经营管理处，负责日常工作。

第八条　专家组从专家库中随机抽取5～7名专家组成，负责对各地推荐的农民合作社进行评审，对省级示范社进行监测评价。专家库成员名单、示范社评定和运行监测工作方案，由厅省级示范社评定领导小组确定。

第九条　评定步骤：

（一）专家组根据各地农业部门上报的申报材料，按照本办法进行评审，提出省级示范社候选名单和专家评审结果。

（二）厅省级示范社领导小组办公室根据专家组评审意见，形成评审报告报厅省级示范社领导小组审定。

（三）经厅省级示范社领导小组审定的农民合作社，报厅常务会最后审定即获得省级示范社称号，以省农业厅名义公示名单，并颁发证书。

（四）厅省级示范社领导小组办公室将省级示范社名单汇总成册，建立省级示范名录。

第十条　国家及省里有关涉农项目、财政资金、人才培养、信贷资金等优先支持省级示范社。

第四章　运行监测

第十一条　建立省级示范社动态监测制度，及时了解省级示范社的生产经营情况，对其运行情况进行评价，为省级示范社的动态管理提供依据，为有关政策的制定提供参考。

第十二条　厅省级示范社领导小组成员单位加强对本行业省级示范社生产经营情况的跟踪调查，及时了解本行业省级示范社民主管理、基地建设、产品销售、带农增收、质量安全等方面情况，帮助解决其发展中遇到的突出困难，完善相关扶持政策。

第十三条　实行一年一次的监测评价制度，具体程序：

（一）报送基础材料。省级示范社在监测年份的3月10日前，将本社发展情况报所在县级农业主管部门。材料包括：省级示范社发展情况统计表，合作社成员产品交易、盈余分配、成员增收、涉农项目实施等情况，享受税费减免、财政支持、金融扶持、用地用电等优惠政策落实情况。

（二）材料搜集与汇总。县级农业部门对所辖区域省级示范社所报材料进行汇总、核查。核查无误后，报市级农业部门。市级农业部门进行认真审核，并把审核意见汇总于每年3月底前报厅省级示范社领导小组办公室。

（三）组织专家审核。厅省级示范社领导小组办公室组织专家对各地上报的省级示范社监测材料进行审核，提出合格与不合格评审意见，报厅省级示范社领导小组审定。

第十四条　厅省级示范社领导小组办公室根据厅省级示范社领导小组审定结果，以省农业厅名义向社会公布监测结果。

对监测不合格的，取消其省级示范社资格。

第五章　附则

第十五条　省级示范社及申报省级示范社的农民合作社应按要求如实提供

有关材料，不得弄虚作假。如存在舞弊行为，一经查实，已经评定的省级示范社取消其资格；未经评定的取消其申报资格，3 年内不得再行申报。

第十六条　省级示范社要及时提供有关材料，对不认真、不及时提供的，要给予警告，并作为监测考核的重要依据。

第十七条　对在申报、评定、监测评审工作中，不坚持公开、公平、公正原则，存在徇私舞弊行为的有关人员，提请有关部门按规定予以严肃查处。

第十八条　各设区市农业部门可根据本办法，制定本地示范社管理办法。

第十九条　本办法由厅省级示范社领导小组办公室负责解释。

第二十条　本办法自发布之日起施行。

五、河南省

河南省人民政府关于深化农电体制改革的指导意见

各市、县人民政府，省人民政府各部门：

为贯彻落实《国务院办公厅转发发展改革委关于实施新一轮农村电网改造升级工程意见的通知》（国办发〔2011〕23 号）精神，深化农电体制改革，根据国务院国资委印发的《企业国有产权无偿划转管理暂行办法》和《企业国有产权无偿划转工作指引》有关规定，结合我省实际，现提出如下意见，请认真贯彻落实。

一、深化农电体制改革的必要性和重要意义

农村电网是农村重要的基础设施，关系农民生活、农业生产和农村繁荣。1998 年实施的县级供电企业代管体制改革，对加快农村电网改造、降低农村电价和农民电费负担，促进农民持续增收、粮食连续稳定增产和县域经济平稳较快发展发挥了积极作用。但随着农村经济快速发展和农民生活水平大幅提高，特别是社会主义新农村建设快速推进、家电下乡等惠农政策的实施以及县域产业集聚区蓬勃发展，代管体制逐步暴露出资产产权不清、投融资渠道不畅、管理体制不顺、农村电网建设速度与用电需求增长不相适应等问题，迫切需要深化改革、促进发展。深化农电体制改革是贯彻落实党中央、国务院保障

“三农”健康发展要求和破解我省农村电网持续健康发展难题的迫切需要，是加快粮食生产核心区建设、促进城乡统筹发展的重要举措，对加快中原经济区建设，实现中原崛起、河南振兴、富民强省，全面建成小康社会的发展目标具有重要意义。

二、改革的总体思路和目标

（一）总体思路。保持全省农村电网安全稳定供电和职工队伍基本稳定，坚持“政府主导、企业实施、部门联动、政策配套、积极稳妥、分步推进”的原则，在一定时期内保持县级供电企业独立法人地位不变、电力趸售关系不变、纳税渠道不变、职工社保关系不变，通过“无偿划转、子公司运作”方式，推进代管县级供电企业上划由省电力公司直接管理。

（二）总体目标。2013 年实现郑州、洛阳、许昌、鹤壁等 4 个省辖市所辖 22 个县（市）和安阳县、新乡县共计 24 个代管县级供电企业上划由省电力公司直接管理。在总结经验的基础上，2015 年年底全面实现全省所有 107 个代管县级供电企业上划由省电力公司直接管理。

三、县级供电企业地方国有产权无偿划转实施步骤

（一）签订框架协议。由省政府授权部门（省发展改革委）与省电力公司签订县级供电企业地方国有产权无偿划转框架协议。

（二）清产核资。划转双方要组织被划转企业按照有关规定开展审计或清产核资。以中介机构出具的审计报告或清产核资报告并经划出方国有资产产权监管部门批准的清产核资结果，作为县级供电企业地方国有产权无偿划转的依据。

（三）债务处置。县级供电企业要将无偿划转事项通知本企业债权人，并制定相应的债权债务处置方案，报有关部门审批。

（四）职工安置。县级供电企业要按照国家相关规定制定职工安置方案，职工安置方案需经企业职工代表大会审议通过。其中，涉及当地政府事宜的要先商当地政府并取得共识。

（五）签订划转协议。县级政府与省电力公司签订县级供电企业地方国有产权无偿划转协议，并委托律师事务所出具法律意见书。

（六）上报审批。省电力公司负责县级供电企业地方国有资产无偿划转报批工作，编制汇总审批所需材料，上报国家电网公司，衔接国家电网公司统一向国务院国资委报批。

（七）组织实施。划转双方依据划转协议和国务院国资委批复文件进行账务调整，按规定办理产权变更登记手续。

四、有关政策和配套措施

（一）划转对象和范围。无偿划转对象为县级供电企业地方国有产权。划转范围为县级供电企业电网主业（包括与主业相关）资产及其对应的负债。与县级供电企业电网主业无关的资产，不纳入无偿划转范围。县级供电企业投资或受政府委托经营的地方小火（热、水）电业务，按照国家厂网分开政策，由当地政府接收。

（二）资产处置。对历史上由县级政府主导形成的县级供电企业对外担保，由县级政府牵头负责予以解除、转移；对政府部门或地方国有企业所积欠的电费，政府要积极协调帮助解决；对有证据无法收回或预计形成损失的各种款项，在划转前按规定程序予以核销。

（三）权证办理。县级供电企业土地、房屋等各种权证未办齐全的，县级政府要在划转前开辟绿色通道帮助办结；对部分确实无法完成权证办理的，要在划转前履行确权程序，或由相关部门按照规定处理后再申请办理。对原20个股份制改造县级供电企业，其工商注册变更事宜由工商部门按照相关政策予以办理。

（四）人员安置。县级供电企业地方国有产权无偿划转涉及的职工，按照“人随资产走”的原则，纳入省电力公司统一管理。对不属于划转范围的人员，当地政府要按照有关规定做好安置工作，并制定切实可行的措施维护社会稳定。对县级供电企业农电工要规范管理，保持队伍稳定。

（五）社保问题处置。县级供电企业人员（包括离退休职工）社会保险管理关系保持不变，按照“属地化管理”原则，由人力资源社会保障部门按照《中华人民共和国社会保险法》和《中华人民共和国劳动合同法》等相关规定执行。

（六）城乡同网同价。积极推进城乡用电同网同价工作，在农村电网改造和农电管理体制改革的基础上，适时出台政策，力争实现“十二五”末城乡用电全面同网同价目标。

（七）改革成本解决。改革过程中人员分流安置、社保欠费以及工资调整等政策范围内的成本，按照各方合理分担的原则，由省发展改革委牵头，省农电管理体制改革领导小组成员单位共同研究、统筹解决。

（八）农村电网长效发展。积极争取国家和国家电网公司支持，研究出台电价等相关政策，完善农村电网发展机制，保障我省农村电网持续健康发展。

五、切实加强组织领导

（一）各级政府和有关部门要按照省政府统一部署，提高认识，统一思想，认真做好农电体制改革各项工作。省农电管理体制改革领导小组成员单位要切实履行职责，密切协同配合，共同努力推进改革工作。市、县两级政府和供电企业要相应成立农电管理体制改革领导小组，建立工作机制，明确职责分工，深入调查研究，精心编制实施方案，确保按期完成改革任务。

（二）省电力公司要加强对市、县两级供电企业的培训指导，督促各级供电企业依法合规、按照国家规定程序开展清产核资、人员划转等重点工作，特别是要通畅职工诉求表达渠道，充分听取各方面意见，公正、公平、公开地处理改革过程中的问题。对职工安置方案等关系职工切身利益的重大问题，要严格履行民主程序，接受职工监督，全面有序推进各项工作。

（三）县级政府对本地社会稳定工作负责，县（市）长是社会稳定工作的第一责任人，分管副县（市）长是直接责任人，既要全面掌握本地农电体制改革情况，督促县级供电企业按照国家有关规定和本指导意见做好清产核资、债务处理、人员安置等工作，确保改革顺利实施，又要认真研究制定改革后有关问题处置预案和措施，妥善解决善后事宜，切实维护社会稳定。

（四）省电力公司和县（市）政府要加强对县级供电企业的监督管理，在改革过程中要严肃人事纪律和财经纪律，从严控制干部提拔选聘、人员流动、大额资金使用、重大决策制定等，加强舆论引导和监督指导检查，公正、公平、公开地解决改革过程中出现的问题，确保企业正常生产经营，确保企业和谐稳定，确保改革顺利有序进行。

河南省人民政府

2013 年 11 月 8 日

六、山西省

山西省农业厅关于切实做好 2014 年农业农村经济工作的意见

各市农委、畜牧、农经、果业局（中心），厅属各单位：

为深入贯彻中央农村工作会议、全国农业工作会议和全省农村工作暨扶贫开发工作会议精神，切实做好 2014 年农业农村经济工作，现提出以下意见，请结合实际，认真贯彻落实。

2013 年，面对冬春连旱、春寒冻害、暴雨洪涝以及农作物病虫害、畜禽疫病等不利因素，各级农业部门认真贯彻省委、省政府部署要求，攻坚克难完成了省委省政府下达的各项目标任务，粮食产量达到 131.3 亿公斤，连续四年超百亿公斤、连续四年创历史新高，农民人均纯收入达到 7154 元，高于全国平均增幅、高于我省城镇居民收入增幅，农产品加工销售收入达到 1056 亿元，提前两年完成“十二五”规划目标，农业农村经济继续保持平稳发展态势，成为全省经济社会发展的突出亮点。

2014 年是全面贯彻落实党的十八届三中全会精神、全面深化改革的第一年。做好 2014 年农业农村经济工作，要按照“稳定政策、改革创新、持续发展”的总要求，以稳定发展粮食生产为首要任务，以促进农民持续增收为核心目标，以深化农村改革为根本动力，深入实施“一村一品”、“一县一业”和七大产业振兴翻番工程，加快构建新型农业经营体系，着力改善农村人居环境，巩固发展农业农村经济好形势，为全省经济社会发展提供基础保障和有力支撑。

一、毫不松懈地抓好粮食生产，力争全年粮食再获丰收

1. 调动和保护粮食生产积极性。不折不扣地落实中央和我省现行粮食补贴政策，逐步形成较为完善的扶持粮食生产政策体系。稳定小麦面积，巩固主产省地位。优化品种结构，突出抓好玉米、马铃薯、杂粮产业。充分调动种粮大县和新型农业经营主体的积极性。

2. 深入推进粮食高产创建。继续开展整县整乡整建制高产创建试点，推进高产创建与高标准农田建设结合，实现良种良法配套、农机农艺融合，开展增产模式攻关试点，在全省建设高产示范片300个以上，覆盖70%以上的县。大力推广高产创建成功模式、组织方式、工作机制，辐射带动大面积均衡增产。

3. 加快发展杂粮产业。深入实施杂粮产业振兴工程，稳定杂粮面积，提高杂粮单产水平和品质，加大新品种、新技术示范推广力度，提高杂粮综合生产能力，真正把小杂粮做成大产业。

4. 切实抓好防灾减灾。大力推广以抗旱为主的防灾减灾稳产增产技术，分作物、分区域、分季节、分灾害，狠抓关键技术措施落实。扩大地膜覆盖面积，力争实现适宜区全覆盖。加强农作物病虫害统防统治和绿色防控，打造10~15支装备先进、技术精良、操作安全、队伍稳定的专业防治队，切实提高统防统治水平和应急防控能力。

二、发展现代畜牧业，把畜牧业打造成特色支柱产业

5. 深入推进雁门关生态畜牧经济区建设。编制新一轮雁门关生态畜牧经济区发展规划，实施“以农载牧、以牧富农”战略。继续实行“四补一贴”扶持政策，发展牛羊产业，提高牛羊出栏量。

6. 突出抓好畜牧大县建设。抓好30个生猪大县、30个牛羊大县、30个家禽大县建设，谋划一批出栏肉鸡50万只、生猪5万头、肉羊5万只、存栏奶牛5000头以上的畜牧产业项目，新建和改扩建600个标准化规模养殖小区（场），培育10个年销售收入达到40亿元以上的畜牧龙头企业，形成猪鸡牛羊全产业板块化的发展格局。

7. 着力建设畜禽良繁和饲草饲料体系。围绕畜禽养殖大县布局，配套建设一批设施齐全、质量可靠、供种能力强的种畜禽场，扩大种畜补贴范围，提高供种能力。加大草地建设力度，力争新建人工草地100万亩、改良草地100万亩，提高草地载畜量。加大配合饲料推广力度，积极开发利用秸秆、糟粕类饲料，为畜牧业发展提供资源保障。继续做好草原确权承包试点工作，确保按照中央要求2015年基本完成我省草原确权承包和基本草原划定工作。

8. 切实加强重大动物疫病防控。扎实开展春秋两季集中免疫和规模养殖场程序免疫，突出抓好强制免疫、监测预警、应急处置、检疫监管、疫病净化等防控措施的落实。加快建立病死畜禽无害化处理长效机制。开展布病综合防控攻坚行动。继续开展动物卫生监督执法档案标准化建设活动。

三、发展特色现代农业，依靠产业发展促进农民增收

9. 深入推进“一村一品”、“一县一业”。继续确定2000个“一村一品”专业村扶持建设，制定完善考核验收办法，加强工作指导，力争今年有4000个专业村、20个基地县达到验收标准。

10. 深入实施七大产业振兴翻番工程。在设施农业建设上，要继续实施设施蔬菜百万棚行动计划和晋中盆地设施农业示范工程。特别要注重集中连片，多建经济实用的“惠民棚”。大力开展设施蔬菜标准园创建，重点抓好50个部省级蔬菜标准园建设。在果业提质增效上，重点在运城、晋中等地通过间伐减密改造老果园，在临汾西山等地通过政策引导发展新果园，打造高标准、高效益的示范园区，带动果农增收致富。在中药材产业发展上，重点抓好黄芪、党参、连翘、柴胡、远志等大宗道地药材基地建设。加强大宗道地中药材种质资源研究，筛选驯化一批适合我省种植的优质中药材品种。在酿造业提升上，依托产业园区，以食醋和酒类为重点，打造酿造产业集群。

11. 抓好企业带动、项目支撑和政策扶持。实施农产品加工“513”工程，积极支持龙头企业整合重组、优化股权结构，实现企业规模快速扩张。按照成长性好、带动力强、具有核心竞争力的原则，在生产、加工、流通和基地、园区建设方面谋划一批大项目，狠抓一批产业支撑项目，依靠项目建设带动产业发展。继续实施重点产业及骨干企业项目协调会制度，继续办好项目与银行、企业对接会，积极争取国开行农产品加工金融支持项目，开展龙头企业贷款担保保费补贴试点。

四、全面深化农村改革，增强农业农村经济发展活力

12. 稳定和完善农村土地承包关系。按照中央精神，加快推进农村土地承包经营权确权登记颁证工作。根据全国“两年扩大试点、三年全面推开”的总体安排，我省今年要完成扩大试点任务。潞城市要整县推进，其他农业县都要完成一个乡镇或3个以上村的试点工作。各市县要尽快落实工作经费，省级财政将给予适当补助。要按照省里统一要求成立组织机构，制定工作方案，加强政策宣传和技能培训，扎扎实实做好确权登记颁证试点工作，为明年全面推开奠定良好基础。同时，坚持依法自愿有偿的原则，积极引导土地经营权有序流转。一要守住底线。充分尊重农民意愿，不下指标，不搞强迫命令，不改变土地集体所有性质，不改变土地用途，不损害农民土地承包权益。二要规范运作。制定出台我省引导农村土地经营权有序流转的意见。以各级农经机构为依托，加快健全完善县乡村三级服务网络和纠纷调解仲裁体系，确保土地流转规范运行。三要合理奖补。按照“转得出、用得好、补得合理”的原则，加大土地流转的财政扶持。鼓励各地通过以奖代补等形式，在农民自愿的前提下组织开展互换并地，解决承包地细碎化问题。鼓励各地对长期流转出土地农户给予奖补。

13. 构建新型农业经营体系。坚持家庭经营在农业中的基础性地位，扶持发展专业大户、家庭农场、农民合作社、农业企业、社会化服务组织等多种经营主体。加快构建以农户家庭经营为基础、合作与联合为纽带、社会化服务为支撑的立体式复合型现代农业经营体系。各地务必继续重视对小规模农户的扶持，推动有条件的发展成为家庭农场。要加强家庭农场示范引导、管理服务和政策扶持，做好家庭农场认定和统计监测工作。发展多种新型经营主体，一要扶持发展农民合作社。继续开展300个省级示范社、500个市级示范社、800个县级示范社创建行动。制定出台我省农民合作社示范社管理办法，加强对合作社经营管理和财会人员的培训，提高规范化建设水平。二要继续鼓励和引导社会资本投入农业领域。配合百企千村产业扶贫开发工程实施，强化政策扶持和指导服务，鼓励企业承担更多的社会责任，强化与农民的利益联结机制，实现与农民的互利共赢。要把重点放在投资发展种苗、饲料、储藏、保鲜、加工、购销等适合企业化经营的项目和环节，服务带动农民，与农民共同发展、共同富裕，防止兼并土地、取代农民，要限制“非粮化”，禁止“非农化”。三要大力发展农业社会化服务。进一步强化农业公益性服务体系建设，稳定机构、保障经费，创新农业公益性服务有效供给机制和实现形式。大力支持经营性服务组织发展，创新“花钱买服务”机制，通过合作式、订单式、托管式、承包式等服务模式，鼓励支持经营性服务组织从事集中育苗、测土配方施肥、病虫害统防统治等农业公益性服务。

14. 深化农村集体产权制度改革。深入研究农村集体产权制度改革中有关资产量化、成员资格界定、股权设置与管理、产权交易等问题，加快农村集体“三资”管理制度化、规范化、信息化进程。依托农村集体资产管理机构开展农村集体产权流转交易市场建设试点，依托农村集体“三资”信息化管理平台开展产权交易。按照审慎、稳妥的原则，配合有关部门做好土地承包经营权抵押担保试点工作。加强农村经济责任审计工作，为今年全省农村“两委”换届选举打好基础。

15. 加强基层农技推广体系改革与建设。以提升服务效能为目标，继续深化基层农技推广体系改革与建设。一是依法规范乡镇农技推广机构建设。进一步明确乡镇农技推广站公益性定位，理顺管理体制，加大经费投入，完善工作制度，强化队伍建设，启动实施农技推广特岗计划。二是积极推进全省乡镇农技站条件建设。严格按照项目要求，确保建设性质不变，建设标准不变、功能布局不变，建一个、成一个、用一个，做好乡镇农技站条件建设项目验收。三是普及村级服务点建设。今年新建设2000个村级农技推广服务点，着力形成县有农技推广中心、乡镇有农技推广站、村有农技服务点的科技服务网络。四是进一步做好创新基层农技推广补助项目管理机制工作。积极开展延伸绩效管理考评。强化补助项目管理和资金使用管理。全面推行补助项目资金使用审计报告制度，充分发挥中央资金对地方投资的撬动作用。

16. 加强农村改革试验区和现代农业示范区建设。朔州市要着眼于破解城乡二元体制机制障碍和农村改革发展难题，充实试验内容，拓展试验领域，在确保封闭运行、风险可控的基础上，发挥好试验区先行先试的作用。大同、晋中、运城三大现代农业示范区和10个示范县，特别是晋中太谷县、大同南郊区、运城盐湖区3个国家现代农业示范区，今年要着眼于突破制约现代农业发展的瓶颈，积极开展包括培育新型经营主体和发展规模经营在内的各项试点，加快项目建设步伐，不断提升示范区建设水平。太谷县要完成国家现代农业示范区农业改革与建设试点任务。在各市建设1个城郊型现代农业园区。

17. 健全农业支持保护制度。按照“稳定存量、增加总量、完善办法、逐步调整”的思路，积极稳妥推进农业补贴制度改革。推动扩大农业补贴资金总量，新增补贴要向粮食等重要农产品、新型农业经营主体倾斜。继续加大对产粮大县、生猪大县、设施蔬菜大县的财政奖补力度。充分发挥财政资金引导作用，通过补助、贴息、奖励、风险补偿等措施，带动金融和社会资金投向农业农村。

五、推进农业科技创新推广，促进农业科技进步

18. 加快农业科技创新推广。围绕我省特色主导产业发展需求，大力推进高新技术和关键技术创新，尽快在高产优质新品种选育、新技术集成组装配套、农产品精深加工技术研发、高效安全肥料农药兽药研发、物联网技术应用等关键领域取得重大突破。大规模开展专家包县、技术人员包村送科技下乡活动。继续主推100个新品种、100项新技术，力争农业科技贡献率达到55%以上。

19. 推动农科教、产学研合作。充分发挥现代农业产业技术体系的引进研发、试验示范、技术推广、教育培训作用。组织开展重点品种重点技术联合攻关。支持重点龙头企业和现代农业园区建立专家工作点或博士工作站，推动农科教、产学研有效融合。

20. 深化种业体制改革。以提升品种创新能力、企业竞争能力、供种保障能力和市场监管能力为目标，按照《全国现代农作物种业发展规划》和国务院《关于深化种业体制改革提升创新能力的意见》，编制我省现代农作物种业发展规划。强化种子企业技术创新主体地位，加快构建商业化育种体系。发展若干骨干种子企业，提高种业集中度。规范品种审定，强化种子生产和市场信息监测调度工作，建立种子市场监管长效机制，保障农业用种安全。

六、培训10万新型职业农民，打造高素质现代农业生产经营队伍

21. 加强新型职业农民培训。从2014年起连续5年，按照生产经营型、专业技能型和社会服务型3个类型，每年培训10万名新型职业农民，打造一支懂经营、会管理、有技术的新型职业农民队伍。构建教育培训、认定管理与政策扶持“三位一体”体系，保持新型职业农民队伍的生机和活力。继续组织实施百万农民素质提升工程，以农业实用技术培训为重点，力争今年再培训农民100万人。把农民培训作为解决“谁来种地”问题的基础性、战略性工作来抓，规范建设一批培训基地，统筹利用好农广校、农校、农技推广服务机构等公共培训资源和现代农业园区等实训基地。要公正公开透明办培训，确保培训时间、内容和效果，真正把好事办好。

七、加强农产品质量安全监管，确保人民群众“舌尖上的安全”

22. 深入开展专项整治。用最严谨的标准、最严格的监管、最严厉的处罚、最严肃的问责，抓好农产品质量安全监管工作。继续开展农药及农药使用、“瘦肉精”、生鲜乳违禁物质、兽用抗菌药、农资打假五大专项整治行动。将农产品质量安全监管执法纳入农业综合执法范畴，加强例行监测和监督抽查，加大案件查办和惩处力度。强化部门联动和信息共享，建立健全案件举报、协查、联办等工作机制，始终保持高压态势，重拳出击，露头就打。

23. 落实监管任务。强化属地管理，落实生产经营者主体责任。完善农业投入品监管制度，严格农业投入品生产经营和使用管理。建立农产品质量安全监管追溯系统，推进农产品产地准出管理，推行农产品质量标识制度，实现农产品从生产到市场前的全链条质量跟踪。推动企业诚信体系建设。开展农产品质量监管示范县创建，探索有效的监管制度和模式。

24. 推进农业标准化生产。加快引用和制修订农产品质量安全标准、生产技术规程，不断完善农产品质量安全标准体系。大力开展省级农产品标准化生产示范县创建活动。依托龙头企业和农民合作社，以蔬菜、水果园区和标准化养殖小区（场）为重点，加大标准化生产推广力度。把农业标准化和农业品牌化结合起来，稳步发展"三品一标"，为消费者提供更多更好的优质农产品。

25. 强化监管体系建设。按照《国务院办公厅关于加强农产品质量安全监管工作的通知》精神，切实理清职能，落实农业部门监管责任。抓好畜禽屠宰管理职责调整工作，做好与商务部门的对接，确保职能、机构、队伍、装备等及时划转到位，配套政策措施落实到位，各项工作衔接有序，认真履行好行业管理、监督检验等职能。加强县乡监管机构、人员、设备、制度建设，尽快提高执法监管能力。

八、推进农业信息化和市场体系建设，促进农产品流通

26. 推动农业信息服务进村入户。打造12316三农综合信息服务平台，建设"晋农天天12316"服务网站和短信服务平台，直接面向农民开展政策咨询、法律服务、市场信息、生产技术、病虫害防治、配方施肥、种养过程监控等全方位信息服务，做好农业农村信息化的顶层设计、平台上移和服务下延，解决信息服务"最后一公里"的问题。建立完善农产品信息权威发布平台，拓宽信息采集渠道，对农产品生产、贸易、库存、加工、消费、价格等进行全方位监测预警。

27. 推动农产品产销衔接。扶持一批现代化的农产品流通企业。完善鲜活农产品冷链物流体系。支持建设农产品产地（田头）市场、小型农产品收集市场、集配中心。推进农超对接、农批对接、直供直销，发展农产品电子商务，搞好产销衔接。加强同京津等地战略合作，办好第三届山西特色农产品北京展销周活动。积极推进农产品出口基地建设，加强农业国际合作交流，推动实施农产品“走出去”战略。

九、加强农业基础设施建设和资源利用保护，发展资源节约型生态友好型农业

28. 建设高标准农田。加强以中低产田改造和大同盆地盐碱地改造为重点的耕地综合生产能力建设，从今年起每年建设高标准农田 200 万亩。加快实施秸秆覆盖、少耕穴灌、水肥一体化及膜下滴灌等农田节水示范工程。开展测土配方施肥行动。

29. 加大农业污染防治力度。开展高效肥和低残留农药使用、规模养殖场畜禽粪便资源化利用、新型农业经营主体使用有机肥、高标准农膜推广和残膜回收等试点。加强耕地与农产品重金属污染监测调查，启动重金属污染耕地修复和种植结构调整试点，探索建立重金属污染区域生态补偿制度。推进畜禽粪污无害化处理和资源化利用。

30. 推进农村沼气建设。加快农村沼气、秸秆气化推广应用。支持规模养殖场配套建设大中型沼气。推进以秸秆为重点的农业废弃物资源化利用，开展秸秆循环农业综合利用试点工作。

31. 着力改善村庄人居环境。各级农业部门要按照牵头不包办、抓总不包揽的原则，督促和指导有关部门各司其职、各负其责，鼓励在县一级把资金捆绑起来集中使用。抓好 120 个省级美丽宜居示范村建设，制定“以奖促治”政策，用于先进县和美丽宜居示范村奖补。各市县要积极争取政策支持，建设一批各具特色的美丽乡村，发挥示范引领作用。

十、加强农业系统自身建设，提高服务“三农”的能力和水平

32. 认真学习中央关于推进农村改革发展的新精神。认真学习习近平总书记在党的十八大和十八届三中全会、中央经济工作会议、中央农村工作会议以及调研基层时关于“三农”工作的系列重要讲话；认真学习中央农村工作会议和全国农业工作会议精神；认真学习今年中央 1 号文件；认真学习袁纯清书记、李小鹏省长、郭迎光副省长在全省农村工作暨扶贫开发工作会议上的重要讲话。深刻理解中央关于解决好“三农”问题是全党工作重中之重的战略思想，深刻理解中央和我省重农抓粮的战略方针，深刻理解中央和我省全面深化农村改革的战略部署，深刻理解中央和我省加快农业现代化、发展特色现代农业的战略重点，自觉把思想和行动统一到中央和省委省政府的决策部署上，提高服务“三农”的能力和水平。

33. 加强和改进干部作风。大兴干部下乡之风，继续开展厅领导联市包村和处站联县包村活动，推进“三农工作零距离”行动。大兴调查研究之风，深入研究农业农村经济发展中出现的新情况新问题新典型，认真分析农业农村改革发展中的重大问题，为党委政府决策提供依据。大兴求真务实之风。坚持讲实话、出实招、办实事、求实效，以一流的标准，争创一流的业绩。强化目标责任制考核，形成一级抓一级、层层抓落实的工作局面。继续开展“项目管理年”活动，下大力气推进在建项目建设。各地要认真梳理，摸清底数，对项目建设进行“回头看”，加强重点工程、重大项目的全程监管，加快项目推进和工程验收力度，确保资金项目规范运作、阳光操作，确保项目尽快投产达效、发挥作用。对久拖不建、随意变更、验收不达标项目要通报一批、查处一批，坚决予以纠正。

34. 开展第二批党的群众路线教育实践活动。市县农业部门和省直农垦企业等单位要按照全省统一部署，紧紧扭住反对“四风”，从群众最关心、最迫切的问题入手，上下联动，确保取得实效。要统筹做好活动开展和农村改革发展各项工作，确保两不误、两促进。

35. 推进农业部门职能转变。推进行政审批服务标准化建设，认真做好行政审批事项取消下放后续衔接，确保不出现监管真空和管理脱节。大力推进农业综合执法规范化建设，力争用3～5年时间，市县两级农业、畜牧综合执法机构全部达到规范化建设水平。加强农业应急管理，健全应对自然灾害、市场风险、农产品质量安全监测预警体系。推进国有农场改革试点工作。

山西省农业厅
2014年3月7日